KB059428

자율 과학탐구보고서·소논문 쓰기

통합과학 · 과학탐구실험

자율

과학탐구 보고서 소논문 쓰기

이철구 · 곽명철 · 장은경 · 이원근 지음

저자 선생님들의 한 마디!

과학은 이성이고 감성이다! **이철구**

통합과 융합의 시대! 기존의 익숙한 사고의 틀에서 벗어나 현실을 냉철하게 인식하고 미래를 멀리 내다볼 수 있는 시각을 가져 보자! **곽명철**

궁금증을 해결하는 모든 과정이 탐구이며, 과학을 공부하는 우리 모두는 예비 과학자이다. 실패를 두려워하지 말고, 우리 같이 시작해 보자! **장은경**

과학적으로 숨 쉬고, 과학적으로 먹고, 과학적으로 생각하는 즐거움을 느껴 보자! **이원근**

추천의 글

대학 진학을 앞둔 학생이나 고등학생 자녀를 둔 학부모에게 가장 민감한 사안은 대학 입시 전형 방법일 것이다. 최근에는 정시 전형 이외에 수시 전형이 큰 비중을 차지하고 있으며, 과정중심평가를 강조하는 새 교육과정에 따라 학교생활기록부의 '세부능력 및 특기사항'의 중요성이 더욱 커지고 있다. 이에 따라 고등학교 현장에서도 학생들의 핵심 역량을 어떻게 함양시키고, 이를 학교생활기록부에 어떻게 표현하느냐가 중요한 과제로 떠오르고 있다.

학생들이 스스로 주제를 선정하고 탐구하는 과정이 핵심 역량을 함양하는 가장 적절한 방법임은 이미 많은 학자들에 의해 증명되었다. 이 책은 학생들이 탐구 활동을 해 나가면서 '과학탐구보고서'를 스스로 완성할 수 있도록 친절히 안내하고 있다. 특히, 학교 현장에서 수년간 학생들의 탐구보고서를 지도해 온 선생님들의 경험과 노하우를 담아 일선 학교 선생님들이 학생들의 탐구를 지도하는 데도 많은 도움이 되도록 배려하였다.

새 교육과정에서는 학생들이 수업 활동에 자기주도적이고 능동적이며 협력적으로 참여하도록 요구하며, 수행 활동 과정을 관찰하고 피드백함으로써 평가가 이루어진다. 이 책은 이러한 과정중심평가를 가장 잘 실현할 수 있는 구성을 보여준다. 특히, 저자 선생님들의 탐구 지도에 대한 열정과 노력을 고스란히 담아낸 알찬 내용이 돋보인다. 이와 같은 교육 현장에서의 작은 노력들이 모여 우리나라 교육의 방향이 올바르게 개선되고 발전될 것이라고 생각한다.

이 책이 학생 중심의 탐구 학습을 위한 참고서뿐만 아니라 탐구보고서의 교수 학습 방법 및 지도 지침서로도 그 역할을 다할 것을 확신하면서 학생과 교사 모두에게 큰 도움이 되기를 기대한다.

경상대학교 생물교육과 교수 김용진

머리말

"과연 어떤 대학 입시 전형이 내게 적합하고 유리할까?"

최근 들어 수시, 정시, 논술, 적성 등 다양해진 대학 입시 전형만큼 다양한 인재를 길러 내려는 노력이 계속되고 있다. 새롭게 바뀐 교육과정에서도 평가 방식이 크게 바뀌고 핵심 역량이 강화되면서 학생들의 자율적이고 창의적인 사고가 많이 요구되고 있다. 이것은 더 이상 학생들을 '점수'로 줄 세우지 않겠다는 것을 의미한다. 즉, 새 교육과정의 '과정중심평가' 방식에 따라 모든 학습의 동기와 과정을 평가함으로써 학생들의 자율성과 창의성을 높이기 위한 것이다. 특히, 대학에서도 창의적이고 능동적이며 전공적합성을 갖춘 학생을 우선 선발 기준으로 하고 있어 '학생부종합전형'은 대학 입시에서 더욱 큰 비중을 차지할 것으로 보인다.

학생부종합전형에서 학교생활기록부 내용 가운데 가장 중점적으로 평가하는 항목은 과목별 '세부능력 및 특기사항'이다. 여기에는 학생들의 수업 활동을 상세하게 기록하게 되어 있는데, 이때 변별력과 평가 기준을 가장 잘 만족시킬 수 있는 요소가 바로 탐구보고서이다. 특히, 새 교육과정의 '통합과학', '과학탐구실험' 교과에서는 과학의 개념을 이해하는 데 그치지 않고, 생활 속 문제를 찾고 이를 과학적으로 해결하기 위한 다양한 탐구 활동을 활용하는 능력을 요구하고 있어, 필수적으로 하나 이상의 탐구보고서를 작성해야 한다.

탐구보고서를 작성하는 방법을 익히는 것은 연구자들이 자신의 연구를 발표하는 수단인 '논문'을 작성하는 방법을 익히는 것으로, 이것은 대학에서 이공계뿐만 아니라 모든 학문 영역에서 반드시 익혀야 할 기본 능력이기도 하다. 이 때문에 '소논문 학원', '소논문 과외' 등의 사교육 시장이 크게 늘어나고 있는데, 아직 공교육에서는 이러한 요구를 흡수할 수 있는 준비가 부족한 것이 현실이다. 당장 현장에서 지도해야 할 교사들에게도 탐구보고서에 관한 마땅한 지침서가 마련되어 있지 않아 학생들에게 체계적이고도 세심한 지도가 이루어지지 못하고 있다.

이와 같은 문제들을 해결하기 위하여 학생들을 위한 참고서, 현장 교사들의 지침서 역할을 할 수 있는 책을 기획하게 되었다. 지금까지 직접 학생들을 지도하면서 탐구 주제를 찾고 자료를 조사하고 보고서를 쓰는 과정이 쉽지만은 않았지만, 해가 갈수록 보고서를 작성하는 노하우와 자료가 쌓이면서 학생들의 실력도 높아지고, 대학 입시에서도 상당한 성과를 내기 시작하였다.

이 책은 4명의 현장 선생님들이 직접 학생들을 지도하며 완성한 탐구보고서를 기초로 하여, 모든 고등학생들에게 그 노하우를 알려주기 위한 것으로, 수시를 준비하는 고등학생뿐만 아니라 특수 목적 고등학교 입시를 준비하는 중학생, 과학탐구보고서를 작성해야 하는 학생들에게 친절한 안내서가 되어 줄 것이다. 옆에서 직접 지도하듯이 친절한 설명을 덧붙여 학생들이 직접 탐구하고 발전시켜 나가면서 탐구보고서를 완성할 수 있도록 구성하였으며, 각 주제별로 유사 및 확장 주제를 제안하여 좀 더 다양한 관점에서 탐구할 수 있는 방향을 제시하였다. 또한, 이 책은 2018년 적용된 새 교육과정의 '과학탐구실험' 과목을 지도하는 현장 교사들에게도 유익할 수 있도록 지도안 형식도 함께 취하고 있다.

끝으로, 이 책이 학생들의 과학 탐구 활동을 자신 있게 이끌어 주는 소중한 자료로써 널리 활용되기를 바라며, 창의적이고 자기주도적으로 진로를 탐색하고 발전시켜 나가는 데 조금이나마 도움이 되기를 기대한다.

책이 출간되기까지 모든 수고를 아끼지 않고 도와준 상상아카데미 편집부와 미흡한 원고를 읽고 기꺼이 추천사를 써 주신 경상대학교 사범대학 생물교육과 김용진 교수님께 감사의 말씀을 드린다.

저자 일동

이 책은

1 '알기 쉬운' 과학탐구보고서 쓰기의 완벽한 참고서!

탐구 주제 찾기부터 자료 탐색, 탐구 방법, 결론 도출까지의 과정을 쉽고 자세하게 안내해 줍니다. 과학탐구보고서 작성 단계에 따라 제시된 13개의 실제 탐구보고서를 통해 탐구보고서의 형식과 탐구 과정을 자연스럽게 익힐 수 있습니다.

2 '선생님들의 친절한 설명을 더한' 탐구보고서의 길잡이!

바로 내 옆에서 지도 교사가 일러주는 것처럼 빈틈없는 티칭 가이드를 제시하였습니다. 이 책을 따라 탐구보고서를 쓰다 보면 과학 탐구가 조금은 쉽고 만만하게 다가올 것입니다.

3 '다양한 주제를 모두 담은' 진짜 과학탐구보고서!

물리, 화학, 생명과학, 지구과학, 환경 및 에너지와 관련된 주제뿐만 아니라 최신 과학 이슈까지 아우르는 다양한 탐구 주제를 접할 수 있도록 엮었습니다. 나아가 유사 및 확장 주제를 통해 생각을 넓혀 가며 나만의 탐구보고서를 완성할 수 있습니다.

4 '나의 역량을 확실히 보여 주는' 학생부종합전형 대비서!

교과 내 수행평가의 핵심인 탐구보고서는 내신 대비뿐 아니라 '자율성'과 '전공 적합성'을 최우선으로 하는 학생부종합전형 평가 요소를 가장 잘 반영하는 도구입니다. 이 책에서 제시한 탐구보고서를 뛰어넘는 보고서 쓰기에 도전해 보세요. 분명 꿈에 한 걸음 더 다가서게 될 것입니다.

구성과 특징

1단계 과학탐구보고서 안내

과학탐구보고서란 무엇이며, 어떤 순서와 방법으로 작성해야 할지 기초부터 차근차근 알려 줍니다. 처음 과학탐구보고서를 접하는 학생들도 탐구보고서의 뼈대를 이해하기 쉽게 자세히 안내하였습니다.

내용을 도식화하거나 표로 제시하여 이해를 돕고, Tip을 통해 중요한 개념이나 자료를 완벽하게 정리하여 보여 줍니다.

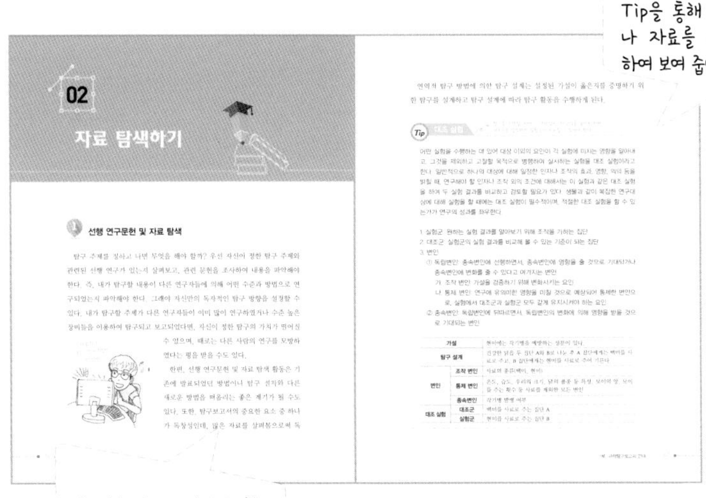

중요한 것, 꼭 알아야 할 것이 무엇인지 밑줄로 표시하여 이해를 도와줍니다.

2단계 과학탐구보고서 실제

물리, 화학, 생명과학, 지구과학 및 최신 과학 이슈를 다룬 실제 탐구보고서로 구성하였습니다. 모형 제작, 과학 실험, 설문, 탐사 등 다양한 탐구 형태를 제시하였고, 유사 및 확장 주제를 제공하여 활용성을 높였습니다.

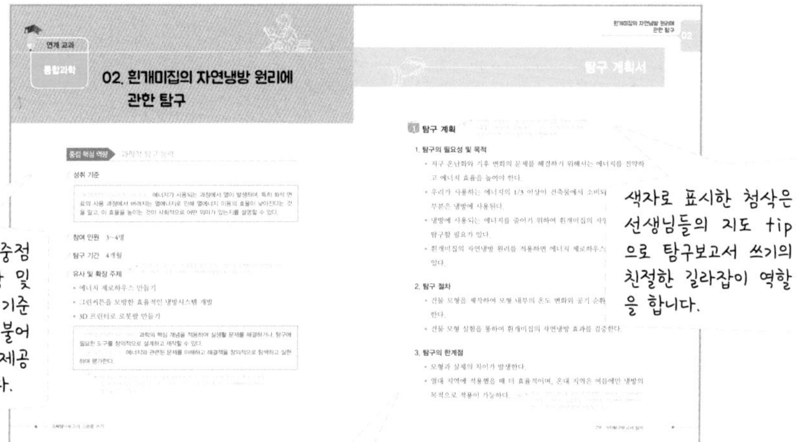

연계 교과 통합과학

02. 흰개미집의 자연냉방 원리에 관한 탐구

탐구 계획서

1 탐구 계획

1. 탐구의 필요성 및 목적

2. 탐구 절차

3. 탐구의 한계점

새 교육과정에 따른 중점 핵심 역량과 통합과학 및 과학탐구실험의 성취 기준을 제시하였습니다. 더불어 유사 및 확장 주제를 제공하여 생각을 넓혀 줍니다.

색자로 표시한 첨삭은 선생님들의 지도 tip으로 탐구보고서 쓰기의 친절한 길라잡이 역할을 합니다.

각 탐구 주제는 탐구 계획서와 탐구보고서 쓰기의 두 단계로 나누어 구성하였습니다.

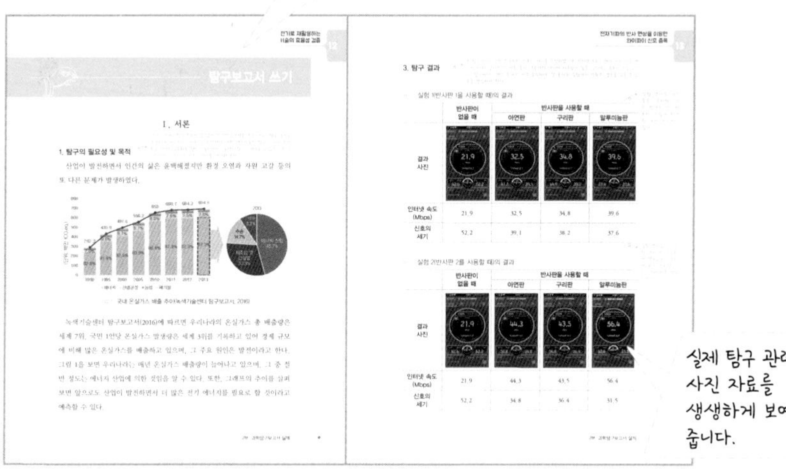

탐구보고서 쓰기

Ⅰ. 서론

1. 탐구의 필요성 및 목적

3. 탐구 결과

실제 탐구 관련 사진 자료를 생생하게 보여 줍니다.

3단계 과학탐구보고서를 쓰고 난 후

과학탐구보고서 쓰기의 마무리 작업인 정리하기와 고쳐 쓰기 과정을 안내하고, 탐구보고서 발표하기와 평가하기 지침을 제시하였습니다.

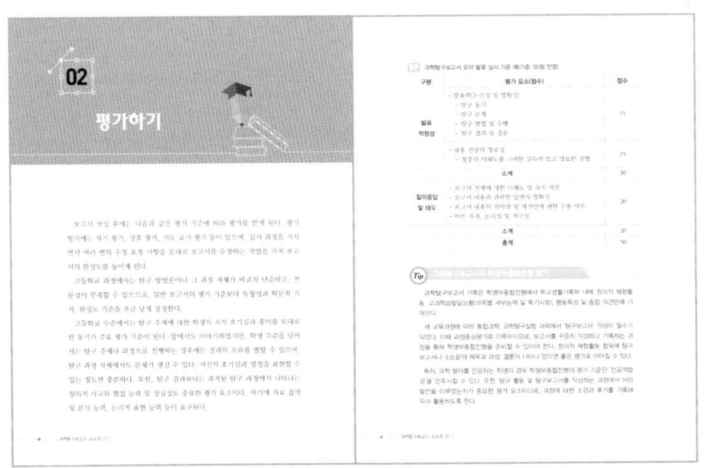

02

평가하기

보고서 작성 후에는 다음과 같은 평가 기준에 따라 평가를 받게 된다. 평가 방식에는 자기 평가, 상호 평가, 지도 교사 평가 등이 있으며, 심사 과정을 거치면서 여러 번의 수정 요청 사항을 토대로 보고서를 수정하는 작업을 거쳐 보고서의 완성도를 높이게 된다.

고등학교 과정에서는 탐구 방법론이나 그 과정 자체가 비교적 단순하고, 전문성이 부족할 수 있으므로, 일반 보고서의 평가 기준보다 독창성과 학문적 가치, 완성도 기준을 조금 낮게 설정한다.

고등학교 수준에서는 탐구 주제에 대한 학생의 지적 호기심과 흥미를 토대로 한 동기가 주요 평가 기준이 된다. 앞에서도 이야기하였지만, 학생 수준을 넘어서는 탐구 주제나 과정으로 진행하는 경우에는 결과의 오류를 범할 수 있으며, 탐구 과정 자체에서도 문제가 생길 수 있다. 자신의 호기심과 열정을 표현할 수 있는 정도면 충분하다. 또한, 탐구 결과보다는 축적된 탐구 과정에서 나타나는 창의적 사고와 협업 능력 및 성실성도 중요한 평가 요소이다. 여기에 자료 검색 및 분석 능력, 논리적 표현 능력 등이 요구된다.

과학탐구보고서 요약 발표 심사 기준 예(기준: 50점 만점)

구분	평가 요소(점수)	점수
발표 적정성	· 발표력(논리성 및 명확성) – 탐구 동기 – 탐구 문제 – 탐구 방법 및 수행 – 탐구 결과 및 결론	15
	· 내용 전달의 명료성 – 청중의 이해도를 고려한 설득력 있고 명료한 설명	15
	소계	30
질의응답 및 태도	· 보고서 전체에 대한 이해도 및 숙지 여부 · 보고서 내용과 관련한 답변의 명확성 · 보고서 내용의 취약점 및 개선안에 관한 수용 여부 · 바른 자세, 논리성 및 적극성	20
	소계	20
	총계	50

Tip

과학탐구보고서 기록은 학생부종합전형에서 학교생활기록부 내에 창의적 체험활동, 교과학습발달상황(과목별 세부능력 및 특기사항), 행동특성 및 종합 의견란에 기재된다.

새 교육과정에 따라 통합과학, 과학탐구실험 과목에서 '탐구보고서' 작성이 필수가 되었다. 이때 과정중심평가로 이루어지므로, 보고서를 꾸준히 작성하고 기록하는 과정을 통해 학생부종합전형을 준비할 수 있어야 한다. 창의적 체험활동 항목에 탐구보고서나 소논문의 제목과 과정, 결론이 나타나 있으면 좋은 평가로 이어질 수 있다.

특히, 과학 분야를 전공하는 학생의 경우 학생부종합전형의 평가 기준인 '전공적합성'을 만족시킬 수 있다. 또한, 탐구 활동 및 탐구보고서를 작성하는 과정에서 어떤 발전을 이루었는지가 중요한 평가 요소이므로, 과정에 대한 소감과 후기를 기록해 두어 활용하도록 한다.

부록 우수 사례, 연구 윤리와 인용

학생부종합전형을 대비할 수 있도록 우수 과학탐구보고서를 선생님들의 첨삭지도와 함께 제시하였습니다. 또한, 연구 윤리와 올바른 인용, 참고문헌 표기 방법을 예시와 함께 정리하여 보여 줍니다.

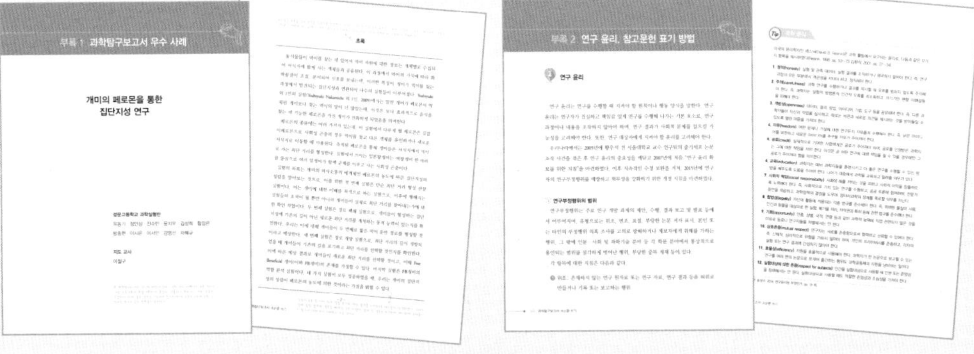

부록 1 과학탐구보고서 우수 사례
개미의 페로몬을 통한
집단지성 연구
부록 2 연구 윤리, 참고문헌 표기 방법
연구 윤리

차례

1부 과학탐구보고서 안내

01 과학적 탐구 주제 정하기 17

02 자료 탐색하기 24

03 탐구 계획하기 33

04 탐구 노트 작성하기 40

05 탐구 및 자료 수집 방법 45

06 탐구보고서 기본 양식 54

과학탐구보고서 실제

01 교내 활동이 미세먼지 농도에 끼치는 영향 분석 65

02 흰개미집의 자연냉방 원리에 관한 탐구 78

03 트리플렛 코드(triplet code)를 활용한 암호 체계 구축 96

04 탈색과 염색이 모발 건강에 끼치는 영향 111

05 해안사구 복원을 위한 효율적인 모래 포집기 형태 고안 [illegible]

06 오염된 물이 식물 생장에 끼치는 영향 분석 135

07 학생들의 지진 대비에 관한 인식 조사 147

08 라면을 맛있게 끓이는 과학적 방법 158

09 동전 앞뒷면의 질량에 따른 확률 변화

10 용암동굴에서 석회동굴로의 변화 양상 탐사

11 물티슈의 항균 및 방미 효과 검증

12 버려지는 에너지를 전기로 재활용하는 압전 발전 기술의 효용성 검증

13 전자기파의 반사 현상을 이용한 와이파이 신호 증폭

3부 과학탐구보고서를 쓰고 난 후

01 정리 및 발표하기

02 평가하기 254

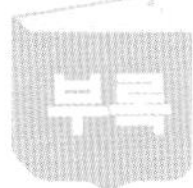

부록

부록 1 과학탐구보고서 우수 사례

부록 2 연구 윤리, 참고문헌 표기 방법

1부

과학탐구보고서 안내

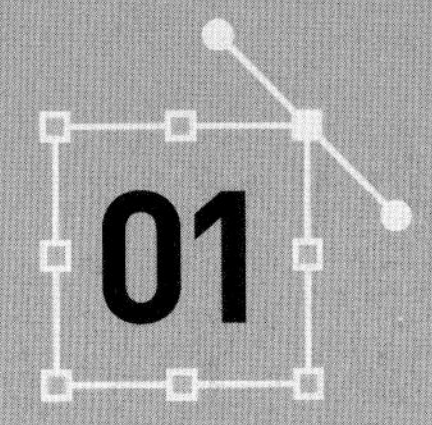

과학적 탐구 주제 정하기

과학적 탐구 주제 유형

과학적 탐구 주제는 크게 두 가지 유형으로 나눌 수 있다. 첫 번째 유형은 실생활에서 일어나는 자연 현상의 패턴을 찾는 것이고, 두 번째 유형은 자연 현상 속의 패턴이 왜 형성되고 성립되는지를 설명하기 위한 것이다.

자연 현상에서
나타나는 패턴에는
어떤 것이 있을까?

탐구 주제의
두 가지 유형

패턴이 왜 형성되고
성립되는지
설명할 수 있을까?

자연 현상의 패턴을 찾는 것은 자연 현상을 관찰하는 것에서 시작된다. 관찰은 사물이나 현상을 주의 깊게 자세히 살펴보는 것으로, 관찰 과정과 관찰 결과를 세밀하게 묘사할수록 더 좋은 탐구가 가능하다. 이를 위해 측정 도구를 이용하거나 통제된 상황을 만들어서 실험을 수행하기도 한다. 예를 들면 '태양은 붉은색이다.'와 '태양의 빛을 분광기로 측정하면 파장에 따라 여러 가지 색이 나타난다.'라는 내용은 모두 태양을 관찰한 결과를 기록한 것이다. 그런데 뒤의 관찰 결과가 과학적으로 훨씬 세밀한 탐구를 통해 나왔음을 알 수 있다. 즉, 관찰에 필요한 적절한 도구를 선택하고, 이를 통해 얻은 관찰 결과를 기록하여 자연 현상의 패턴을 찾는 것이 좋은 탐구를 수행하는 중요한 요소이다. 한편, 관찰 결과를 기록할 때에는 통제된 상황에서 변인을 설정하고 이를 조작하면서 기록해야 한다. 이와 같은 결과는 자연 현상에서의 결과와 다를 수 있는데, 이때 과학적 개념을 가지고 결과를 분석할 수 있는 능력이 있어야 한다. 일반적으로 자료는 숫자로 제시되는데, 이를 그래프나 그림 등으로 바꾸어 표현하면 패턴을 찾는 데 도움이 된다.

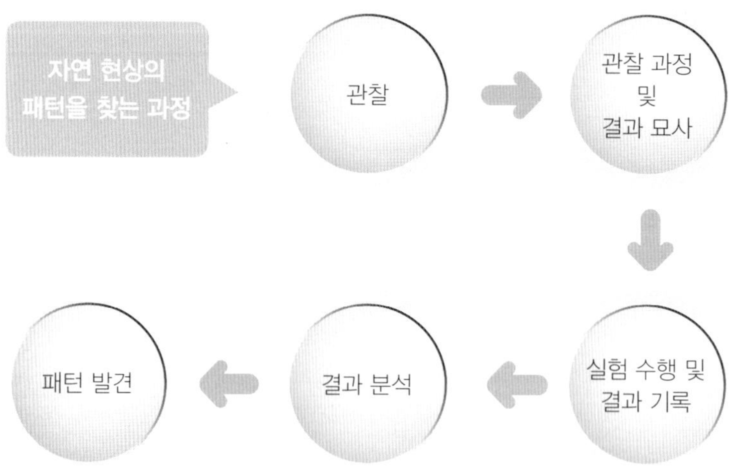

이제, 자연 현상의 패턴을 찾았으면 패턴이 왜 형성되고 성립되는지를 탐구해야 한다. 이 과정에서는 가설 또는 추측이 필요한데, 이것은 탐구 방법에서 다시 자세히 다루도록 하고, 여기에서는 예를 들어 간단히 살펴보자. 중학교 과학 교과에서 배운 보일-샤를 법칙은 기체의 부피는 온도에 비례하고 압력에 반

비례하다는 것인데, 이것은 자연에서 발견된 패턴이라고 할 수 있다. 반면, 보일-샤를 법칙이 왜 성립하는지 설명하기 위해, 기체는 작은 입자들로 이루어져 있고 입자들은 탄성 충돌을 한다는 이상 기체 모형을 도입하였는데, 이것은 과학자들의 가설, 즉 추측에 해당하는 상상의 산물로 보일-샤를 법칙을 설명하는 매우 성공적인 모형이다. 즉, 과학자들은 모형을 도입하고 실험을 통해 패턴을 재현함으로써 결과를 예측하거나 패턴이 형성되는 이유와 원리를 설명하고자 한다.

이와 같이 가설과 추측, 실험으로 이어지는 과정은 과학적 탐구의 기본 요소로서, 대부분의 과학적 탐구 주제를 풀어나가는 과정에 해당한다.

2 과학적 탐구 주제 찾기

과학적 탐구 주제를 정할 때에는 먼저 자신이 정말 흥미를 느끼고 진행할 만한 가치가 있는 주제인지를 생각해 봐야 한다. 탐구 주제에 흥미를 느끼지 못하거나 선생님이 제시한 과제이기 때문에 마지못하여 하게 되면 동기가 부족하여 끝까지 수행하기 어려울 뿐만 아니라 좋은 결과를 얻기도 힘들다.

두 번째는 제한된 시간과 여건 속에서 탐구를 통해 의미 있는 결과를 도출할 수 있는지를 생각해야 한다. 학생 수준에서 탐구하기에 지나치게 높은 수준의 주제 또는 대학이나 연구 기관에서 수행할 정도의 기기가 필요한 주제이거나 일정 수준의 결과를 도출할 수 없는 주제라면 좋은 주제라고 할 수 없다. 즉, 과학적 탐구보고서는 주제에 따른 문제를 해결해 나가는 과정을 거쳐 결과를 도출해 내는 형식이므로, 자신에게 주어진 시간과 여건도 함께 고려해야 한다.

세 번째는 다른 사람들이 관심을 가질 만한 주제인지, 그리고 이 탐구를 통해 받게 될 질문에 가치 있는 답을 할 수 있는 주제인지 생각해야 한다. 이와 같이 여러 사람들의 관심을 끌 수 있는 과학탐구보고서를 쓰기 위해서는 평소에 어떠한 문제에 대해 진지하게 고민하고 여러 측면에서 생각해 보는 경험을 쌓는 것이 중요하다. 직·간접적인 경험에서 비롯된 문제 제기가 곧 탐구 주제가 되는 경우가 많기 때문이다.

그런데 실제적으로 학생들은 경험과 지식이 충분하지 않기 때문에, 탐구 주제를 정하는 데 한계에 부딪히기도 한다. 이 경우에는 자신이 하고 싶은 탐구 주제와 관련된 선행 연구 자료들을 찾아보는 활동을 통하여 주제에 쉽게 접근할 수 있다. 또한, 선행 연구를 참조하는 데서 나아가 발전된 형태로 확장시키는 방법을 선택할 수도 있다.

마지막으로, 탐구 주제와 관련하여 탐색할 수 있는 문헌과 자료가 많을수록 좋다. 흥미가 있고 여러 사람의 관심을 끌 수 있다고 하더라도 관련 자료가 부족하면 탐구보고서의 완성도를 높이는 데 어려움이 있기 때문이다.

좋은 탐구 주제를 찾고 싶다면

★ 일상생활에서 궁금했던 개인적 경험이나 실험, 관찰 등을 통해 연구 주제를 찾는다.

★ 내가 관심을 가지고 있는 분야의 키워드를 중심으로 질문을 생각해 보고 이를 기록한다. 이렇게 기록한 단어 또는 문장 중에서 핵심 주제를 찾는다.

★ 다른 사람의 논문이나 자료를 읽으면서 탐구 방향과 연결될 수 있는 중요한 단어와 개념을 주의 깊게 찾는다. 만약 논문이나 자료 전체를 읽는 것이 부담된다면 차례나 요약을 읽어본 후에 해당 주제에 대해 관심이 생기면 서론이나 결론을 읽어 관심 주제를 구체화하도록 한다.

가능한 피해야 할 탐구 주제

★ 다른 사람이 이미 썼던 연구 방법이나 내용, 자신이 이전에 썼던 탐구보고서를 그대로 사용해서는 안 된다.

★ 결론이 이미 정해졌거나, 부적절하고 애매한 주제는 피하도록 한다.

★ 필요한 정보를 얻을 수 있는 곳이 극히 제한적인 주제는 되도록 피하도록 한다.

★ 사회적 논쟁을 불러일으킬 수 있는 주제는 그 논쟁을 완전히 불식시킬 수 있는 것이 아니라면 피하는 것이 좋다.

탐구 주제를 정할 때는 다음과 같은 순서로 질문을 만들어 그 답을 찾아나가는 방법을 이용하는 것도 좋다.

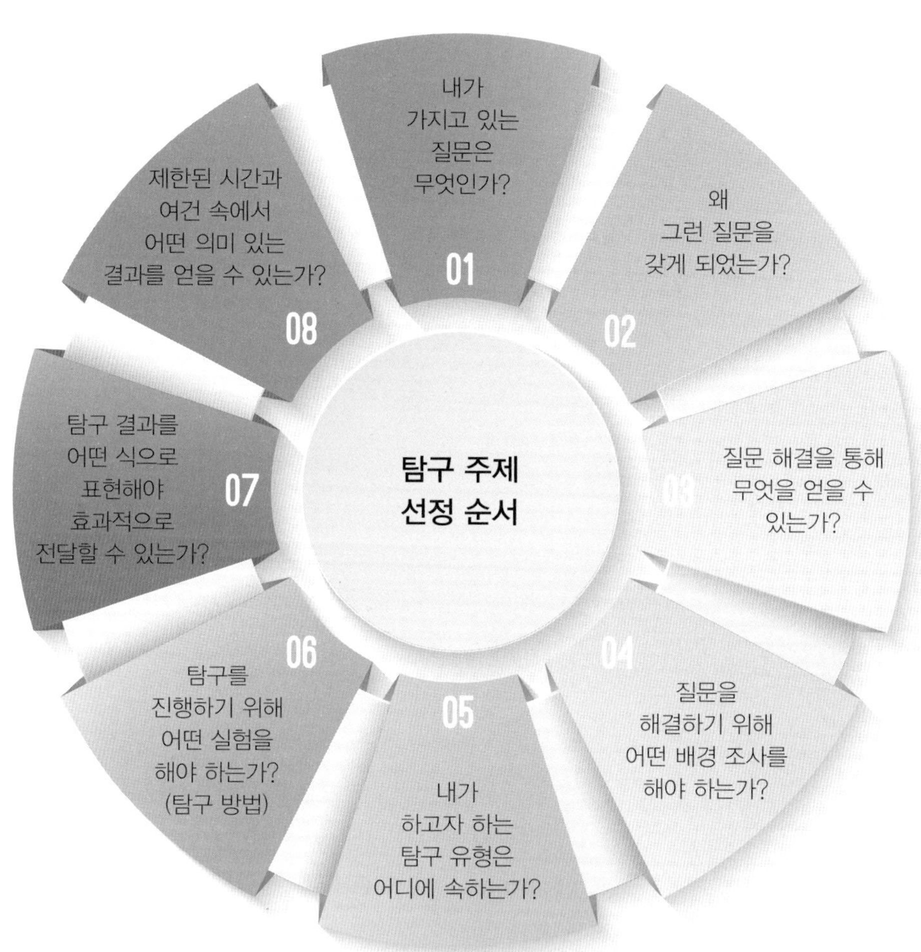

Tip 과학자들의 탐구 주제 탐색 활동 유형 알아보기

과학자들의 탐구 주제 탐색 활동 유형

문제 해결형 (Problem solving)

"문제들을 계속 해결하면서 최종적으로 과학적 결론에 도달하게 되는 연구 형태"
관심 있는 어떤 현상을 과학적으로 설명하는 과정에서 여러 가지 문제 상황에 직면하게 되는데, 이러한 문제의 발견 및 해결 과정은 연구 전반에 걸쳐 반복적으로 일어난다.

모델 제시형 (Modeling)

"모델을 만들어 현상과 그 규칙성을 설명하는 과학자의 연구 형태"
자연 현상이 갖는 규칙성을 찾아내고 이를 과학적으로 설명하거나 다른 자료와의 연관성을 밝히는 과정에서 사용하는 방법이다.

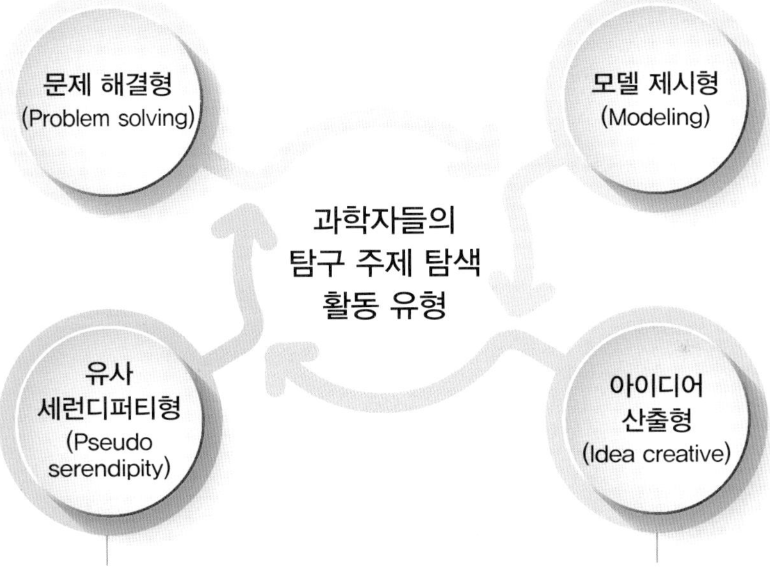

아이디어 산출형 (Idea creative)

"과학적 사실이나 원리로부터 새로운 아이디어를 생성하는 연구 형태"
과학자들이 자연의 기본원리를 파악하고, 이를 적용하여 새롭고 보다 나은 아이디어를 제안하거나 두 가지 이상의 아이디어를 융합 또는 직관을 사용하여 아이디어를 생성하는 연구 방법이다.

유사 세런디피티형 (Pseudo serendipity)

"과학적 원리를 우연히 발견하는 연구 형태"
과학에서 발견의 과정은 사물끼리의 귀납적 또는 연역적 연관을 밝혀내는 것과 우연히 일어나는 것을 발견하는 것으로 구분된다. 그중 과학자의 평소 노력과 과학자적인 태도가 바탕이 된 우연한 발견을 유사 세런디피티라고 한다.

출처: 강성주, 김현주, 이길재(2011). 과학영재들을 위한 창의적 탐구활동 프로그램. 북스힐.

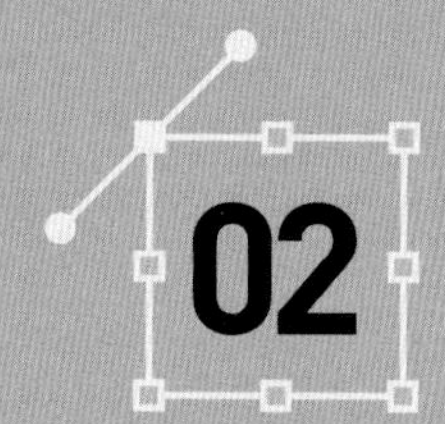

02 자료 탐색하기

1 선행 연구문헌 및 자료 탐색

탐구 주제를 정하고 나면 무엇을 해야 할까? 우선 자신이 정한 탐구 주제와 관련된 선행 연구가 있는지 살펴보고, 관련 문헌을 조사하여 내용을 파악해야 한다. 즉, 내가 탐구할 내용이 다른 연구자들에 의해 어떤 수준과 방법으로 연구되었는지 파악해야 한다. 그래야 자신만의 독자적인 탐구 방향을 설정할 수 있다. 내가 탐구할 주제가 다른 연구자들이 이미 많이 연구하였거나 수준 높은 장비들을 이용하여 탐구되고 보고되었다면, 자신이 정한 탐구의 가치가 떨어질 수 있으며, 때로는 다른 사람의 연구를 모방하였다는 평을 받을 수도 있다.

한편, 선행 연구문헌 및 자료 탐색 활동은 기존에 발표되었던 방법이나 탐구 절차와 다른 새로운 방법을 떠올리는 좋은 계기가 될 수도 있다. 또한, 탐구보고서의 중요한 요소 중 하나가 독창성인데, 많은 자료를 살펴봄으로써 독

창적인 탐구 방법 및 과정을 생각해 낼 수도 있다. 앞에서 이야기하였듯이 탐색할 자료가 많을수록 탐구보고서를 작성하는 데 유리하며, 많은 도움을 받을 수 있다. 특히, 중고등학생 수준에서는 아무리 중요한 주제라고 하더라도 선행 연구와 참고 문헌이 부족하면 탐구 실험을 진행해 나가는 데 어려움을 겪을 수 있다. 참고로 선행 연구문헌 및 참고문헌은 모두 기록해 놓았다가 탐구보고서 마지막에 참고문헌 목록으로 작성하도록 한다.

선행 연구문헌 및 자료 조사를 하고 나면

★ 새로운 아이디어를 발견하게 된다.

★ 이미 알려진 지식을 확인함으로써 탐구의 중복을 피할 수 있다.

★ 탐구 방법에 관한 지식을 얻을 수 있다. 즉, 선행 연구들의 연구 설계, 측정 도구, 분석 방법 등을 검토함으로써 탐구 과정 중에 발생할 수 있는 문제점과 해결 방안에 대한 정보를 얻을 수 있다.

★ 탐구의 범위를 가늠해 볼 수 있다. 선행 연구에서 활용된 자원, 시간, 대상, 설비, 도구, 분석 결과 등을 살펴봄으로써 제한된 시간과 여건 속에서 탐구를 통해 의미 있는 결과를 도출할 수 있는지를 생각해 볼 수 있다.

선행 연구문헌 조사를 할 때에는 탐구 주제를 확실하게 정했을 때와 탐구 주제를 확정하지 않았을 때로 나누어 생각해 볼 수 있다. 먼저 탐구 주제를 정한 상태라면 필요한 자료를 효율적으로 수집할 수 있다는 장점이 있다. 그러나 정해진 주제에 대한 선입견으로 한정된 자료에 집중하여 포괄적으로 자료를 탐색하지 못할 수 있다는 단점이 있다. 반대로 탐구 주제를 미처 확정하지 못한 상태에서 문헌 조사를 하는 경우에는 관련된 광범위한 자료를 수집할 수 있지만 막상 탐구 주제가 정해지면 정작 필요한 자료를 수집하지 못하여 곤란한 상황에 처할 수 있다. 따라서 넓은 범위에서 기본적인 탐구의 큰 틀을 세우고 자료 수집에 들어가는 것이 효과적이다.

자료 탐색 도구

탐구보고서의 시작과 끝이 자료에서 비롯된다고 할 정도로 자료 조사는 매우 중요하다. 어떠한 자료를 찾는가에 따라 완성도가 달라질 수도 있기 때문이다. 따라서 신뢰성과 타당성 있는 자료를 어디에서 어떻게 찾아야할지가 매우 중요한데, 우선 국가에서 운영하는 사이트를 기본으로 하고, 관련 주제에 따른 공신력 있는 기관 사이트를 활용하도록 한다. 자료를 조사할 때는 탐구 주제에 맞는 주요 키워드를 사용하여 검색하고, 단순하게 한 가지 내용이나 주제를 검색하는 것보다는 연관 주제어까지 검색하여 유용한 자료를 찾도록 한다.

자료 검색은 주로 다음과 같은 기관을 활용한다.

- **구글 학술검색** https://scholar.google.com/schhp

세계적인 자료를 찾을 때에는 구글 학술검색을 이용하면 된다. 구글 학술검색에서 검색한 논문과 책 중 필요한 것은 저널별로 계약이 체결된 대학 도서관이나 기타 국내 연구기관에서 다운받아 사용할 수 있다. 구글은 많은 연구자들이 학술자료를 검색하기 위해 가장 널리 사용하는 검색도구이기도 하다.

국가과학기술정보센터 http://www.ndsl.kr

국가과학기술정보센터(NDSL)는 한국과학기술정보연구원(KISTI)에서 운영하는 우리나라 과학기술정보 서비스의 바탕이 되는 곳으로, 국가 과학기술 혁신에 기여하고자 개발된 과학기술정보 서비스 플랫폼이다. 논문·특허·보고서·저널 등 약 1억 건 이상의 콘텐츠를 검색할 수 있으며 콘텐츠 유형별 전문검색 서비스도 제공한다. 특히, 논문을 PDF로 이용할 수 있고, 논문 정보를 무료로 검색할 수 있다. 또한, 복사비와 배송비만 지불하면 원문 복사도 이용할 수 있다.

국립중앙과학관 https://www.science.go.kr

과학 원리와 기술을 전시, 교육하며 과학기술자료를 수집, 보존 연구하는 곳으로, 과학기술자료를 쉽게 이용하고 체험할 수 있도록 되어 있다. 또한, 전국과학전람회, 전국학생과학발명품경진대회, 사이언스데이 등 여러 과학경진대회와 과학체험행사를 통해 과학을 탐구할 수 있도록 하고 있다. 특히, 경진대회 코너에서 각 분야별 수상 작품들의 연구 자료를 내려받을 수 있는데, 학생들의 수준에서 탐구한 작품들로 구성되어 있어 학생 탐구에 적합한 주제와 방법을 찾는 데 도움을 얻을 수 있다.

국립중앙도서관 http://www.nl.go.kr

종이 매체에서 온라인 자료에 이르기까지 방대한 자료를 소장하고 있는 국가 대표 도서관으로, 누구나 쉽게 무료로 이용 가능하다. 도서관 본관 외에 디지털 도서관, 모바일을 통해서도 음성 검색, 바코드 검색, 다국어 입력, 유형별 자료 브라우징 등 다양한 방법으로 자료를 검색할 수 있다.

국회도서관 http://www.nanet.go.kr

주로 인문 · 사회과학 분야의 자료로 구성되어 있으며, 각종 목록·색인 등의 국가서지데이터베이스가 구축되어 있어 석박사학위 논문을 비롯한 원문 데이터

내려받기가 가능하다. 청소년들은 학생증 또는 청소년증의 신분증으로 본인 확인 후 도서관 열람을 할 수 있다.

● **사이언스올** http://www.scienceall.com

한국과학창의재단이 운영하는 과학 교육 사이트로, 과학과 관련된 다양한 콘텐츠를 경험할 수 있으며 최신 과학 뉴스와 잡지를 무료로 찾아볼 수 있다. 또한, 칼럼과 에세이를 비롯하여 전국 각지에서 이루어지는 과학 행사 정보들을 통해 연구 주제를 정하는 데 도움을 받을 수 있다.

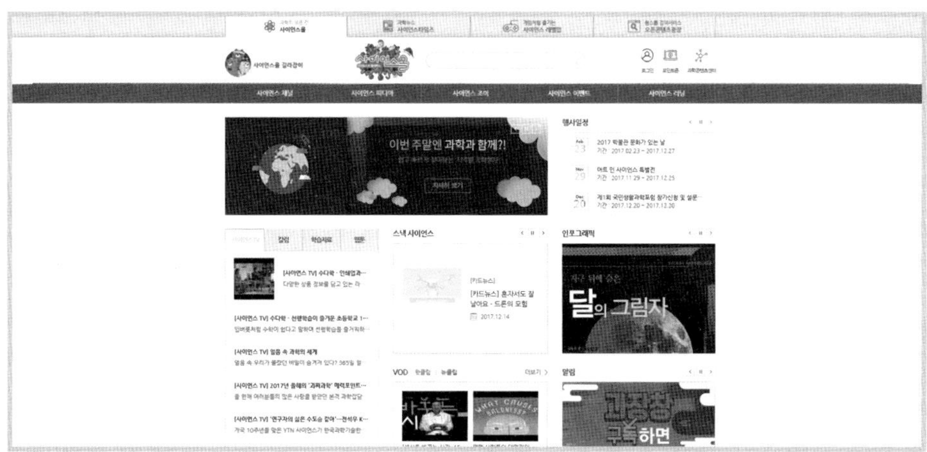

한국교육학술정보원 http://www.riss.kr

한국교육학술정보원(KERIS)은 유치원부터 초중고, 대학에 이르기까지 교육과 학술연구 분야 정보화와 관련된 다양한 사업을 추진하는 교육부 산하 공공기관이다. 미래교육을 선도하는 교육학술정보화 전문 기관으로서, 국내외 학술지와 논문을 비롯하여 연구보고서, 단행본 등의 정보 검색 서비스를 운영하고 있다. 또한, 모바일웹을 통해서도 학위/학술논문, 일부 대학에서 제공하는 학위/학술논문, 일부 민간업체에서 제공하는 학술논문을 볼 수 있어 쉽고 편리하게 이용할 수 있다.

한화사이언스챌린지 http://www.sciencechallenge.or.kr

국내 최대 규모의 미래과학기술 인재 발굴 프로젝트로 미래의 노벨상 주인공이 될 창의적 과학영재 발굴을 모토로 하고 있다. 과학 분야에 관심과 재능이 있는 전국 고등학생과 지도 교사가 팀을 이루어 참가하며, 에너지·바이오·기후변화·물의 4개 지정 주제 가운데 선택하여 연구결과 보고서를 제출한다. 각 주제와 관련된 학생 연구보고서 수상작을 PDF 파일로 내려받을 수 있다.

3 자료 정리

자료 검색을 통해 얻은 자료를 효과적으로 정리하는 방법을 살펴보자. 탐구 주제와 관련된 모든 자료를 정독하는 것은 사실상 불가능하다. 따라서 연구 문헌의 경우 우선 초록(논문 전체 요약)을 읽고 자신의 탐구 주제와 어느 정도 관련이 있는지 파악해야 한다. 주제와 관련이 있는 내용이면, 탐구 문제, 방법, 참고 자료 등 각 항목별로 정리하여 탐구보고서를 쓸 때 참고할 수 있도록 한다.

자료를 효과적으로 읽기 위해서는 첫째, 내용을 파악하기 전에 질문을 던져야 한다. 논문이나 자료를 무작정 읽기보다는 내용을 예측하고 질문을 중심으로 답을 찾아보는 것이 좋다. 이것은 사고를 능동적으로 이끌어 주어 적은 분량을 읽더라도 정보를 오래 기억할 수 있게 만든다. 둘째, 연구자의 관점을 파악하며 읽어야 한다. 누구를 대상으로 무엇을 전달하고자 연구보고서나 자료를 썼는지 그 의도를 파악하면 내용을 하나의 논지로 요약할 수 있을 것이다.

연구 내용을 정리할 때 사용하는 노트의 틀을 살펴보면 다음과 같다.

자료 정리 노트

선행 탐구 논문이나 자료를 검색하는 경우, 아래 형식에 맞추어 해당 자료를 정리해 두어 탐구보고서 작성 시에 참조하도록 한다.

1	**제목**		
2	**저자**		**출판 연도**
3	**출처**	출처를 확실하게 기록해야 나중에 다시 찾을 때 시간과 노력을 줄일 수 있다.	
4	**탐구 배경**		
5	**탐구 방법**		
6	**탐구 내용**		
7	**결과 요약**	자신이 연구하고자 하는 주제와 연관이 있는지, 어떤 결과를 이끌어 냈는지 질문을 던지면서 작성한다.	
8	**결론 및 제언***		

* 제언: 의견이나 생각을 내놓음. 또는 그 의견이나 생각

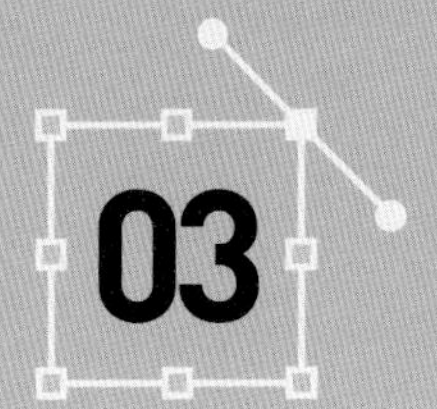

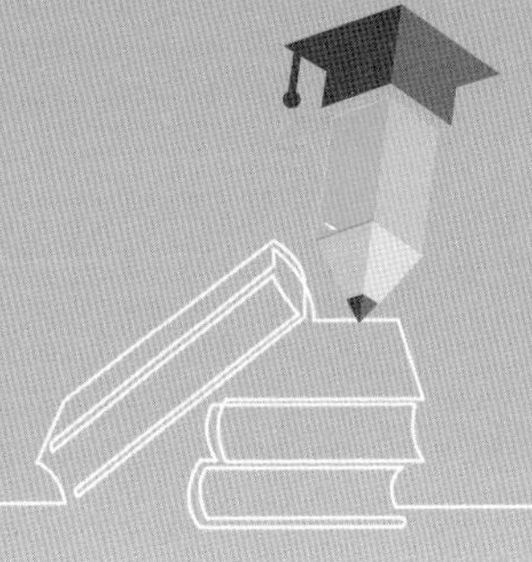

03 탐구 계획하기

1 탐구 계획서 작성의 필요성

만일 우리가 집을 짓는다고 가정해 보자. 가장 먼저 무엇을 해야 할까? 아마도 설계도를 그리는 것이 우선일 것이다. 생각하고 있는 집의 모양과 골격, 내부 구조, 각각의 면적 등을 담고 있는 설계도면이 없다면 안전하고 튼튼한 집을 지을 수 없을 뿐만 아니라 구체적인 일정 등의 계획을 세우기도 어렵다. 따라서 집을 지을 때에는 설계도면을 꼼꼼하게 살펴 정확하게 완성한 후에 단계별로 계획된 일정에 맞추어 집의 형태를 갖추어 나가게 된다. 탐구보고서도 마찬가지이다. 탐구 주제를 정하고, 관련 자료를 탐색한 후에는 어떻게 탐구를 진행하여 탐구보고서를 쓸 것인지 구체적으로 계획을 세워야 한다. 탐구 계획서가 잘 작성되어야 계획한 일정에 맞추어 탐구를 진행해 나갈 수 있으며, 더불어 좋은 결과를 기대할 수 있다.

탐구 계획서는 탐구를 수행하기 위한 자료의 수집, 분석, 해석, 일정, 필요한 자원과 예산, 기대 효과 등을 제시한 문서로, 탐구 계획서만으로도 탐구의 방향과 규모 등을 예측할 수 있다.

자료 수집
일정은?
탐구 방법은?
주제를
정하고

탐구 계획서 작성이 필요한 이유는 다음과 같다.

첫 번째, 탐구 계획서는 탐구를 이끄는 지침이 된다. 따라서 가능한 구체적이고 세밀하게 작성하는 것이 탐구를 추진하는 측면에서 유용하다. 그런데 아무리 치밀하게 탐구 계획서를 작성하였다고 하더라도 탐구를 진행하다 보면 수정이 필요한 부분이 생기기 마련이다. 따라서 탐구 계획서를 작성할 때는 어느 정도 마음가짐을 유연하게 할 필요가 있다.

두 번째, 탐구 계획서 작성은 생각을 정리하는 데 도움이 된다. 탐구를 계획하다 보면 많은 생각들이 스쳐 지나가는데 그때마다 정리해서 작성하지 않으면 나중에 아이디어나 생각들을 다시 떠올리기가 쉽지 않다. 따라서 생각이 날 때마다 아이디어를 메모한 후 탐구 계획서를 작성하는 단계에서 탐구에 필요한지 여부를 실질적으로 판단하여 정리하도록 한다.

세 번째, 탐구 계획서는 지도 교사나 전문가의 지도 조언을 받고 사전에 탐구를 승인받기 위한 요소이기도 하다. 탐구를 진행할 때 지도 교사나 전문가의 도움이 필요하다면 말로 설명하기보다는 문서로 표현해야 자신의 의도를 정확하게 전달할 수 있다. 그리고 이를 통해 자신의 탐구 계획을 전문가에게 정확하게 진단받아 협의해 나갈 수 있다. 때로는 상대에게 탐구의 필요성을 설득하는 과정을 통해 비용, 시설, 장비 등의 지원을 요청할 수도 있다. 즉, 탐구 계획서는 탐구 주제를 정한 후 어떤 과정과 방법으로 탐구를 진행하겠다는 것을 검토자에게 보여 주어 승인을 얻기 위한 문서이다. 이러한 승인 절차를 거치면 탐구의 객관성을 높일 수 있으며, 계획 단계에서 탐구 방법이나 과정을 크게 검토함으로써 실패 확률을 줄이고, 탐구를 보다 효과적으로 진행할 수 있게 된다.

탐구 계획서 작성의 실제

탐구 계획서를 작성할 때에는 명료하고 간결하게 표현해야 한다. 즉, 필요한 모든 정보를 최소한의 문장이나 단어로 명료하게 표현하여야 비전문가도 쉽게 이해하고, 내용을 직관적으로 파악할 수 있다.

또한, 탐구자의 사고 과정을 논리적이고 체계적인 순서에 따라 전달해야 한다. 탐구 목적, 필요성, 탐구 방법, 예상 결과 등이 유기적으로 연결되어 있으면, 각 요소에서 발생할 수 있는 문제를 사전에 어느 정도 검토하여 변경할 수 있으며, 탐구 과정과 결과에 대한 신뢰도를 높일 수 있다.

한편, 탐구 계획서는 말 그대로 계획서이므로, 탐구를 진행하면서 생각하지 못한 변수가 발생하는 경우도 있으며, 또 변수에 따라 결과가 달라질 수도 있다. 따라서 지나친 부담을 갖고 작성하기보다는 자신의 탐구 결과를 얻기 위한 기본 계획이라는 생각으로 잘 통제하고 조정해 나가려는 마음가짐이 더욱 중요하다.

탐구 계획서를 작성할 때에는 일반적으로 아래와 같이 겉표지를 만들고, 전체 탐구 활동 내용을 1~2장 내외로 요약하여 기술한다.

탐구 계획서 예시

• 겉표지

탐구자	학교 학년 반 번 성명:		
공동 탐구자	학교 학년 반 번 성명:		
제출 날짜			
지도 교사		**확인**	

● 탐구 활동 내용

탐구 주제 제목	주제가 구체적이고 정확하게 드러나도록 하며, 제목은 탐구 내용을 한 줄로 요약한다는 생각으로 정하도록 한다. 탐구 시작 단계에서 제목을 확정하지 않은 경우에는 가제목을 정한 후 진행해도 되며, 부제목이 필요한 경우에는 부제도 함께 제시한다.
탐구의 필요성 및 목적	탐구 배경을 서술하고, 자신이 탐구하려는 주제와 유사한 주제의 객관적 사실이나 자료 등을 제시하여 자신의 주제가 실험 또는 자료 조사를 거쳐 탐구할 필요가 있다는 것을 설명한다.
예상 목차	어떤 순서로 탐구를 진행할지, 대략적인 순서를 정하여 목차를 정리한다. 목차를 여러 번 검토하면 효율적으로 탐구를 진행하는 데 도움이 된다.
탐구 대상	탐구 대상이 광범위하여 비용과 시간이 많이 드는 경우에는 일반적으로 모집단*으로부터 표집된 표본**을 사용한다.
탐구 설계	탐구 방법 선정, 조사 기간, 탐구 순서, 분석 방법 선정 등을 설계하여 기록한다. 탐구 설계가 제대로 확립되어야 효율적으로 탐구를 진행하는 동시에 원하는 결과를 얻을 수 있으므로, 충분히 시간을 할애하도록 한다.
검사(측정) 도구	탐구를 효율적으로 진행하기 위해 사용하는 도구로, 실험 및 관찰 도구를 비롯하여 설문지 등도 포함된다.
예상 결과	탐구 설계 과정에서 얻을 수 있는 예상 결과를 기록한다. 이때 탐구 과정에서 생길 수 있는 변수를 포함하여 결과를 기록하는 것이 좋다.
탐구 일정	일정 기간 동안 진행되는 탐구의 경우, 월별 또는 주별로 계획표를 짜는 것이 좋으며, 최대한 구체적이고 실질적으로 계획을 짜도록 한다.
참고문헌	탐구와 관련되어 조사하거나 참고한 모든 자료는 따로 정리해 두어야 한다. 참고한 문헌을 정리하다 보면 자료를 누락할 수 있는데, 이 경우 저작권이나 탐구의 신뢰성 면에서 문제가 될 수 있으므로 꼼꼼히 챙기도록 한다.

* 모집단: 통계적 관찰 대상이 되는 집단 전체

** 표본: 사회 조사에서 모집단의 특성을 잘 반영할 수 있는 표본을 추출하는 방법

3 본문 주요 구성 요소

탐구 계획서를 작성하고 나면, 실제 본문 내용을 구성하게 되는데, 이때 다음과 같은 점에 중점을 두고 탐구의 필요성 및 목적, 탐구 내용 및 방법, 탐구 결과의 활용과 기대효과 항목을 작성하도록 한다.

① 탐구의 필요성 및 목적

탐구의 필요성 및 목적 항목은 탐구를 수행해야 하는 당위성 또는 이유를 설명하기 위한 것이다. 탐구의 필요성을 드러내기 위해서는 이론적 배경, 선행 연구, 탐구 목표 등의 내용을 독창적이고 구체적으로 제시해야 한다.

01 이론적 배경

탐구 주제를 이해하기 위한 기본 지식을 설명하고, 탐구 주제와 관련된 배경을 기술하는 부분이다. 탐구를 시작하기 위해서는 우선, 문제의 출발이 어떠한 근거로 제시되었는지를 기술하면 된다. 이론적 배경은 기본 지식과 개념, 배경지식 등에 대한 설명을 통해 탐구의 당위성에 힘을 실어줄 수 있다.

02 선행 연구

자신의 탐구 주제와 비슷한 방향의 연구가 어디까지 진행되었는지를 파악하기 위한 것이다. 즉, 연구동향을 알아봄으로써 탐구하고자 하는 주제가 다른 사람들 사이에서 어떻게 인식되고 어떤 의미를 갖는지를 알 수 있다. 또한, 탐구 주제가 기존에 지지를 받았던 주제라면 탐구를 수행할 가치가 충분히 있음을 주장할 수 있다. 한편, 주제와 관련된 선행 연구가 없다면, 현재 시도하려는 탐구의 가능성과 전망을 기술하도록 한다.

03 탐구 목표

탐구 목표 항목에는 문제의 명확한 제시와 이를 해결하기 위한 논리적인 가설 설정이 기술되어야 한다. 탐구를 통해 실제 얻고자 하는 내용 위주로 기술하되 해결해야 할 문제를 구체적으로 진술하고 해결 방법에 대한 가설을 제시하는 것이 탐구 목표가 될 수 있다.

② 탐구 내용 및 방법

실질적으로 탐구해야 할 범위와 탐구에 필요한 방법을 기술한다. 여기에서는 탐구에 필요한 시설이나 도구, 장소 등을 구체적으로 언급하는 것이 좋다. 특히, 중요하게 생각하는 아이디어에 대해서는 어떻게 결과가 도출되는지 알 수 있도록 정확하고 자세히 기술해야 신뢰성이 높아진다. 탐구 방법의 기술은 가설의 정당성을 입증하는 절차이므로 현재 진행된 상황과 탐구 진행에서의 미흡한 점을 분석하고, 앞으로의 탐구 수행을 위한 방법을 구체적으로 제시하도록 한다.

③ 탐구 결과의 활용과 기대효과

탐구 과제의 수행 결과가 미치는 기여도와 활용 방안을 기술한다. 기여도는 여러 가지 측면에서 살펴볼 수 있는데, 교육적 · 학문적 · 사회적 · 경제적 측면 등을 고려할 수 있다. 또한, 문헌조사를 통해 어떤 결과가 나타날지 미리 예상하여 기대되는 결과를 기술할 수도 있다. 대략적인 활용 방법을 제시하면 탐구 결과는 더욱 중요한 의미를 가지게 된다.

④ 일정표 작성

탐구 진행 과정을 일별 또는 월별로 정리함으로써 탐구 진행의 시간 계획을 세울 수 있다. 주제에 따라서는 계절이나 시기가 중요한 변수가 되기도 하며, 오랜 탐구 기간이 필요한 경우도 있으므로, 이러한 점들을 충분히 고려하여 일정을 잡도록 한다.

일별 세부 탐구 일정표

일정	내용	연구비	비고
월 일 ~ 월 일			

월별 탐구 일정표

	월	월	월	월
탐구 주제 탐색				
탐구 일지 작성				
선행 연구 조사 및 참고문헌 정리				
탐구 문제, 탐구 방법 설정				
탐구 계획서 작성				
자료 수집 및 분석				
초록 작성				
목차 작성				
서론 작성				
본론 작성				
결론 작성				
편집 및 수정				
보고서 최종 제출				
보고서 발표 준비				
발표				

⑤ 참고문헌

탐구에 활용하였거나 참고한 모든 자료를 탐구 계획서의 마지막 부분에 반드시 정리하여 제시해야 한다. 실제 탐구 중에 수행하면서 제시된 참고문헌 이상의 것을 참고할 수도 있는데, 이러한 경우에도 반드시 참고문헌 목록에 포함하여야 한다.

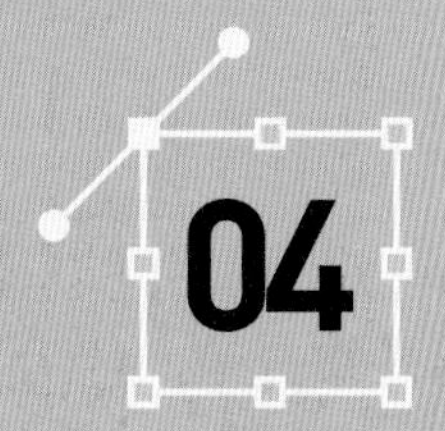

04 탐구 노트 작성하기

탐구 노트는 해당 분야의 탐구를 진행하는 순간부터 탐구 결과물이 나오는 마지막 순간까지의 모든 탐구 과정 및 결과를 빠짐없이 기록하기 위한 것이다. 즉, 일종의 탐구 일기에 해당하는 것으로, 탐구 결과의 특허나 표절 등의 중요한 증거로 사용되기도 하며, 지적 재산을 공유할 수 있는 자료가 되므로, 매우 중요한 과정에 속한다.

탐구보고서를 쓰기 위해서는 탐구 주제를 정한 후 탐구 계획서에 따라 탐구를 진행하게 되는데, 막상 탐구를 시작하게 되면 실험과 같은 활동에 많은 시간을 할애하느라 실험 결과를 얻는 중간 과정과 데이터를 정리하는 일에 신경을 많이 쓰지 못하고 때로는 번거롭다고 생각할 수도 있다. 이 때문에 종종 기록을 해놓지 않거나 기록을 하더라도 대충 할 때가 많다. 그러다가 막상 논문을 쓰려고 기록을 찾아보면 연구 순서나 실험 과정 순서 및 중요 내용이 빠져 있는 경우도 많고, 기록을 찾았다고 하더라도 왜 그 내용을 적었는지조차 생각나지 않는 경우

도 있다. 많은 학생들이 실험을 하다가 주변에 있는 종이에 간단히 메모해 두었다가 '나중에 정리해야지'하고 생각하는데, 구체적으로 관련 내용을 기록해 놓지 않으면 아무 의미가 없을 수 있다. 즉, 자신이 진행하는 탐구, 실험 활동은 반드시 바로 기록으로 남겨두도록 하며, 이렇게 탐구 진행 과정을 체계적으로 정리한 것이 바로 탐구 노트이다.

탐구 노트는 필기구를 이용하여 직접 작성하거나 컴퓨터를 이용하여 문서의 형태로 기록한다.

탐구 노트의 올바른 작성 방법을 살펴보면 다음과 같다.

1. 탐구 노트는 기본적으로 탐구 제목, 기록자, 작성일, 점검자, 점검일, 서명 등 탐구 노트 내에 정해진 규칙이나 체크리스트에 따라 빠짐없이 기록하여야 한다. 특히, 실험을 통해 진행하는 탐구에 있어서는 실험에 사용된 장치와 조작법, 실험 조건, 온도, 시간, 압력, 특징적인 재료, 반응물, 시약 등 전체적인 실험 과정과 실험 방법을 자세하게 기록하는 것이 좋다.
2. 탐구 노트에는 가공하지 않은 원자료의 기록도 매우 중요한데, 이것은 관찰이나 실험에서 직접 얻은 최초의 일차적인 자료에 해당한다. 보통 이러한 일차적인 자료를 보고서에 사용할 때는 그래프나 도표로 가공한 형태로 제시한다. 이때 데이터를 처리, 가공하는 과정에서 왜곡이나 오류가 생길 가능성이 있으므로, 반드시 원래의 자료 내용을 언제든지 확인할 수 있도록 기록하고 보관해 놓아야 한다. 때로는 실험 활동보다 탐구 노트를 기록하는 데 더 많은 시간이 걸릴 수 있는데, 이것은 그만큼 탐구 노트가 중요하기 때문이다.
3. 탐구 노트는 자신의 탐구 과정을 기록하는 일인 동시에 다른 사람에게 보여 주기 위해 작성하는 것이다. 즉, 누가 보더라도 이해할 수 있고 재현 가능할 정도로 기록해야 한다. 왜냐하면 탐구 노트는 탐구의 타당성, 정확

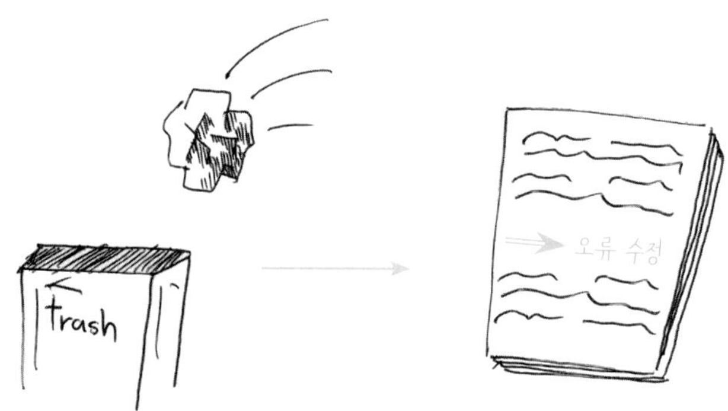

데이터의 실수나 오류가 있을 때에는 지우거나 버리지 말고,
줄을 긋고 수정을 하였다는 것을 표시해야 해!

성, 신뢰성을 입증할 수 있는 가장 훌륭하고 명확한 자료이기 때문이다. 특히, 실험 과정에서의 실수나 오류가 있더라도 빠짐없이 기록하여야 신뢰성을 확보할 수 있다. 그리고 수기로 기록할 경우 오류가 발생하였더라도 줄을 긋고 서명을 하여 수정하였음을 알 수 있도록 하고, 필요한 경우에는 점검자에게 점검을 받는 과정을 거침으로써 공정성을 높일 수 있다. 추가로 자료를 출력하여 붙일 경우에도 경계면에 서명을 하여 실험 자료를 임의로 추가하거나 삭제하는 일이 절대 없도록 해야 한다. 임의로 데이터를 삭제하는 것은 자신이 의도하지 않았어도 부정행위에 해당될 수 있으므로 특히 주의해야 한다.

한 예로, 미국의 과학자 밀리컨(Millikan, Robert Andrews)은 기름방울을 이용하여 전자의 전하량을 측정하는 실험으로 1923년에 노벨 물리학상을 받았는데, 연구 노트 점검 결과 논문의 발표 내용과 관찰된 사실이 달라 후대의 사람들에게 항상 논란의 대상이 되고 있다. 밀리컨이 자신의 주장에 유리한 데이터만 취합해서 발표하였다는 것이 그 이유인데, 만약 밀리컨이 솔직하게 데이터를 발표하였다면 쿼크(물질을 이루는 가장 기본 입자)의 발견이 더 앞당겨졌을 것이라고 생각하는 사람들도 있다. 반대로 밀리컨이 일부 데이터를 발표하지는 않았지만 기존에 전하량의 예측된 값이 없는 상황에서 의도적으로 숨긴 것이 아니라 실수나 오차가 없는 데이터만을 발표한 것이라는 주장도 있다. 이러한 판단의 가장 중요한 근거가 되는 것이 바로 탐구 노트이다. 즉, 탐구 노트는 논문의 윤리성을 검증하는 도구가 되기도 한다(로버트 P. 크리즈 저. 김명남 역. 2006. 세상에서 가장 아름다운 실험 열 가지. 지호).

탐구 노트 작성 시 유의할 점

★ 실험 과정 중에 일어난 모든 일을 기록한다. 즉, 실패하였던 과정과 결과도 기록하며 그 이유에 대해서도 기록해 놓는다.

★ 여러 명이 공동으로 탐구를 진행할 경우에는 실험 중 아이디어나 생각이 누구에게 속해 있는지 명확히 기록한다.

★ 탐구 노트 작성도 습관이 되어야 하기 때문에 실험을 시작한 이후부터는 매일 작성해야 하며 컴퓨터에 저장된 데이터의 경우 반드시 백업을 해놓도록 한다.

★ 공동으로 탐구를 진행할 경우, 탐구 노트뿐 아니라 탐구 중에 개발한 모든 것이 개인 소유가 아니기 때문에 실험실에서 반출할 때에는 반드시 책임자의 확인을 받아야 하며 보안 관리가 철저히 이루어져야 한다.

탐구 노트 – 탐구 실험의 경우

항목	내용
실험 일시	실험 일시 및 총 실험 시간
탐구자	실험에 참여한 사람의 이름과 역할
해당 실험 제목	간단하게 작성
실험 조건	실험실의 조건 등을 구체적으로 기록한다(온도, 습도, pH, 시간 등 특이사항과 변수 등).
실험 재료	재료의 종류, 사용량, 구입처, 제품번호, 사용한 기기, 소프트웨어 등
실험 내용	실험 내용을 구체적으로 기록한다. 계속되는 실험의 경우 앞의 탐구 노트의 쪽번호를 기입하여 함께 살펴볼 수 있도록 한다.
실험 결과	실험 결과뿐만 아니라 실수나 오류에 의한 것도 기록으로 남기고 의견을 작성한다. 컴퓨터로 출력되는 데이터를 붙일 경우 알기 쉽게 표기해 둔다.
기록자 확인	기록자의 서명
점검자 확인	점검자 확인 서명(정기적으로 반드시 확인을 받도록 한다.)

탐구 노트 – 조사분석 및 일반 탐구의 경우

항목	내용
일시	
탐구자	
조사 주제	
조사 대상	
조사 방법	
조사 내용	
조사 결과	
기록자 확인	
점검자 확인	

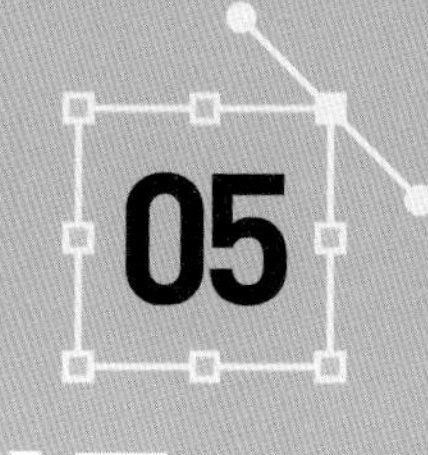

05 탐구 및 자료 수집 방법

1 과학적 탐구 방법

과학적 탐구 방법은 과학적 문제를 해결하기 위한 원리나 절차와 관련되어 있으며, 과학 지식을 형성하거나 그것의 타당성을 시험하는 표준이 된다. 과학적 방법에는 연역법, 귀납법, 가설연역법, 귀추법 등이 있으며, 각각 장단점이 있으므로 과학적 문제의 성격에 따라 적절한 방법을 사용하도록 한다.

① 연역법

이미 증명된 하나 또는 둘 이상의 명제를 전제로 하여 새로운 명제를 결론으로 이끌어 내는 것을 연역이라고 한다. 그리고 이러한 연역 방법과 절차를 논리적으로 체계화한 것을 연역법이라고 한다.

연역법의 전형적인 형식은 아리스토텔레스가 처음으로 정식화하였다고 알려져 있는 삼단논법이다.

사람은 누구나 죽는다.	대전제
소크라테스는 사람이다.	소전제
소크라테스는 죽는다.	결론

과학에서 주로 활용되는 연역법에서 대전제는 법칙이나 이론에 해당하고, 소전제는 초기조건, 결론은 설명이나 예측의 형태로 나타난다.

모든 금속은 도체이다.	법칙과 이론
구리는 금속이다.	초기조건
구리는 도체이다[일 것이다.]	설명[예측]

연역법에서 전제와 결론은 필연적인 관계를 맺고 있다. 즉, 전제가 참일지라도 추론 과정이 타당하지 않으면 거짓 결론이 도출되며, 전제와 결론이 거짓일지라도 그 논증 과정이 타당한 경우가 있다. 연역법은 전제에 없었던 새로운 사실을 생산하지는 못하며, 전제 속에 이미 포함되어 있는 정보를 보다 구체적인 형태로 도출해 낼 뿐이다. 이처럼 연역법은 결론이 이미 전제 속에 포함되어 있으며, 논리적 일관성과 체계성을 가지고 있다.

연역법을 이용한 탐구 활동은 자연 현상을 관찰하는 과정에서 생긴 의문이나 문제를 해결하기 위해 가설을 설정하고 체계적인 탐구 과정을 통해 가설을 검증하는 방법으로 이루어진다. 즉, 다음과 같은 과정을 거친다.

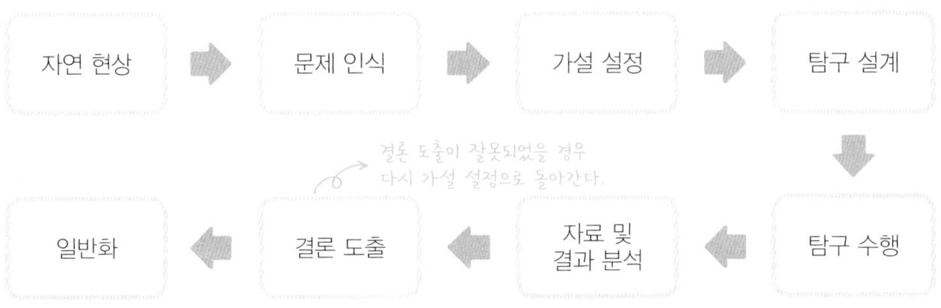

연역적 탐구 방법에 의한 탐구 설계는 설정된 가설이 옳은지를 증명하기 위한 탐구를 설계하고 탐구 설계에 따라 탐구 활동을 수행하게 된다.

Tip 대조 실험

탐구를 수행할 때에는 객관성과 타당성을 높이기 위해 대조군을 설정하여 실험군과 비교할 수 있어야 한다.

어떤 실험을 수행하는 데 있어 대상 이외의 요인이 각 실험에 미치는 영향을 알아내고, 그것을 제외하고 고찰할 목적으로 병행하여 실시하는 실험을 대조 실험이라고 한다. 일반적으로 하나의 대상에 대해 일정한 인자나 조작의 효과, 영향, 의의 등을 밝힐 때, 연구해야 할 인자나 조작 외의 조건에 대해서는 이 실험과 같은 대조 실험을 하여 두 실험 결과를 비교하고 검토할 필요가 있다. 생물과 같이 복잡한 연구대상에 대해 실험을 할 때에는 대조 실험이 필수적이며, 적절한 대조 실험을 할 수 있는가가 연구의 성과를 좌우한다.

1. 실험군: 원하는 실험 결과를 알아보기 위해 조작을 가하는 집단
2. 대조군: 실험군의 실험 결과를 비교해 볼 수 있는 기준이 되는 집단
3. 변인
   ① 독립변인: 종속변인에 선행하면서, 종속변인에 영향을 줄 것으로 기대되거나 종속변인에 변화를 줄 수 있다고 여겨지는 변인
      가. 조작 변인: 가설을 검증하기 위해 변화시키는 요인
      나. 통제 변인: 연구에 유의미한 영향을 미칠 것으로 예상되어 통제한 변인으로, 실험에서 대조군과 실험군 모두 같게 유지시켜야 하는 요인
   ② 종속변인: 독립변인에 뒤따르면서, 독립변인의 변화에 의해 영향을 받을 것으로 기대되는 변인

가설		현미에는 각기병을 예방하는 성분이 있다.
탐구 설계		건강한 닭을 두 집단 A와 B로 나눈 후 A 집단에게는 백미를 사료로 주고, B 집단에게는 현미를 사료로 주어 기른다.
변인	조작 변인	사료의 종류(백미, 현미)
	통제 변인	온도, 습도, 우리의 크기, 닭의 품종 등 특성, 모이의 양, 모이를 주는 횟수 등 사료를 제외한 모든 변인
	종속변인	각기병 발병 여부
대조 실험	대조군	백미를 사료로 주는 집단 A
	실험군	현미를 사료로 주는 집단 B

② 귀납법

개별적인 특수한 사실이나 원리로부터 그러한 사례들이 포함되는 좀 더 확장된 일반적 명제를 이끌어 내는 것을 귀납이라고 하며, 이러한 귀납 방법과 절차를 논리적으로 체계화한 것을 귀납법이라고 한다.

귀납적 방법을 본격적으로 제창한 사람은 17세기 영국의 철학자이자 과학자인 베이컨(Bacon, Francis)이다.

서울에 있는 까마귀는 검다.	전제 1
부산에 있는 까마귀도 검다.	전제 2
뉴욕에 있는 까마귀도 검다.	전제 3
런던에 있는 까마귀도 검다.	전제 4
모든 까마귀는 검다.	결론

귀납법은 기본적으로 관찰과 실험에서 얻은 부분적이고 특수한 사례를 근거로 전체에 적용시키는 '귀납적 비약'을 통해 이루어진다. 귀납법에서는 전제들이 결론을 이끌어 내는 데 기여하지만, 전제가 결론의 필연성을 논리적으로 확립해 주지는 못한다. 위의 예에서 서울, 부산, 뉴욕, 런던에 있는 까마귀가 검다고 해서 반드시 모든 까마귀가 검어야 한다는 법은 없다. 반면에 결론이 이미 전제 속에 포함되어 있는 연역법과 달리 귀납법의 결론에는 전제에 없는 새로운 사실이 추가된다. 이처럼 귀납법은 사실적 지식을 확장해 주는 내용확장적 추론의 성격을 띤다.

실제로 귀납법이 적용되기 위해서는 다음의 세 가지 조건을 충족시켜야 한다.

첫째, 일반화의 기초가 되는 관찰의 수가 많아야 한다.

둘째, 관찰은 다양한 조건하에서 반복될 수 있어야 한다.

셋째, 관찰과 말 또는 글이 보편 법칙과 모순되지 않아야 한다.

귀납법은 과학에서 새로운 사실을 수집하는 데 매우 효과적인 방법이다. 과학은 기본적으로 새로운 사실이 확장되는 가운데 발전해 왔으며, 특히 초기 발달 단계에서는 귀납법이 효과적인 방법으로 활용되어 왔다. 열, 전기, 자기 등의 분야는 16~17세기에 광범위한 사실 수집을 바탕으로 출현한 후 19세기에 수학적 방법이 활용됨으로써 체계적인 이론으로 확립되었다.

과학적 탐구 활동 방법으로 이용되는 귀납적 탐구의 대표적인 예로는 다윈의 진화론 연구가 있다. 귀납적 탐구 활동은 여러 가지 대상을 직접 관찰하고 측정함으로써 얻어진 사실을 종합하고 분석하여 일반적인 법칙을 이끌어 내는 과정으로 다음과 같다.

❸ 가설연역법

가설연역법은 어떤 문제를 해결하기 위해 먼저 특정 사실이나 이론을 바탕으로 가설을 설정하고, 그 가설로부터 예측을 도출한 후, 다시 그 예측으로부터 연역될 수 있는 결과를 경험적으로 관찰 또는 실험을 통하여 본래 가설의 진위를 확인하는 방법이다. 이때 가설이 경험적 증거에 의해 지지되면 그 가설은 법칙이나 이론의 지위로 올라갈 수 있으며, 그렇지 않은 경우에는 해당 가설이 폐기된다. 가설이 폐기되면 그것을 수정하거나 새로운 가설을 제안하여 다시 시험하는 과정을 밟을 수 있다.

가설연역법은 연역법이나 귀납법과 구별되는 과학적 방법으로, 연역법이 전제를 참으로 가정하는 것과 달리 가설연역법은 전제의 진위에 관심을 둔다.

가설연역법은 사실의 확장이 일어나는 귀납법의 장점과 논리적 엄밀성을 강조하는 연역법의 장점을 갖추고 있다. 가설연역법은 과학적 탐구의 여러 면모를 잘 보여 주기 때문에 과학교육에도 널리 활용되어 왔고, 최근에는 사회과학에서도 유용한 탐구 방법으로 알려져 있다. 일반적으로 가설연역적 과학 탐구 과정은 다음과 같다.

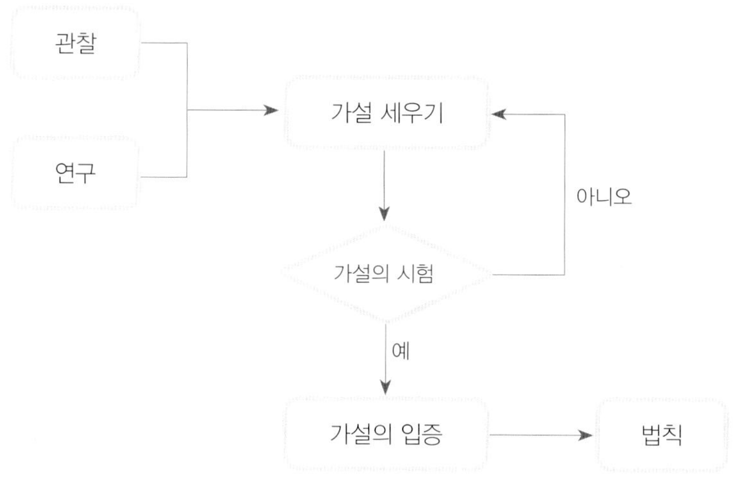

④ 귀추법

귀추법은 주어진 사실에서 시작하여 가장 그럴 듯한 설명을 추론하는 것으로, 개별 사례로부터 일반화된 주장을 이끌어 내는 특징을 가지고 있다. 귀추법은 19세기 실용주의 철학자 퍼스(Peirce, Charles Sanders)가 귀납법이나 연역법과 구별되는 추론의 방법으로 제안하였다.

귀추법은 귀납법에 의문을 제기하는 탐구 방법라고도 할 수 있으며, 앞에서 설명한 귀납법의 예를 이용하여 귀추법 과정을 설명하면 다음과 같다.

모든 까마귀는 검다.	전제
왜 까마귀는 검을까?	귀추적 질문
까마귀는 ~ 때문에 검을 것이다.	귀추적 가설

이와 같이 귀추법은 관찰 결과에 대한 잠재적 답을 추리해 내는 과정으로, 관찰 현상의 원인을 탐구하는 것이 목적일 경우 많이 사용한다.

또 다른 귀추법의 예로 독일의 천문학자 케플러(Kepler, Johannes)가 거론되는데, 케플러는 브라헤(Brahe, Tycho)가 남긴 행성에 대한 관측 자료를 잘 설명할 수 있는 가설로 타원 궤도를 제안하였다. 케플러는 관측 자료를 설명하기 위해 원을 포기한 후 행성의 궤도가 달걀형이라는 가정에서 출발하였지만 그것이 여의치 않자 타원형을 도입하였다. 즉, 귀추법은 필연적 사실이나 개연적 사실이 아니라 이미 일어났지만 아직 모르는 사실에 주목하는 것이라고 할 수 있다.

2 자료 수집 방법

선행 연구 자료 외에 실제 탐구를 진행할 때 필요한 자료를 만들고 분석해야 하는 경우가 있다. 논문 외에 탐구 과정이나 결과를 뒷받침할 수 있는 기사나 학술지, 설문 결과, 녹음 및 영상 자료 등 다양한 형태의 자료들이 있는데, 대표적인 자료 수집 방법은 다음과 같다.

❶ 질문지(설문)법

질문지는 탐구 주제와 관련하여 조사를 하거나 통계 자료를 수집하기 위한 질문을 기록한 것으로, 탐구 대상자가 직접 기입하는 형식이다. 질문지를 사용하면 시간과 비용이 적게 들고, 비교적 자료 분석이 간단하다는 장점이 있지만, 질문 내용이 적절하지 않거나 탐구 대상자가 질문을 제대로 이해하지 못하였을 경우 신뢰성을 확보하지 못하여 잘못된 결과로 이어질 수 있다는 단점이 있다. 따라서 타당성 있고, 신뢰성 있는 결과를 이끌어 낼 수 있도록 각 문항을 신중하게 작성하여야 하며, 탐구 대상자가 응답하는 신뢰도와 응답 회수율을 높일 수 있도록 응답자의 특성, 행동 등도 파악하여 구성해야 한다. 대개 질문은 단순하고 사실적인 질문에서 점차 복잡하고 주관적인 질문으로 나열한다.

❷ 면접법(면담, 심층 면담)

탐구자가 탐구 대상자를 1대 1로 직접 만나서 탐구 대상자에게 질문을 하고, 그에 대한 답을 받아 분석하는 방법이다. 면접법은 자료 수집을 목적으로 하는 조사 면접과 진단이나 치료를 목적으로 하는 상담 면접으로 구분한다. 면접법은 소수의 탐구 대상자로부터 깊이 있는 정보를 얻을 수 있다는 장점이 있는 반면, 시간과 비용이 많이 들고 적절한 탐구 대상자를 찾는 데 어려움이 있다는 단점이 있다. 또한, 조사 결과의 일반화가 어렵고 연구자의 주관이 개입될 우려가 있다는 단점이 있다.

❸ 관찰, 실험법

사물이나 현상 또는 행동을 관찰하고 분석하는 방법이다. 관찰은 자연적 관찰법과 실험적 관찰법으로 구분할 수 있는데, 일반적으로 관찰이라고 하면, 자연적인 상태에서 하는 자연적 관찰법을 말한다. 실험적 관찰법은 일상에서 일어나지 않는 행동을 인위적으로 일어나게 하여 조직적·의도적으로 관찰하는 것으로서 실험법이라고도 한다. 실험법에서는 실험 집단과 통제 집단을 설정하여 다른 조건들을 통제한 후 하나의 변수가 실험에 어떤 영향을 끼치는지를 측정하는 것으로, 정밀한 측정이 가능하고 비교 및 분석이 좀 더 편리하다는 장점이 있다. 반면, 변수를 통제하기 어렵고, 연구 대상을 특정하기 어렵다는 단점이 있다.

❹ 문헌 조사법

탐구 문제에 대하여 기존의 연구문헌이나 통계 자료 등을 통해 자료를 수집하는 방법이다. 자신의 탐구 문제에 대해서 기존 탐구 결과들이 어떠한 연관성을 지니고 있으며 구체적으로 어떤 관계를 갖고 있는지 검토함으로써 탐구 설계 및 과정을 진행하는 데 도움을 얻을 수 있다. 문헌 조사법은 시간적·공간적 제약이 없고, 기존의 연구 동향 파악이 쉽다는 장점이 있는 반면, 자료의 신뢰성을 확보하는 데 신중해야 하며, 자료를 해석할 때 탐구자의 주관이 개입될 여지가 있다는 단점이 있다.

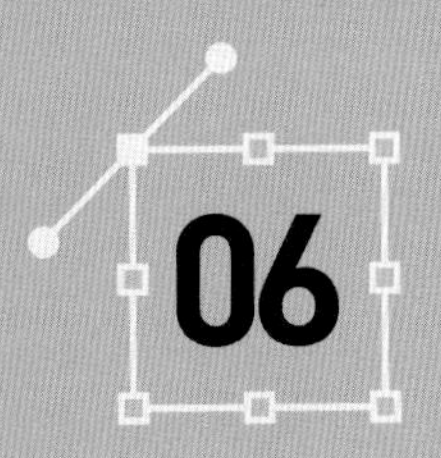

탐구보고서 기본 양식

탐구 주제 선정, 자료 조사, 가설 설정, 실험, 결과 및 결론 등 일련의 과학적 탐구 과정은 보고서나 논문이라는 형태의 결과로서 세상에 공표된다. 이렇게 공표된 보고서는 이후 여러 사람의 검증을 거치면서 과학적 진위와 그 업적을 평가받게 된다.

과학탐구보고서 기본 양식

과학탐구보고서는 크게 서두, 본문, 참고자료의 세 부분으로 구성된다. 서두는 탐구 주제(부제 포함), 소속(학교명, 이름 등), 목차, 요약(초록)으로 되어 있으며, 본문은 서론, 본론, 결론으로, 참고자료는 참고문헌, 부록, 색인으로 이루어진다.

과학탐구보고서 양식 예시

구분		내용	예상쪽수
서두	표지	• 탐구 주제 및 부제 • 탐구자의 소속 표시	1쪽
	초록 (요약)	• 탐구 목적과 필요성, 탐구 방법 및 결과, 결론 등 탐구보고서 전체의 내용을 요약 • 보통 500자 정도 내외로 작성	1쪽
	목차	• 본문 목차를 나열 • 그림과 표 목차도 따로 제시	1~2쪽
본문	서론	• 탐구 배경 및 목적, 필요성 • 선행 연구 분석, 용어의 정의 및 기준을 제시	1~2쪽 이내
	본론	• 탐구 가설, 탐구 방법 및 도구를 정하고, 어떻게 탐구 및 실험을 설계하여 진행하였는지 기술 • 탐구 결과 얻어진 자료 및 결과 분석 방법도 함께 제시 • 자신의 의견을 반드시 포함하여 서술	6~8쪽 이내
	결론	• 서론과 본론의 내용을 분석 및 정리하고 자신의 의견을 종합하여 서술 • 탐구 결과 분석, 결론 및 논의, 연구의 가치 및 한계점, 탐구의 확장 가능성 등을 포함	2~3쪽 이내
참고자료	참고문헌	• 탐구보고서의 계획 단계나 진행 단계에서 참고하였던 모든 문헌(단행본, 연구 보고서, 기사 등)	1~2쪽 이내
	부록	• 탐구에 사용한 도구 및 중요 데이터 • 설문지나 면담 기록지 등도 포함	3~5쪽
합계			16~24쪽

2 서두

서두는 표지와 초록, 목차로 이루어진다.

❶ 표지

18 pt, 굵은 글씨, 가운데 정렬

탐구 주제

(부제가 있을 경우 부제 제시)

글자 크기 11 pt, 굵게, 가운데 정렬

탐구자 또는 팀명	
대표 학생명	학교 학년 반 이름
공동 탐구자 또는 팀원	학교 학년 반 이름
지도 교사	

❷ 초록(요약)

전체 탐구보고서 내용을 1쪽 이내의 분량으로 만들어 요약한다. 초록을 보고 탐구보고서의 필요성을 판단할 수 있으므로, 초록은 탐구보고서 첫 페이지에 넣는다.

❸ 목차

본문에 표기한 대로 정리하며, 일반적으로 목차 단계는 다음과 같이 표현할 수 있다.

본문 목차 예 1

Ⅰ. 큰제목 → 장에 해당
　1. 큰 주제별 제목 → 절에 해당
　　가. 소제목 → 항에 해당
　　　1) 세부제목 → 목에 해당
　　　　가) 세부제목 아래 항목

본문 목차 예 2

1. 큰제목
　1.1 큰 주제별 제목
　　1.1.1 소제목
　　　1.1.1.1 세부제목

그림 목차 예	표 목차 예
[그림 1-1]	[표 1-1]
[그림 1-2]	[표 1-2]
[그림 2-1]	[표 2-1]
[그림 2-2]	[표 2-2]

③ 본문

일반적으로 본문은 서론, 본론 결론으로 구성되는데, 서론, 본론, 결론이 구분되지 않고 전체적인 흐름상에서 존재하는 경우도 있다.

① 서론

서론은 실제적인 탐구보고서의 시작 부분으로 서론을 통해서 탐구보고서에서 다루고자 하는 문제를 이야기하고, 그것을 어떠한 내용으로 어떻게 다룰지 소개한다. 탐구보고서의 주요 내용은 본론에서 언급하므로, 서론에서는 지나치게 욕심을 내서 설명하는 것보다는 간결하고 함축적으로 탐구자의 의도를 알리는 것이 중요하다. 특히, 서론을 읽으면서 본론에 궁금증을 갖고 접근할 수 있도록 이해하기 쉽게 서술해야 한다.

서론에는 주로 이론적 배경, 탐구의 목적과 필요성, 탐구 범위, 탐구 방법 소개, 탐구에서 사용하는 용어의 정의, 탐구보고서가 갖는 가치 등과 같은 내용을 포함한다. 이 중 이론적 배경은 서론과 본론 사이에 제시하기도 하며, 본론에 포함시켜 서술하기도 한다. 해당 탐구 주제에 대해서 어떠한 이론적 배경이 있는지, 어떠한 선행 연구가 있었는지를 밝히는 부분으로, 자신이 탐구할 주제와 선행 연구를 비교하여 어떤 점에서 같고, 어떤 점에서 다른지를 충분히 설명하는 것이 중요하다. 중고등학생들은 기존 논문이나 자료에서 아이디어를 가져와 탐구 주제로 삼는 경우가 많은데, 해당 분야에 대한 이론적 배경을 충분히 살펴보고 시작해야 보다 탐구보고서를 잘 쓸 수 있다.

② 본론

본론에서는 탐구 방법과 탐구 결과를 중심으로 서술한다. 먼저 탐구 방법에서는 자신이 주장하는 것을 어떤 방법으로 진행하였는지를 설명한다. 그리고 탐구 방법의 적합성을 논리적으로 설명할 수 있어야 한다. 탐구 방법에는 문헌 탐구, 관찰 탐구, 실험 탐구, 사례 탐구 등이 있으며, 각 탐구 방법에 따른 탐구 설계, 탐구 대상, 탐구 과정, 자료 분석 방법 등을 구체적으로 제시한다. 이렇게 하면 독자들은 제시된 탐구 방법을 통해 해당 주제에서 탐구 방법이 적정하였는지를 가늠하고 탐구자가 해당 탐구 방법을 사용한 이유를 이해할 수 있다.

탐구 결과는 신뢰성과 타당성을 확보할 수 있어야 한다. 따라서 자료 분석 또는 실험에 따른 탐구 결과를 서술함에 있어 논리적이고 상세하게, 그리고 설득력 있게 설명하도록 한다. 이때 신뢰하기 힘든 자료나 탐구 결과를 제시하게 되면 탐구보고서 자체의 신뢰성을 잃게 되므로, 본 탐구 결과를 뒷받침할 수 있는 충분한 자료를 가지고 설명하도록 한다. 특히, 탐구 결과를 독자들이 쉽게 이해할 수 있도록 표나 그래프 등의 시각 자료를 활용하는 것도 좋은 방법이다.

③ 결론

본론의 간략한 요약, 탐구의 중요한 결과 및 제언을 담는다. 탐구 주제가 의미 있고 가치 있다는 것을 증명하는 단계로, 앞서 탐구 과정이나 결과에서 설명한 것과 일관성을 가져야 하며, 실제 탐구 결과와 다른 해석이나 과장된 해석을 하지 않도록 유의해야 한다. 즉, 본문에서 주장한 바를 간결하게 정리하는 형식으로 써야 하며, 탐구보고서의 한계점과 앞으로의 탐구 방향까지 제시한다. 여기에 자신의 분석과 견해를 덧붙여 서술하면 좋다.

4 참고자료

① 참고문헌

참고문헌은 탐구보고서를 작성할 때 참고한 모든 자료를 말한다. 탐구보고서를 작성할 때 다른 선행 연구를 인용하고 참고하기도 하는데, 참고문헌은 자신의 주장을 논리적으로 전개하고 객관성을 부여하는 도구 역할을 하므로, 정확하고 검증된 것에 한하여 제시하도록 한다. 또한, 문장뿐만 아니라 그림이나 사진 등의 모든 결과물이 참고문헌에 해당하므로, 참고한 모든 자료의 출처를 정확히 제시하도록 한다. 특히, 참고문헌을 표기하지 않을 경우에는 저작권에 문제가 될 수도 있으므로, 누락하지 않고 모두 기재하도록 한다.

참고문헌 작성 원칙

★ 본인의 창작 내용 이외의 모든 내용에 인용 사실과 그 출처를 참고문헌으로 기재한다.

★ 실제로 읽고 이해한 부분인용도 그 출처를 표기해야 한다.

★ 참고문헌의 정확성 및 일관성을 유지해야 한다.

★ 참고 문헌이 불필요한 경우는 다음과 같다.

- 본인의 고유의견, 이론, 반박, 결론
- 본인이 직접 고안해서 수행한 설문조사 및 실험, 탐구 방법론
- 상식적이고 일반적인 지식

② 부록

실험 연구의 경우 원데이터와 과정 및 결과 데이터를 포함하며, 설문지나 면담 질문지 등도 첨부한다. 경우에 따라 연구 활동 사진과 활동 일지, 소감문을 첨부하기도 하는데, 이때 SNS 등으로 소통한 사진을 포함하기도 한다.

과학탐구보고서 원고 편집 및 작성 양식 예시

1. 작성 프로그램: 한글 프로그램(hwp)

2. 편집 용지

- A4(국배판, 210×297 mm)
- 용지 여백: 위쪽 20 mm
  - 머리말 15 mm
  - 왼쪽 15 mm
  - 오른쪽 15 mm
  - 아래쪽 15 mm
  - 꼬리말 15 mm

3. 본문 기본 글꼴(요약, 목차 포함)

- 글자 모양: 바탕체, 글자 크기 11 pt, 장평 100 %, 자간 0 %, 줄 간격 160 %
- 문단 모양: 1단, 줄 간격 160, 들여쓰기 2

4. 단위 및 표와 그림 표기

- 모든 단위는 국제단위계(SI 단위계)를 원칙으로 한다. 7가지 기본 단위로는 길이에 미터(m), 무게에 킬로그램(kg), 시간에 초(s), 전류에 암페어(A), 온도에 켈빈(K), 물질량에 몰(mol), 광도에 칸델라(cd)가 있고, 이로부터 유도된 유도단위가 있다.
- 표와 그림은 각각 표 1, 표 2, 표 3, ⋯ , 그림 1, 그림 2, 그림 3, ⋯ 등으로 표시하며 표 제목은 표 위에, 그림 제목은 그림 아래에 위치하게 한다. 그림과 표 제목은 내용을 축약하여 제목만으로도 그 내용을 이해할 수 있도록 한다.

5. 외국어와 한자 표기

원고는 국문으로 작성하는 것을 원칙으로 하며, 필요한 경우 국문 뒤 괄호 안에 외국어 또는 한자를 표기한다. 인물 표기는 가능한 원어 그대로 표기한다.

탐구 계획서

탐구 계획서는 집을 지을 때의 '설계도'에 해당하며, 탐구를 이끄는 지침이 된다. 탐구 계획서 작성을 통해 여러 가지 아이디어나 생각을 정리할 수 있고, 탐구를 보다 효율적으로 진행할 수 있다. 2부의 13개 탐구에서는 모두 동일한 형식으로 탐구 계획서를 제시하였다. 이것을 참고로 하여 탐구 계획서를 작성해 보자.

1 탐구 계획

본 주제를 탐구 주제로 정하게 된 동기를 생각해 보고, 탐구의 필요성과 목적, 탐구 방법, 탐구의 한계점을 기술한다.

1. 탐구의 필요성 및 목적

- 최근 들어 미세먼지와 관련된 문제들이 대두되면서 미세먼지 관련 뉴스를 자주 접하게 되었다.
- 학교 내 미세먼지 농도와 활동에 따른 미세먼지 농도 변화에 대해 궁금증이 생겼다.
- 학교 내 미세먼지 현황을 파악하기 위해 다양한 조건에서 교실의 미세먼지 농도를 측정하고 이를 해석하는 탐구를 계획하였다.

2. 탐구 절차

본 주제는 학교라는 교육 활동이 일어나는 곳에서 탐구를 실시해야 하기에 어려움이 있을 수 있으며, 미세먼지 농도는 계절과 시기에 따라 매번 변화하기 때문에 탐구 방법 및 시기를 신중하게 고려한 후 계획을 세우도록 한다.

- 미세먼지 측정기를 이용하여 학교 내 미세먼지 농도를 측정한다.
- 다양한 학교 활동에 따른 미세먼지 농도 변화량을 측정한다.
- 측정한 결과를 이용하여 학교 내 미세먼지 농도를 낮출 수 있는 방안을 고안한다.

3. 탐구의 한계점

교실이라는 넓은 공간의 미세먼지 농도를 측정하는 것이기에 조작 변인 이외의 통제 변인을 정확하게 통제하기 어렵다.

열린 계에서는 각각의 변인을 통제하기 어렵다. 하지만 변인을 최대한 통제하기 위하여 실험 방법이나 장치를 개발하려는 노력은 과학 기술을 발전시키는 초석이 된다.

2 자료 탐색

미세먼지에 대한 기본적인 정의 및 특징, 피해 등 미세먼지와 관련된 다양한 자료를 탐색한다. 한국환경공단에서 운영하는 '에어코리아'와 같은 공신력 있는 사이트의 자료를 탐색하도록 하며, 학교 현장과 관련된 주제인 만큼 교육부의 관련 자료도 참고하도록 한다. 참고한 모든 문헌 및 자료는 참고문헌 표기 형식에 맞추어 제시한다.

- 은밀한 살인자 초미세먼지 PM2.5. 2014. 이노우에 히로요시. 전나무숲.
- 정지원. 2007. 초등학교 교실 내의 실내공기질 개선 방안에 대한 연구. 인천대학교.
- 박성준. 2016. 영·유아 활동에 의한 보육실 미세먼지 발생 평가. 서울대학교.
- 고농도 미세먼지 대응 실무매뉴얼. 교육부.
- 미세먼지관리종합대책. 정부 관계부처 합동.
- 에어코리아(http://www.airkorea.or.kr)
- 널스쿨(https://earth.nullschool.net)

mode에서 particulates를, overlay에서 PM2.5(또는 PM1, PM10)를 선택하면 지구 전체의 미세먼지 농도 데이터를 그래픽으로 볼 수 있다.

3 개요

논문을 구성하는 요소를 개략적으로 제시하는 부분으로, 탐구 주제에 맞춰 본 탐구를 실행하고 결론을 도출하는 바탕이 되므로, 간단하지만 정확하게 서술해야 한다.

1. 서론

(1) 탐구의 필요성 및 목적

(2) 이론적 배경

- 미세먼지의 정의
- 미세먼지의 특징
- 미세먼지의 피해
- 미세먼지의 규제

2. 본론

(1) 탐구 방법

- 탐구 대상: OO고등학교 교실

- 측정 도구: 미세먼지 측정기(공기질 측정기 KD−001)
- 탐구 과정: 미세먼지 측정기를 이용하여 몇 가지 변인(환기 여부, 체육 활동 여부, 히터 작동 여부)에 따른 미세먼지 농도 변화량 측정 → 결과 해석

(2) 탐구 결과

다양한 교내 활동 전후 미세먼지 농도 변화 측정값

3. 결론

다양한 교내 활동 전후 미세먼지 농도 변화 정도 및 경향성을 분석하고, 이와 관련된 미세먼지 저감 대책을 세운다.

4 일정표

미세먼지 농도는 계절별, 날짜별로 큰 차이를 보인다. 따라서 변화량 관찰이 쉽고 미세먼지 농도가 높은 봄, 가을에 탐구를 실시하는 것이 유리하다. 또한, 날짜별로 미세먼지 농도 차이가 크므로 충분한 시간 여유를 두고 계획을 세우도록 한다.

기간	탐구 내용	세부 활동
9월	· 주제 정하기 · 탐구 계획 수립	· 팀 구성 및 주제 선정 · 탐구 절차 정하기 · 미세먼지 측정 장소, 측정 기간 선정
10~11월	· 자료 탐색 · 탐구 활동	· 미세먼지의 정의, 특징, 피해, 규제 조사 · 미세먼지 측정기 구비 · 학교 내 미세먼지 측정
12월	· 결과 정리 · 보고서 작성 및 발표	· 측정 결과 정리 및 결론 도출 · 보고서 정리 및 수정, 최종 제출 · 발표 자료 준비, 발표 진행

주제를 정한 다음 자료 탐색을 먼저 하고 탐구 계획을 수립하기도 한다. 탐구 계획은 탐구 과정에서 수정이 필요한 경우가 많다. 즉 계획 단계에서는 탐구 방법이나 과정을 크게 검토함으로써 실패 확률을 줄이고, 탐구를 보다 효과적으로 진행할 수 있게 된다.

탐구보고서 쓰기

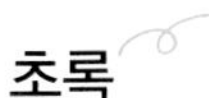

초록

독자들은 논문의 초록을 읽고 자신이 필요로 하는 자료인지 결정한다. 따라서 연구의 필요성과 목적을 강하게 어필하고, 논문의 핵심적인 내용이 모두 들어가도록 작성해야 한다. 또한, 독자들이 이해하기 쉽게 쉬운 단어를 선택하여 간결하게 표현한다.

미세먼지란 대기 오염 물질로서 자동차, 공장 등에서 발생하여 대기 중에 장기간 떠다니는 입경 10 ㎛ 이하의 미세한 먼지를 뜻한다. 이는 천식과 같은 호흡기계 질병을 악화시키고, 폐 기능의 저하를 초래하며, 건축물이나 유적 등에 퇴적되어 부식을 일으키는 등 다양한 악영향을 끼친다.

최근 들어 우리나라의 미세먼지 나쁨 일수가 증가하고 여러 가지 문제점이 대두되면서 미세먼지에 대한 사람들의 관심이 높아지는 추세이다. 하지만 대중 매체나 예보에 나오는 미세먼지 농도는 외부의 특정한 관측 지점에서 측정한 것으로, 학교 내 미세먼지 농도와 연관지을 수 없다는 생각이 들어 직접 학교 내 미세먼지 농도를 측정하고자 하였다.

우리는 다양한 교내 활동에 따른 교실의 미세먼지 농도 변화를 알아보기 위해 미세먼지 측정기를 이용하여 몇 가지 활동 전후 교실 내 미세먼지 농도를 측정하였다. 그 결과 내부의 미세먼지 농도가 외부보다 높은 경우 창을 열고 환기를 시키면 교실 내 미세먼지 농도가 감소하였으며, 내부의 미세먼지 농도가 외부보다 낮은 경우 환기를 시키면 미세먼지 농도가 증가함을 알 수 있었다. 또한 히터를 작동시킨 경우 실내 미세먼지 농도가 감소하였다.

이러한 탐구 결과를 참고하여 교실 외부의 미세먼지 농도를 살펴 환기 여부를 결정하고 히터를 작동시켜 공기를 순환시킨다면, 교실 내 미세먼지 농도를 낮춰 학생들의 건강을 지킬 수 있을 것이다. 또한 이번에 실시한 탐구를 참고하여 추가적으로 다양한 변인에 의한 학교 내 미세먼지 농도 변화를 파악한다면 학생들의 건강을 지킬 수 있는 좋은 자료가 될 것이다.

1부에서 안내한 내용이 실제로 어떻게 구현되는지 탐구보고서 쓰기를 읽고 이해할 수 있다. 다양한 사례를 통해 탐구보고서 쓰기를 익혔다면 실제 탐구보고서 쓰기에 도전해 보자. 쓰다가 막히면 관련 내용을 찾아 다시 반복해서 읽고 또 읽어 보자. 탐구보고서를 쓰는 과정에서 생각을 정리하고 표현하는 방법까지 자연스럽게 터득할 수 있을 것이다.

Ⅰ. 서론

1. 탐구의 필요성 및 목적

최근 들어 사회적으로 문제가 되고 있는 점을 부각시키거나 '연도별 미세먼지 농도 변화'와 같은 미세먼지의 심각성을 알 수 있는 자료를 제시하여 탐구의 필요성을 강조할 수 있다.

2016년 환경부에서 실시한 우리나라와 미국 대기분야 전문가들의 한반도 미세먼지 원인 규명을 위한 공동조사 뉴스를 접한 후 우리나라 미세먼지 문제에 대해 다시 한 번 생각해 보게 되었다. 우리가 살아가는 공간, 다양한 활동을 하는 공간은 미세먼지로부터 안전한 장소인지에 대한 궁금증이 생겼다. 하지만 대중 매체나 일기예보에 나오는 미세먼지 농도는 외부, 즉 특정한 관측 지점에서 측정한 농도로 우리 실생활과 밀접한 미세먼지와 연관지을 수 없다는 생각이 들었다. 그에 따라 미세먼지 측정기를 이용하여 직접 학교 내 미세먼지 농도를 측정하고, 다양한 활동에 따른 미세먼지 농도 변화를 파악하여 학교 내 미세먼지 농도를 낮출 수 있는 방안을 찾아보기로 하였다.

2. 이론적 배경

미세먼지의 정의와 특징을 제시하며, 이번 탐구에서 측정한 PM2.5와 관련하여 구체적으로 설명한다. 또한, '미세먼지가 인체에 미치는 영향', '미세먼지에 의한 경제적 손실' 등을 제시하여 경각심을 갖도록 유도한다. 자료는 단순한 인터넷 검색 결과가 아닌 공신력 있는 사이트, 학술지, 서적 등의 내용을 인용하여 수록하도록 하며, 반드시 출처를 구체적으로 표시하도록 한다.

(1) 미세먼지의 정의

미세먼지(微細-, Particulate Matter, PM)란 지름 10 ㎛ 이하의 미세한 먼지로 PM10이라고 한다. 미세먼지가 포함하고 있는 대기 오염 물질은 아황산가스, 질소 산화물, 오존, 일산화 탄소 등으로 주로 자동차, 공장 등에서 발생한다. 지름이 2.5 ㎛ 이하인 경우 PM2.5라고 표기하며, '초미세먼지'라고 부른다.

(2) 미세먼지의 특징

미세먼지는 공기 중에 고체 상태와 액체 상태의 입자의 혼합물로 배출되며, 화학 반응에 의해 또는 자연적으로 생성된다. 사업장 연소, 자동차 연료 연소, 생물성 연소 과정 등 특정 배출원으로부터 직접 발생한다. PM2.5의 경우 상당량이 황 산화물(SO_x), 질소 산화물(NO_x), 암모니아(NH_3), 휘발성 유기화합물(VOCs) 등의 전구 물질이 대기 중의 특정 조건에서 반응하여 2차 생성된다. 자연적으로 존재하는 입자로는 광물 입자(예: 황사), 소금 입자, 생물성 입자(예: 꽃가루, 미생물) 등이 있다. 미세먼지의 조성은 매우 다양하나 주로 탄소 성분(유기탄소, 원소탄소), 이온 성분(황산염, 질산염, 암모늄염), 광물 성분 등으로 구성되어 있다. PM10의 연평균 오염도는 최근 정체 상황이나 PM2.5의 경우 최근 고농도 발생이 빈번한 추세이다(에어코리아).

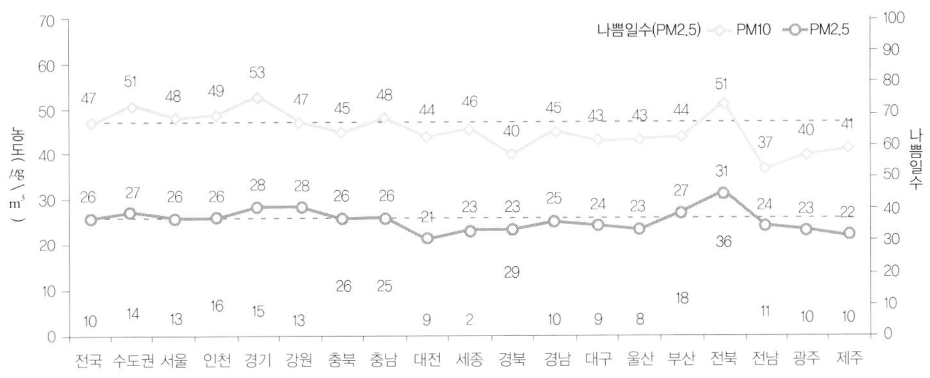

그림 1 2016년 시 · 도별 미세먼지 농도(환경부, 2017)

자료의 출처를 반드시 표시한다.

(3) 미세먼지의 피해

미세먼지는 천식과 같은 호흡기계 질병을 악화시키고, 폐 기능의 저하를 초래한다. PM2.5는 입자가 미세하여 코 점막을 통해 걸러지지 않고 흡입 시 폐포까지 직접 침투하여 천식이나 폐질환의 유병률과 조기사망률을 증가시킨다. 또한 미세먼지는 시정을 악화시키고, 식물의 잎 표면에 침적되어 신진대사를 방해하며, 건축물이나 유적물 및 동상 등에 퇴적되어 부식을 일으킨다.

미세먼지의 피해 정도를 도표화하여 구체적으로 제시하는 것도 좋다. 예를 들어 한 달을 주기로 일기예보를 분석하여 미세먼지 농도가 좋음, 보통, 나쁨, 매우나쁨인 날이 각각 며칠인지 도표로 제시함으로써 미세먼지의 심각성을 쉽게 알릴 수 있고, 미세먼지를 연구할 필요가 있다는 스토리가 자연스럽게 세워질 수 있다.

(4) 미세먼지의 규제

미세먼지 예방법과 관련 대책 등을 조사하여 추가하는 것도 좋다.

현재 미세먼지의 대기환경 기준은 24시간 평균 100 $\mu g/m^3$ 이하이며, 1년간 평균 50 $\mu g/m^3$ 이하이다. 2015년부터 시행되는 초미세먼지의 대기환경 기준은 24시간 평균 50 $\mu g/m^3$ 이하이며, 1년간 평균 25 $\mu g/m^3$ 이하이다.

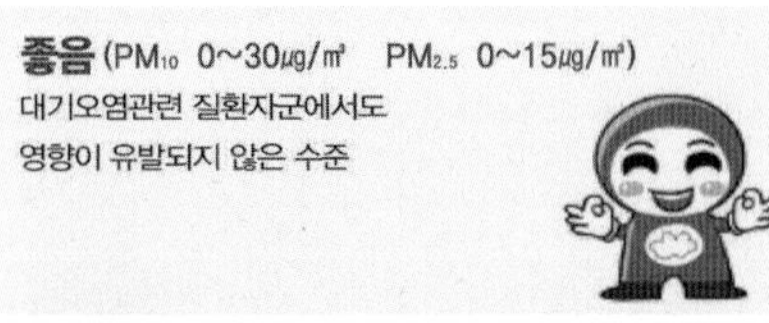

– 주의보 발령 기준: PM10(PM2.5) 시간당 평균 농도 150(90) ㎍/㎥ 이상(2시간 이상 지속)
– 경보 발령 기준: PM10(PM2.5) 시간당 평균 농도 300(180) ㎍/㎥ 이상(2시간 이상 지속)

실시간 미세먼지 정보는 에어코리아(www.airkorea.or.kr), 모바일앱(우리동네 대기질), 콜센터(131)를 통해 확인할 수 있다.

그림 2 미세먼지 농도별 예보 등급(환경부)

Ⅱ. 본론

1. 탐구 방법

본격적인 탐구에 들어가기 전에 가설을 설정하면 실험 과정 설계 및 변인 통제에 대한 계획 수립이 더 구체화될 수 있다. 과학적인 예측 단계를 거치면 탐구의 뼈대가 단단해지고, 논리 전개가 명확해진다.

(1) 탐구 대상

교실이라는 교육 활동이 이루어지는 곳을 탐구 대상으로 하기에 교육 활동에 피해를 주거나 방해가 되지 않는 범위 안에서 탐구를 수행한다.

본 탐구는 다양한 학교 활동에 따른 교실의 미세먼지 농도 변화를 알아보기 위해 각 교실의 미세먼지 농도를 측정하여 수행하였다.

(2) 측정 도구

PM10과 PM2.5 중에서 PM2.5를 기준으로 하여 미세먼지 농도를 측정한 이유를 구체적으로 밝힌다.

미세먼지 측정기(공기질 측정기 KD-001)를 이용하여 미세먼지(PM2.5) 농도

시중에서 5만원 이하에 구입이 가능하며, 구입이 어려운 경우 학교에 있는 교구를 이용한다. 또한, 측정기마다 측정할 수 있는 입자의 크기가 다르기 때문에 주제에 맞게 구입해야 한다.

를 측정하였다. PM2.5는 PM10보다 몸의 더 깊은 곳까지 도달하여 인체에 더 위해할 수 있으므로 학교 내 공기질 측정에서 PM2.5에 초점을 맞추어 다루었다.

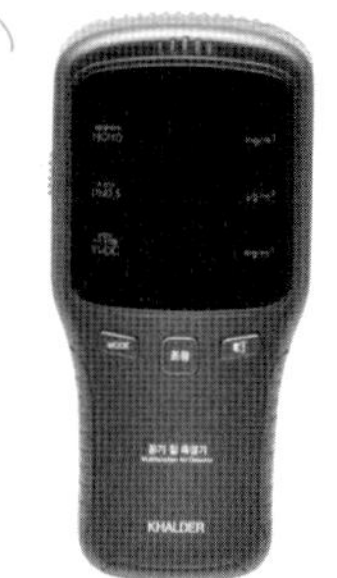

그림 3 미세먼지 측정기

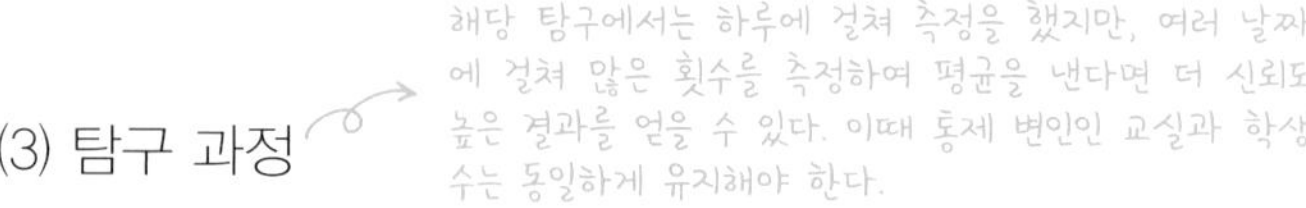

해당 탐구에서는 하루에 걸쳐 측정을 했지만, 여러 날짜에 걸쳐 많은 횟수를 측정하여 평균을 낸다면 더 신뢰도 높은 결과를 얻을 수 있다. 이때 통제 변인인 교실과 학생 수는 동일하게 유지해야 한다.

(3) 탐구 과정

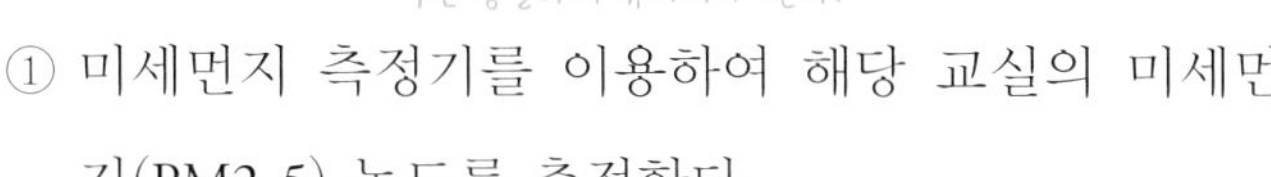

① 미세먼지 측정기를 이용하여 해당 교실의 미세먼지(PM2.5) 농도를 측정한다.

② 다양한 학교 활동에 의한 미세먼지 농도 변화를 측정하기 위해 환기 전후, 체육 활동 전후, 히터 작동 전후의 미세먼지 농도를 측정한다.

- 환기 전후의 미세먼지 농도 변화는 미세먼지가 보통인 날과 나쁨인 날로 나누어 측정하며, 환기는 10분간 운동장 측 창문을 열어 실시한다.
- 체육 활동 전후의 미세먼지 농도 변화는 지속적인 변화를 살펴보기 위해 체육 활동 전, 체육시간 직후, 체육시간 다음 수업이 끝난 후로 나누어 측정한다.
- 히터 작동 전후의 미세먼지 농도 변화는 히터 작동 전 농도와 10분간 히터를 작동시킨 후의 농도를 측정한다.

③ 결괏값의 신뢰도를 높이기 위해 세 교실의 미세먼지 농도 변화를 측정하여 평균값을 통해 결과를 도출한다.

측정 데이터는 많을수록 신뢰도가 높아진다.

(4) 탐구의 한계점

학생들이 수업을 하고 꾸준히 활동을 하는 교실에서 미세먼지 농도값을 측정해야 하기에 변인을 통제하는 것에 어려움이 있었으며, 이는 정확한 결과를 도출하는 데 지장을 주었을 것이다.

2. 탐구 결과

탐구 결과를 표로 정리하고 종합된 관찰 결과를 그래프로 변환하여 제시한다면, 조작 변인과 종속 변인과의 상관관계를 수월하게 파악할 수 있다.

(1) 환기 여부에 따른 미세먼지 농도 변화

외부 공기의 미세먼지 농도에 따라 결과가 달라질 것이므로, 실내 미세먼지 농도가 외부보다 낮은 날과 높은 날의 두 가지로 나누어 실험하였다.

미세먼지 보통인 날과 매우나쁨인 날로 나누어 미세먼지 농도를 측정한 의도를 설명한다. 또한, 환기 후 교실 내 미세먼지 농도와 외부 미세먼지 농도를 관련지어 해석한다.

(가) 미세먼지 보통(PM2.5 16~50 $\mu g/m^3$)인 날

표 1 미세먼지 보통인 날 교실 환기 전후 미세먼지 농도 측정값

날짜	측정 장소	외부 미세먼지 농도($\mu g/m^3$)	교실 내 미세먼지 농도($\mu g/m^3$)	
			환기 전	환기 후
2017년 10월 9일	1-1 교실	45	58	35
	1-4 교실		50	43
	1-5 교실		65	45

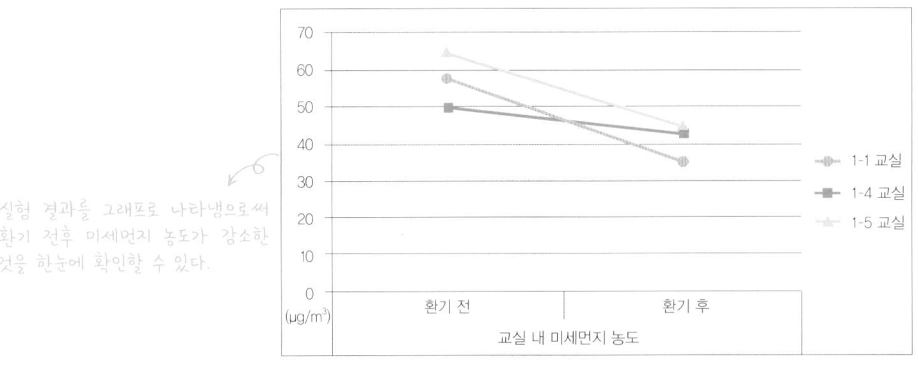

그림 4 미세먼지 보통인 날 교실 환기 전후 미세먼지 농도 변화

미세먼지가 보통인 이 날은 외부 미세먼지 농도가 환기 전 교실의 미세먼지 농도보다 낮았다. 교실 내부보다 외부의 미세먼지 농도가 낮은 경우 환기 후에 교실 내의 미세먼지 농도가 세 교실 모두 감소하였다.

(나) 미세먼지 매우나쁨(PM2.5 101 $\mu g/m^3$ 이상)인 날

여기에서는 생략하였지만 표 1과 마찬가지로 측정 결과 사진을 찍어 농도값과 함께 제시한다.

표 2 미세먼지 매우나쁨인 날 교실 환기 전후 미세먼지 농도 측정값

날짜	측정 장소	외부 미세먼지 농도 (µg/m^3)	교실 내 미세먼지 농도(µg/m^3)	
			환기 전	환기 후
2017년 10월 26일	1-1 교실	135	77	137
	1-4 교실		83	104
	1-5 교실		70	123

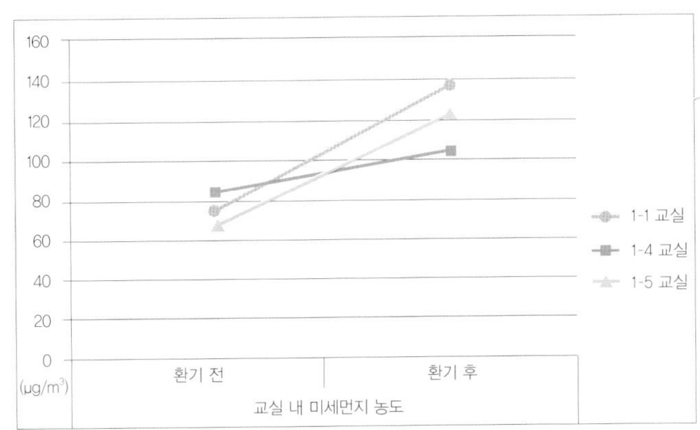

실험 결과 그래프를 통해 환기 전후 미세먼지 농도가 증가한 것을 한눈에 확인할 수 있다.

그림 5 미세먼지 매우나쁨인 날 교실 환기 전후 미세먼지 농도 변화

미세먼지가 매우나쁨인 이 날은 외부 미세먼지 농도가 환기 전 교실의 미세먼지 농도보다 높았다. 교실 내부보다 외부의 미세먼지 농도가 높은 경우 환기 후에 교실 내의 미세먼지 농도가 세 교실 모두 눈에 띄게 증가하였다.

(2) 체육 활동 전후 미세먼지 농도 변화

표 3 체육 활동 전후 미세먼지 농도 측정값

날짜	측정 장소	외부 미세먼지 농도 (μg/m³)	교실 내 미세먼지 농도(μg/m³)		
			체육시간 전	체육시간 직후	체육시간 1교시 후
2017년 11월 1일	1–1 교실	22	20	22	30
	1–4 교실		28	23	23
	1–5 교실		24	25	17

그림 4, 5와 마찬가지로 표 3의 농도 측정값을 차트 툴을 이용하여 그래프로 변환한다.

체육시간 직후, 체육시간 다음 1교시 후의 미세먼지 농도를 비교해 보면 미세한 변화는 있었지만 일관된 변화가 나타나지 않았다. 즉, 측정 결과 체육 활동과 관련하여 유의미한 변화를 보이지 않았다고 볼 수 있다.

체육 활동을 외부 미세먼지가 낮은 날과 높은 날로 나누어 실시한 후 결과를 비교하면 더욱 일반적인 결과를 도출할 수 있을 것이다.

(3) 히터 작동 전후 미세먼지 농도 변화

표 4 히터 작동 전후 미세먼지 농도 측정값

날짜	측정 장소	외부 미세먼지 농도 (μg/m³)	교실 내 미세먼지 농도(μg/m³)	
			히터 작동 전	히터 작동 후
2017년 11월 15일	1–1 교실	33	53	22
	1–4 교실		48	21
	1–5 교실		45	37

그림 4, 5와 마찬가지로 표 4의 농도 측정값을 차트 툴을 이용하여 그래프로 변환한다.

히터 작동 후 세 교실 모두 미세먼지 농도가 작동 전에 비해 많이 감소하였다.

Ⅲ. 결론

탐구 결과를 바탕으로 탐구를 통해 알 수 있었던 내용을 서술한다. 만약 가설을 세웠다면 자신이 세운 가설과 비교한 결론을 제시할 수도 있다. 또한, 학교 내 미세먼지 농도를 낮출 수 있는 방안을 정리하여 제시하고, 해당 탐구를 활용할 방안을 추가적으로 작성하는 것도 좋다.

환기 여부에 따른 미세먼지 농도 변화를 살펴보면, 내부의 농도가 외부의 농도보다 높은 경우 교실 내 미세먼지 농도는 감소하였으며, 내부의 농도가 외부의 농도보다 낮은 경우 교실 내 미세먼지 농도는 급격히 증가하였다. 이를 통해 볼 때 외부 미세먼지 농도가 낮을 때는 잦은 환기를 하는 것이 좋고, 외부 미세먼지 농도가 높을 때는 철저하게 환기를 금지해야 할 것이다. 실제 현장에서는 미세먼지 경보가 내려져도 학생들은 창문 닫기를 실천하지 않는 경우가 많다. 이는 학생들이 창문을 열고 있을 경우 교실 내 미세먼지 농도가 급격히 증가함을 모르고 미세먼지의 위험성을 잘 인지하지 못하기 때문이다. 따라서 학생들이 이러한 사실을 알 수 있도록 교육을 실시하면 효과가 있을 것이다.

이러한 결과는 "환기를 하면 외부 미세먼지 농도에 상관없이 실내 미세먼지 농도가 낮아질 것이다."라는 가설이 잘못되었음을 증명할 수 있다.

체육 활동 전후 미세먼지 농도 변화는 유의미한 변화를 보이지 않았다. 당연히 체육 활동을 한 후 옷이나 신발에 붙은 미세먼지로 인해 교실 내 미세먼지 농도가 증가하리라 생각하였지만, 실제로는 체육 활동과 미세먼지 농도와의 상관관계는 없는 것으로 나타났다.

히터를 작동시키면 히터에서 나오는 바람으로 인한 대류 현상에 의해 바닥에 가라앉아 있던 미세먼지가 공기 중으로 퍼져 나가 농도가 증가할 것으로 생각하였지만, 실제로는 생각과 정반대로 미세먼지 농도가 감소하였다. 이는 히터 속에 들어 있는 필터의 미세먼지 정화 작용으로 인한 결과로 생각된다.

각 탐구 결과를 종합하면 교실 외부의 미세먼지 농도를 살펴 외부 미세먼지 농도가 낮을 경우 잦은 환기를, 외부 미세먼지 농도가 높을 경우 창문을 닫고 미세먼지 정화 기능이 있는 히터를 작동시켜 공기를 순환시킨다면 교실 내 미세먼지 농도를 낮출 수 있을 것이다.

보고서를 참고로 하여 이번에 실시한 탐구 이외의 다양한 변인에 의한 학교 내 미세먼지 변화를 더욱 세부적으로 파악한 후 '학교 내 미세먼지 감소 요령'과 같이 실제 학교 교육 현장에서 사용할 수 있는 내용으로 정리한다면 좋은 자료가 될 것이다.

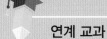

연계 교과

통합과학

02. 흰개미집의 자연냉방 원리에 관한 탐구

중점 핵심 역량 과학적 탐구 능력

성취 기준

[통합과학 교육과정 08-04] 에너지가 사용되는 과정에서 열이 발생하며, 특히 화석 연료의 사용 과정에서 버려지는 열에너지로 인해 열에너지 이용의 효율이 낮아진다는 것을 알고, 이 효율을 높이는 것이 사회적으로 어떤 의미가 있는지를 설명할 수 있다.

참여 인원 3~4명

탐구 기간 4개월

유사 및 확장 주제

본 탐구와 같이 에너지 효율을 높일 수 있는 방안을 모색하거나 자연을 모사한 새로운 기술을 주제로 선택하여 자율탐구보고서를 구성할 수 있다.

- 에너지 제로하우스 만들기
- 그린커튼을 모방한 효율적인 냉방시스템 개발
- 3D 프린터로 로봇팔 만들기

[과학탐구실험 02-09] 과학의 핵심 개념을 적용하여 실생활 문제를 해결하거나, 탐구에 필요한 도구를 창의적으로 설계하고 제작할 수 있다.
[기술가정 04-14] 에너지와 관련된 문제를 이해하고 해결책을 창의적으로 탐색하고 실현하며 평가한다.

학생들은 탐구 주제 선정의 어려움을 토로하곤 한다. 1부의 내용과 유사 및 확장 주제를 참고로 하여 탐구 주제를 찾아 보자. 주제 선정에 공을 들일수록 탐구가 명확해지고 원하는 결과를 얻기 수월할 것이다.

탐구 계획서

1 탐구 계획

다양한 자연모사 기술 중에서 흰개미집을 주제로 선택한 이유를 구체적으로 밝혀 보자. 그리고 이 탐구가 추구하는 방향과 이 탐구만의 독창성을 어필해 보자.

1. 탐구의 필요성 및 목적

- 지구 온난화와 기후 변화의 문제를 해결하기 위해서는 에너지를 절약하고 에너지 효율을 높여야 한다.
- 우리가 사용하는 에너지의 1/3 이상이 건축물에서 소비되며, 그 중 대부분은 냉방에 사용된다.
- 냉방에 사용되는 에너지를 줄이기 위하여 흰개미집의 자연냉방 원리를 탐구할 필요가 있다.
- 흰개미집의 자연냉방 원리를 적용하면 에너지 제로하우스를 구현할 수 있다.

2. 탐구 절차

- 건물 모형을 제작하여 모형 내부의 온도 변화와 공기 순환 여부를 측정한다.
- 건물 모형 실험을 통하여 흰개미집의 자연냉방 효과를 검증한다.

3. 탐구의 한계점

- 모형과 실제의 차이가 발생한다.
- 열대 지역에 적용했을 때 더 효율적이며, 온대 지역은 여름에만 냉방의 목적으로 적용이 가능하다.

온대 지역의 냉방을 목적으로 적용했기 때문에 난방에서의 단열을 고려하지 않았음을 구체적으로 언급해야 냉방만의 연구가 좀 더 설득력 있게 전달될 수 있다.

2 자료 탐색

2부에서는 자료 탐색란에 참고문헌을 제시하였으나, 실제로 탐구보고서를 작성할 때는 선행 연구문헌 및 참고문헌을 모두 기록해 놓았다가 탐구보고서의 끝에 참고문헌 목록으로 작성하도록 한다.

- 곽기호, 박효주. 2013. 자연모사 기술과 산업경제. 기계저널, 53(2), 54-61.
- 김완두, 조영삼. 2006. 자연모사 기술의 공학적 응용. 섬유기술과 산업, 10(2), 115-119.
- 김정곤, 고귀한. 2013. 기후에 순응하는 환경-친화적 구축 기법 특성에 관한 연구. 한국실내디자인학회 논문집, 22(6), 3-10.
- 김태건, 이현숙, 문경은, 김형주, 이혜진, 손범석, 곽영훈, 김의권. 2015. 생활 속 녹색기술 이야기. 동아사이언스, 148-157.
- 이아영. 2011. 연돌환기를 이용한 오피스빌딩 자연환기사례 연구. 대한건축학회 논문집-계획계, 27(12), 127-136.
- 조성우, 오세규, 김남국. 2011. 동물건축의 기후순응 디자인 기법 및 적용사례에 관한 연구. 대한건축학회연합논문집, 13(4), 83-91.
- 허경아, 김정기. 2010. 생체모방을 적용한 건축구성방식에 관한 연구. 한국실내디자인학회 학술대회논문집, 12(1), 132-135.
- 홍성엽, 이철호. 2013. 생체모방에 기반한 지속가능한 디자인에 대한 연구. 한국과학예술포럼, 14, 539-548.
- 네이버 지식백과
- 두산백과
- 위키미디어
- KBS 공사창립특집 다큐멘터리 동물의 건축술-제3부 둥지에서 답을 얻다. 2010.
- 과학동아 라이브러리(http://dl.dongascience.com/magazine/view/C201011N008)

3 개요

1. 서론

(1) 탐구의 필요성 및 목적

(2) 이론적 배경

- 자연모사 기술(생체모방)
- 흰개미집의 구조와 자연냉방 원리
- 굴뚝 효과(연돌 효과)

2. 본론

(1) 탐구의 가설

- 건물에 칠한 검은색 면적이 넓을수록 공기 순환이 잘 되어 내부 온도가 낮아질 것이다.
- 굴뚝의 크기가 클수록 공기 순환이 잘 되어 내부 온도가 낮아질 것이다.

(2) 탐구 방법

- 탐구 과정: 검은색 면적과 굴뚝의 크기가 다른 건물 모형 제작 → 건물 모형 내부의 온도 변화와 공기 순환 여부 측정 → 결과 해석(흰개미집의 자연냉방 효과 검증)
- 실험 준비물, 모형 만들기, 실험 방법, 실험 시 유의 사항

(3) 탐구 결과

- 건물의 검은색 표면 넓이에 따른 온도 변화와 공기 순환
- 굴뚝의 크기에 따른 온도 변화와 공기 순환

3. 결론

뜨거운 공기가 위로 빨리 빠져나가는 구조일수록 공기 순환이 잘 이루어져서 건물 내부가 시원하다.

4 일정표

기간	탐구 내용	세부 활동
4월	· 주제 정하기 · 탐구 계획 수립	· 팀 구성 및 주제 선정 · 탐구 절차 정하기
5월	· 자료 탐색 · 탐구 방법 설계	· 자연모사 기술, 흰개미집의 구조와 자연냉방 원리, 굴뚝 효과 조사 · 실험 장치 고안 및 실험 설계
6월	· 탐구 활동 · 결과 정리	· 실험 준비물 구입 · 건물 모형 만들기 · 건물 구조에 따른 냉방 효과 실험 수행 · 실험 결과 정리 및 결론 도출
7월	· 보고서 작성 · 발표	· 보고서 정리 및 수정, 최종 제출 · 발표 자료 준비, 발표 진행

최근에는 자신이 한 탐구의 이해도를 확인하기 위해 발표가 점점 중요해지고 있다. 탐구 내용을 완벽하게 숙지하고, 다른 사람들이 이해하기 쉽게 설명하는 것은 매우 중요하며, 질문에도 대비하여 철저히 준비할 필요가 있다.

탐구보고서 쓰기

초록

지구 온난화 및 환경 오염 등의 문제가 발생하여 자원과 에너지를 절약할 수 있는 지속가능한 발전이 대두되고 있다. 건축 분야에서는 냉난방, 특히 냉방을 하는 데에 과도한 에너지가 소비되는 문제를 해결하기 위해 자연모사 기술을 활용한다.

대표적인 예로는 흰개미집을 본 떠 만든 짐바브웨의 이스트게이트 센터가 있다. 흰개미집은 한낮의 온도가 40 ℃에 육박하는 아프리카에서 실내 온도를 29 ℃~30 ℃ 정도로 유지할 만큼 효율적인데, 이 구조를 모방하여 만든 이스트게이트 센터도 에어컨 없이 실내 온도를 24 ℃로 유지할 수 있다고 한다.

우리는 흰개미집의 구조와 원리를 알기 위해 직접 모형을 만들어 흰개미집의 환기 시스템을 재현해 보았다. 흰개미집 모형을 7가지 형태로 만들어서 열원을 공급했을 때 온도의 변화와 공기 흐름의 여부를 측정하였다. 그 결과 1) 통풍이 잘 되도록 구멍이 뚫린 건물의 경우 윗부분을 검게 칠하면 건물 윗부분에 따뜻한 공기가 더 잘 모이고 이것이 쉽게 빠져나가 공기가 순환한다는 것과, 2) 굴뚝의 높이가 높아서 나타나는 굴뚝 효과보다 굴뚝의 구멍이 커서 통풍이 잘 되는 것이 건물 내부의 온도를 낮추는 데 도움이 된다는 것을 알았다.

흰개미집의 원리는 에너지 제로하우스를 만드는 데 중요한 아이디어를 제공한다. 냉방을 하는 데에 막대한 에너지를 소비하는 현시점에서 이 원리는 에너지를 절약하는 데에 매우 큰 역할을 할 것이다.

Ⅰ. 서론

자연모사 기술의 필요성과 그 중에서 흰개미집의 원리를 적용한 건축 기술이 주목받는 이유를 설명한다. 그리고 이 탐구를 통하여 달성할 수 있는 목적을 분명하게 제시한다. 비록 이 기술이 적용된 건축물이 이미 존재하고, 탐구자들이 만든 모형이 실제와 다른 한계가 있지만 이 탐구를 통해 얻을 수 있는 정보가 무엇인지 생각해 보자.

1. 탐구의 필요성 및 목적

자연에 순응하던 인간은 건물을 만들면서 더위와 추위를 막고, 짐승이나 도둑 같은 위험 요소로부터 몸을 보호할 수 있게 되었다. 건축술이 발전하면서 인간의 다양한 욕구를 더욱 충족시키게 되었다. 인간이 건물에 바라는 쾌적감은 여러 가지가 있지만, 대표적으로 4가지 쾌적감–실내의 온도와 습도를 조절하여 얻는 열환경 쾌적감, 실내 밝기를 조절하여 얻는 빛환경 쾌적감, 외부소음을 막아 원치 않는 소리로부터 해방되고자 하는 음환경 쾌적감, 호흡에 필요한 깨끗한 공기로 숨쉬고자 하는 공기환경 쾌적감–을 꼽을 수 있다(김태건 외, 2015). 특히 이 중에서 정온동물인 인간의 생존에 가장 큰 영향을 주는 것은 열환경 쾌적감이라고 할 수 있다.

그런데 최근 들어 지구 온난화 및 환경 오염 등의 문제가 발생하여 자원과 에너지를 절약할 수 있는 지속가능한 발전이 대두되고 있다. 건축 분야에서도 높은 효율의 에너지를 사용하고 신재생 에너지나 자연에서 얻을 수 있는 에너지를 사용하자는 움직임이 일고 있다. 그 이유는 건축물이 전 세계적으로 에너지 소비의 1/3 이상을 차지하고 있으며, 그 중 대부분은 우리에게 열환경 쾌적감을 주는 냉난방을 하기 위해서 사용되기 때문이다(조성우 외, 2011). 특히 가전 제품에서 발생하는 열에 의해 난방보다 냉방을 하는 데에 과도한 에너지가 소비되고 있다(이아영, 2011).

구체적인 수치 데이터가 있으면 설득력을 높일 수 있다. 자료를 탐색할 때 이런 점을 염두에 두고 구체적인 데이터를 찾는 노력이 필요하다.

건축 분야에서는 이러한 문제의 해법을 자연에서 찾으려고 노력하는데, 자연모사 기술이 바로 이에 해당한다. 자연모사 기술은 생체 모방이라고도 하며, 자연에서 볼 수 있는 디자인적 요소들 또는 생물체의 특성들을 탐구하거나 모방하여 인류의 과제를 해결하는 데 그 목적이 있다(위키피디아). 대표적인 예로는 흰개미집을 본 떠 만든 짐바브웨의 이스트게이트 센터가 있다. 흰개미집은 한낮의 온도가 40 ℃에 육박하는 아프리카에서 실내를 29 ℃~30 ℃ 정도로 유지할 만큼 효율적인데, 이 구조를 모방하여 만든 이스트게이트 센터는 에어컨이 없는데도 실내 온도를 24 ℃로 유지할 수 있다고 한다.

우리는 이 이야기를 처음 접했을 때 자연의 위대함에 크게 놀랐다. 그리고 흰개미집의 구조와 원리를 알고 싶어서 자료를 조사하고 흰개미집을 직접 찾아보기로 하였으나, 우리 주변에서 흰개미집을 관찰하기가 쉽지 않았다. 그래서 직접 모형을 만들어 흰개미집의 환기 시스템을 재현해 보기로 하였다. 흰개미집 모형을 만들고, 모형 안의 온도와 공기 흐름을 측정하여 흰개미집의 통풍 시스템이 우수하다는 것을 보여 주고 싶다.

2. 이론적 배경

배경 지식이 없는 독자들도 이해할 수 있도록 자연모사 기술(생체모방)의 정의를 쉽게 설명한다. 실험 설계와 데이터 해석에 필요한 주요 원리를 중심으로 구체적으로 기술한다. 그림, 그래프, 표를 제시할 경우에는 반드시 출처를 구체적으로 표시해야 하며, 명확한 자료를 기반으로 해야 한다.

(1) 자연모사 기술(생체모방)

자연모사 기술(Nature Inspired Tech)이란 자연의 생태계와 자연 현상 그리고 살아 있는 생명체의 기본 구조, 원리와 메커니즘에서 영감을 얻어 공학적으로 응용하는 기술이라고 정의한다. 자연 상태는 오랜 기간의 진화를 통해 최적화되어 에너지 소비 효율은 높고, 폐기물 배출은 적으며, 자체 정화 능력을 가지고 있고, 오랫동안 지속할 수 있는 능력을 보유하고 있다. 이러한 자연의 기본 구조·원리·시스템·메커니즘을 모방하고 응용하여 지속가능한 발전에 기여할 수 있다.

자연모사 기술의 예로는 도꼬마리의 갈고리 구조를 모방하여 만든 벨크로, 사람의 관절 운동을 모방하여 만든 핸드 로봇, 연잎 효과를 모방하여 만든 초소수성 페인트, 무작위 색으로 형성된 숲의 바닥을 모방하여 만든 무패턴 카펫 등이 있다. 이 기술은 다양한 분야에 응용할 수 있으며 경제적 파급 효과가 커서 지속적으로 발전하고 있다.

생체모방의 역사 또는 생체모방을 탐구하는 생체모방공학에 대한 소개를 추가할 수도 있다.

그림 1 자연모사 기술 사례(위키미디어)

(2) 흰개미집의 구조와 자연냉방 원리

수 mm 크기의 흰개미는 수 m나 되는 거대한 탑을 만든다. 흰개미집 내부는 많은 통로가 복잡하게 얽혀 있고, 탑 표면에는 수많은 구멍이 있다. 흰개미는 주로 탑의 아래쪽에 서식한다. 탑 내부의 뜨거운 공기는 가벼워지므로 위로 떠오르는데, 이 공기는 탑의 위쪽 구멍을 통해 빠져나간다. 그러면 외부의 공기는 땅속으로 연결된 구멍을 통하여 유입되면서 냉각되어 실내로 들어간다. 흰개미는 개미탑의 구멍들을 열고 닫아 공기의 흐름을 조절함으로써 집 내부의 온도를 일정하게 유지한다. 외부의 기온은 한낮에 섭씨 40도를 오르내리고 밤낮의 일교차가 심하지만 흰개미집의 내부는 항상 섭씨 29~30도 정도로 유지될 만큼 효율적이다.

짐바브웨 출신의 건축가인 믹 피어스(Mick Pearce)는 흰개미의 환기 시스템을 모방해 최초의 대규모 자연냉방 건물인 이스트게이트 쇼핑센터를 건설했다. 건물의 가장 아래층을 비우고 꼭대기에 더운 공기를 빼내는 수직 굴뚝을 여러 개 설치한 다음 두 개의 건물 사이에 저용량 선풍기를 설치했다. 건물 전체가 밤에 찬 공기를 머금었다가 낮에 공기 배관을 통해 위로 올려보낸다. 그러면 전자 기기와 사람으로 인해 데워진 공기는 상부의 사무실 구멍을 통해서 빠져나가고,

그림 2 흰개미집 고분(좌)과 그것을 모사한 이스트게이트 센터(우)의 내부 구조
(곽기호와 박효주, 2013)

그 공간에 찬 공기가 채워져 실내온도가 내려가게 된다. 이런 원리로 외부 온도가 40도를 넘나들지만 실내는 에어컨 없이도 24도를 유지하며, 다른 건물들이 사용하는 에너지의 10분의 1도 쓰지 않는다.

(3) 굴뚝 효과(연돌 효과)

굴뚝 효과(chimney effect)는 건축물의 내부와 외부에서 발생하는 온도 차이에 의해 공기가 유동하는 현상을 의미한다. 공기가 움직이는 방향은 온도에 따라 달라진다. 건축물의 내부 온도가 외부보다 높으면서 밀도가 작을 때에는 건물

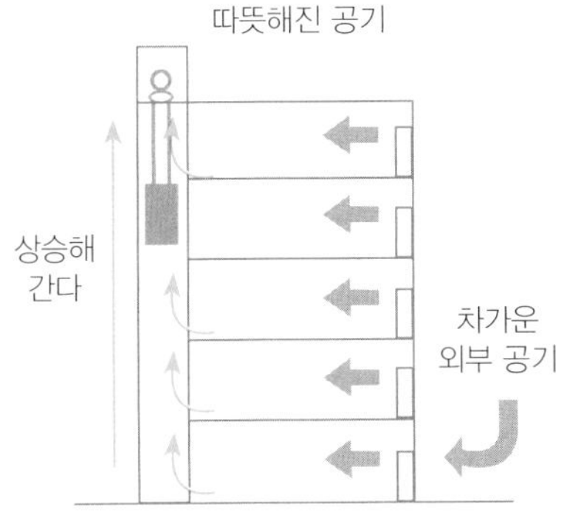

그림 3 굴뚝 효과의 원리

안에 있는 공기가 부력을 받아 위로 상승하게 되며, 이때 아래쪽에서 위쪽으로 공기가 이동하는데, 이것을 굴뚝 효과라고 한다. 굴뚝 효과는 공기가 뜨거워지면 팽창하면서 밀도가 작아져 위로 떠오르고, 공기가 차가워지면 수축하여 밀도가 커져서 아래로 내려오는 대류 현상 때문에 발생한다. 반면에, 내부 온도가 외부 온도보다 낮으면 위쪽에서 아래쪽으로 공기가 흐르는데, 이것을 역굴뚝 효과라고 한다.

굴뚝 효과는 연돌 효과라고도 하며, 높은 빌딩 등에서는 계단이나 엘리베이터 통로가 굴뚝과 같이 작용하여 외부와 내부의 온도 차에 의한 통기 작용이 발생한다. 즉 그림 3과 같이 따뜻한 공기가 상승하고 찬 공기가 밑에서부터 들어온다.

실험 설계의 각 요소들이 설정된 이유를 실험 목적에 부합하도록 설명해 보자. 본 탐구처럼 가설이 여러 개이고, 실험 장치의 종류가 다양한 경우에는 큰 흐름을 먼저 설명하고, 그 다음에 세부적인 부분을 단계별로 안내하는 것이 좋다.

Ⅱ. 본론

1. 탐구의 가설

우리는 건물의 공기 흐름과 온도 변화를 알아보기 위해 두 가지 조건(조작 변인)을 변화시켰으며, 실험하기 전에 세운 가설은 다음 표와 같다.

가설은 최대한 구체적으로 작성하자. 조작 변인에 따른 종속 변인의 경향성을 구체적으로 기술하는 것이 반증 가능성을 높이는 좋은 가설이다.

표 1 가설

가설 Ⅰ	(실험군 Ⅰ) 건물에 검은색으로 칠한 면적이 넓을수록 공기의 흐름이 빨라져서 건물 안의 온도가 낮아질 것이다.
가설 Ⅱ	(실험군 Ⅱ) 굴뚝의 높이가 높을수록 건물 안 공기의 흐름이 빨라져서 건물 안의 온도가 낮아질 것이다.

2. 탐구 방법

우리는 흰개미집의 구조를 바탕으로 건물의 온도를 낮추는 방법을 알아보려고 한다. 그런데 실제 건물의 규모는 너무 커서 온도를 측정하는 것뿐만 아니라 여러 가지 조건을 변화시키기도 어려웠다. 그래서 흰개미집 모양을 단순화한 건물 모형을 여러 형태로 만들어서 건물의 온도를 낮출 수 있는 최적의 구조를 찾으려고 한다.

[실험 준비물]

칼, 가위, 자, 테이프, 검은색 포스터물감, 붓, 펀치, 마분지, 백열전구, 온도계, 변압기, 지지대

건물 모형은 흰색 마분지로 만들고, 열과 빛을 공급하는 태양의 역할은 백열전구로 대신하였다. 건물 모형은 대조군, 실험군 Ⅰ, 실험군 Ⅱ로 나누어 만들었다. 대조군은 가장 기본적인 건물 모형으로, 실험군 모형의 결괏값과 비교하기 위한 것이다. 그리고 실험군 Ⅰ은 건물에 검은색 포스터물감을 칠했을 때 나

그림 4 실험 준비물

타나는 온도 변화와 공기의 흐름을 측정하기 위한 것이다. 검은색은 모든 파장의 가시광선을 흡수하고, 반대로 흰색은 모든 파장의 가시광선을 반사한다. 따라서 검은색으로 칠한 면적이 넓을수록 빛을 많이 흡수하므로 건물 안의 공기가 더 따뜻해져서 대류 현상에 의해 더 빨리 건물 밖으로 빠져나갈 것이라고 생각하였다. 그래서 따뜻한 공기가 건물의 윗부분으로 모이도록 건물 윗부분의 $\frac{1}{4}$과 $\frac{1}{2}$에 해당하는 면적을 검은색으로 칠했다. 실험군 Ⅱ는 굴뚝의 크기에 따른 건물 내부의 공기의 흐름과 온도 변화를 알아보기 위한 것이다. 굴뚝 효과를 극대화하기 위해서는 건물에 굴뚝을 붙여 수직 공간을 더 확보해야 한다. 그래서 다양한 크기의 굴뚝을 덧붙이고, 그 중에서 건물 안의 온도를 가장 많이 낮추는 최적의 조건을 찾아보기로 하였다. 굴뚝의 높이와 구멍 크기를 변화시켜서 네 가지의 굴뚝을 만들고 모형에 붙여 사용하였다.

[모형 만들기]

이 실험의 성패는 실제와 비슷한 기능을 할 수 있도록 흰개미집 모형을 잘 만드는 것에 달려 있다. 흰개미집 모형을 만들기 위해서는 최대한 유사한 구조와 재료를 사용하는 것이 좋다. 흰개미집의 실제 크기는 수미터 정도 되는데 그것을 일정한 비율로 축소하고, 외부 공기가 유입되어 냉각되는 지하 구조와 공기가 순환하며 빠져나가는 탑 구조를 모형으로 잘 나타내어 보자.

(1) 대조군 모형

① 마분지로 밑면 없는 직육면체(16×9×25 cm) 모양의 전개도를 그린다.

② 전개도를 접어서 바닥이 뚫린 건물 모형을 만든다.

③ 건물 모형의 하단부로 공기가 유입될 수 있도록 바닥에 닿는 4면의 하단부에 펀치로 구멍을 뚫는다.

④ 건물 모형의 지붕으로 공기가 빠져나갈 수 있도록 윗면에 구멍(3×4 cm)을 1개 뚫어서 〈모형 1〉을 완성한다.

⑤ 〈모형 1〉을 7개 만들고, 이 중 1개를 대조군 모형으로 사용한다.

(2) 실험군 Ⅰ(검은색 표면 넓이) 모형

① 〈모형 1〉 2개를 준비한다.

② 〈모형 1〉 1개에 건물 위에서부터 건물의 $\frac{1}{4}$에 해당하는 부분까지 검은색

으로 칠하여 〈모형 2〉를 완성한다.

③ 나머지 〈모형 1〉 1개에 건물 위에서부터 건물의 $\frac{1}{2}$에 해당하는 부분까지 검은색으로 칠하여 〈모형 3〉을 완성한다.

(3) 실험군 Ⅱ(굴뚝의 크기) 모형

① 〈모형 1〉 4개를 준비한다.

② 〈모형 1〉의 윗면에 난 구멍 위에 3×4×5 cm 크기의 검은색 굴뚝을 붙여서 〈모형 4〉를 완성한다.

③ 〈모형 1〉의 윗면에 난 구멍 위에 3×4×10 cm 크기의 검은색 굴뚝을 붙여서 〈모형 5〉를 완성한다.

④ 〈모형 1〉의 윗면에 난 구멍을 6×8 cm 크기로 만들고, 그 위에 6×8×5 cm 크기의 검은색 굴뚝을 붙여서 〈모형 6〉을 완성한다.

⑤ 〈모형 1〉의 윗면에 난 구멍을 6×8 cm 크기로 만들고, 그 위에 6×8×10 cm 크기의 검은색 굴뚝을 붙여서 〈모형 7〉을 완성한다.

표 2 대조군과 실험군 Ⅰ, Ⅱ 모형의 특징

	대조군	실험군 Ⅰ (검은색 표면 넓이)		실험군 Ⅱ (굴뚝의 크기)			
	모형 1	모형 2	모형 3	모형 4	모형 5	모형 6	모형 7
사진							
특징	없음	건물의 $\frac{1}{4}$	건물의 $\frac{1}{2}$	3×4×5 cm	3×4×10 cm	6×8×5 cm	6×8×10 cm

가설에 따른 실험 장치를 나누어 표로 정리하면 독자들이 실험 상황을 이해하는 데에 도움을 준다.

위의 모형을 사용하여 다음과 같이 실험하였다.

[실험 방법]

① 실험을 시작하기 전에 온도계로 실내 온도를 측정한다.

② 〈모형 1〉과 〈모형 2〉 사이의 거리를 30 cm 띄우고 가운데에 백열전구(열원)를 설치한다.

③ 전구를 켜고 5분 간격으로 건물 내부의 온도 변화를 측정하고, 건물 윗부분에 있는 구멍에 향불을 가까이 대어 공기가 순환하는지 확인한다.

④ 상온까지 식힌 후, 대조군인 〈모형 1〉은 그대로 두고 〈모형 2〉를 〈모형 3〉으로 대체하여 ③의 과정을 반복한다.

⑤ 〈모형 4〉에서부터 〈모형 7〉까지 위의 과정을 반복한다.

〈모형 1〉과 〈모형 2〉를 비교한 후 식혀서 실온으로 만든 다음, 계속해서 〈모형 7〉까지 반복하는 과정은 너무 많은 시간이 소요된다. 열원인 백열전구에서 모든 방향으로 빛과 열이 퍼져 나가므로 백열전구의 왼쪽, 오른쪽, 앞, 뒤 4면에 모형을 설치하고, 실험 인원을 나누어 측정하면 실험 시간을 단축할 수 있다.

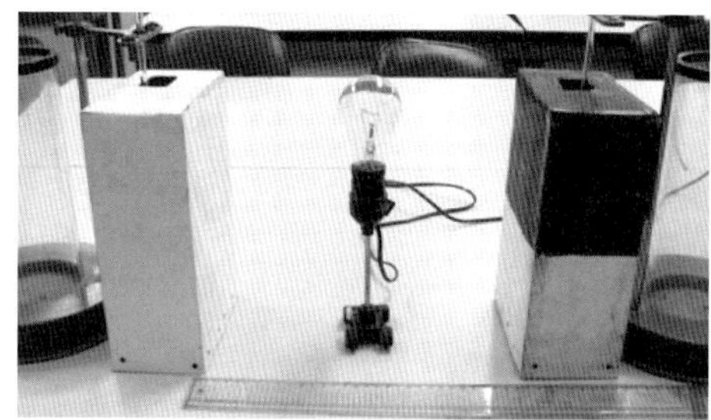

점등 전

점등 후

그림 5 백열전구의 점등 전후 모습

[실험 시 유의 사항]

- 온도에 영향을 주는 요인을 통제하기 위하여 냉난방기를 껐다.
- 공기의 흐름에 영향을 주는 요인을 통제하기 위하여 창문을 닫았다.
- 백열전구 외의 열원을 통제하기 위해 햇빛과 같은 외부 광원을 차단하였다.
- 온도계는 건물의 중간 부분(높이 12.5 cm)에 설치하였다.

이 실험에서는 온도 측정이 가장 중요한 활동이므로 이 부분에 대한 실험 설계가 실험 결과 및 결론에 상당한 영향을 끼친다. 따라서 온도계를 건물 중앙에 설치한 이유를 구체적으로 밝힐 필요가 있다. 탐구 목적에 비추어 봤을 때 건물 아랫부분에도 온도계를 설치하는 것이 좋다. 굴뚝 효과를 설명하고 자연냉방의 가능성을 증명하기 위해서는 최소한 건물의 상단부와 하단부, 두 군데의 온도 데이터가 필요하다.

3. 탐구 결과

여러 개의 모형이 등장하고 각 모형별로 두 가지(온도, 공기 흐름) 결과가 나타나므로, 이해하기 쉽고 한 눈에 볼 수 있도록 표로 잘 정리한다. 각 모형끼리 비교하여 볼 수 있도록 하나의 표에 나타내고, 온도 변화의 경향성을 파악하기 쉽게 그래프를 그려 정리하면 좋다. 이때 숫자로 나타내는 데이터는 유효 숫자를 맞추도록 하자.

건물의 검은색 표면 넓이와 굴뚝의 크기에 따른 건물 내부의 온도 변화와 공기 순환 여부는 다음과 같다.

이 실험에서는 온도 변화를 5분 간격으로 10분까지만 측정하였고, 1회 측정값을 사용하였다. 측정 시간을 15분, 20분 등 더 늘려서 열적 평형에 도달한 상황까지 측정했다면 결과와 그 해석이 달라질 수 있다. 그러므로 측정 시간을 조금 더 늘려서 수행하는 것이 다각도로 해석할 수 있는 데이터를 더 풍부하게 한다는 점에서 더 낫다. 또한 데이터의 신뢰도를 높이기 위해 반복 실험을 수행하여 평균값을 사용하는 것이 좋다.

표 3 실험 결과

		대조군	실험군 Ⅰ (검은색 표면 넓이)		실험군 Ⅱ (굴뚝의 크기)			
		모형 1	모형 2	모형 3	모형 4	모형 5	모형 6	모형 7
특징		없음	건물의 $\frac{1}{4}$	건물의 $\frac{1}{2}$	3×4×5 cm	3×4×10 cm	6×8×5 cm	6×8×10 cm
온도 (℃)	0분	23.8	23.8	23.8	23.8	23.8	23.8	23.8
	5분	26.0	26.7	27.8	26.2	26.5	25.5	26.0
	10분	27.0	27.7	29.0	27.4	27.4	26.5	27.0
공기 순환 여부		X	O	O	O	O	O	O

공기 순환 여부는 독자들이 보고 판단할 수 있도록 사진 등의 자료를 제시하는 것이 좋다. 또는 기류 측정기와 같은 도구를 사용하여 공기 흐름의 세기를 정량적으로 측정할 수 있는 방법을 고안해 보자.

(1) 검은색 표면 넓이(실험군 Ⅰ)에 따른 결과

대조군과 실험군 Ⅰ 모두 백열전구를 켠 이후 시간이 지날수록 건물 내부의 온도가 높아졌다. 이것은 건물이 열을 방출하는 양보다 흡수하는 양이 더 많아서이다. 즉, 복사 평형을 이루기 전 상태이므로 시간이 지날수록 공기가 따뜻해졌다고 할 수 있다. 대조군과 비교했을 때 검은색 표면 넓이가 넓을수록 건물 내부의 온도가 더 많이 올라갔으므로, 검은색이 백열전구의 빛을 더 많이 흡수했다는 것을 알 수 있다. 또한, 대조군과 비교했을 때 실험군 Ⅰ은 모두 공기가 순환하였으므로, 건물 상단부에 검은색을 칠하는 것이 공기 순환에 도움이 된다고 할 수 있다.

이러한 결론을 이끌어 내기 위해서는 〈모형 1〉부터 〈모형 3〉까지 기류의 세기를 비교하고, 이러한 결론을 도출한 이유를 논리적으로 설명할 필요가 있다. 또, 〈모형 2〉와 〈모형 3〉의 결과가 '자연냉방'의 원리와 어떠한 관련이 있는지 설명해야 하는데, 이 실험만으로는 결론을 이끌어 내기에 부족하다.

결과로 얻어진 데이터가 의미 있는지 판단하는 것은 과학적으로 매우 중요한 과정이다. 탐구의 성패를 결정하기 때문이다. 예를 들어, 이 실험에서 10분 후 온도는 〈모형 1〉에 비해 〈모형 4〉가 0.4 ℃ 상승, 〈모형 6〉이 0.5 ℃ 하강했는데, 탐구자는 0.5 ℃ 온도 하강에 의미를 두었다. 그렇다면 그 근거를 과학적으로 밝혀야 한다. 즉 탐구 결과를 해석할 때에는 같은 기준으로 모든 데이터를 균등하게 해석해야 한다.

(2) 굴뚝의 크기(실험군 Ⅱ)에 따른 결과

대조군과 실험군 Ⅱ도 백열전구를 켠 이후 시간이 지날수록 건물 내부의 온도가 높아졌다. 이것도 복사 평형을 이루기 전 상태이므로 시간이 지날수록 공기가 따뜻해졌다고 할 수 있다. 또한, 대조군과 비교했을 때 실험군 Ⅱ는 모두 공기가 순환하였으므로, 굴뚝이 있는 것이 공기 순환에 유리하다고 할 수 있다. 이것은 굴뚝 효과로 설명할 수 있다. 이 실험에서 대조군과 비교했을 때 〈모형 4〉와 〈모형 5〉는 온도가 더 높았는데 〈모형 6〉과 〈모형 7〉은 온도가 더 낮거나 같았다. 이것으로부터 굴뚝의 크기가 클수록 건물 모형의 온도가 더 낮아질 수 있다는 것을 알 수 있다. 또한, 〈모형 4〉와 〈모형 5〉는 온도가 비슷하고, 〈모형 6〉은 〈모형 7〉보다 온도가 조금 낮다. 이것으로부터 덧붙인 굴뚝의 5 cm 높이 차는 결과에 큰 영향을 주지 않는다는 것을 알 수 있다. 즉, 굴뚝의 높이보다는 구멍의 크기가 공기 순환에 더 큰 영향을 주었다고 볼 수 있다. 그 이유는 뜨거운 공기가 빨리 빠져나가는 것이 공기 순환을 더 촉진시켜 건물 밖의 공기를 건물 안으로 유입되게 함으로써 실내를 시원하게 하기 때문이다.

서론에서 언급한 탐구의 목적을 본 탐구를 통하여 달성했는지 기술한다. 또, 본 탐구가 갖는 의미와 한계를 생각해 보고, 앞으로 필요한 후속 탐구의 방향을 제시해 보자.

Ⅲ. 결론

본 탐구에서는 흰개미집의 모형을 7가지 형태로 만들어서 열원을 공급했을 때 온도의 변화와 공기 흐름의 여부를 측정하였다. 그 결과 우리는 두 가지 사실을 알게 되었다. 1) 통풍이 잘 되도록 구멍이 뚫린 건물의 경우 윗부분을 검게 칠하면 건물 윗부분에 따뜻한 공기가 더 잘 모이고 이것이 쉽게 빠져나가서 공기 순환이 더 잘 일어난다는 것과, 2) 굴뚝의 높이가 높았을 때 나타나는 굴뚝 효과보다 굴뚝의 구멍이 커서 통풍이 잘 되는 것이 건물 내부의 온도를 낮추는 데 더 도움이 된다는 것이다.

그러나 우리의 탐구는 몇 가지의 한계점이 있다. 첫째, 우리가 만든 모형이 실제와 다를 수 있다. 하지만 우리의 능력 범위에서 흰개미집의 통풍 시스템이 우수하다는 것을 보여 주고 싶었다. 둘째, 이러한 통풍 시스템은 냉방 에너지를 줄여 주므로 열대 지역의 건물에 적용하는 것이 효율적이다. 우리나라와 같이 사계절이 있는 온대 지역에서는 이러한 통풍 시스템이 여름에는 에너지를 줄일 수 있으나 겨울에는 오히려 열에너지의 손실로 더 많은 에너지가 소비될 수 있으므로 환기구의 입구를 열고 닫는 등의 보완이 필요하다.

그럼에도 흰개미집의 원리는 에너지 제로하우스를 만드는 데 중요한 아이디어를 제공한다. 냉방을 하는 데에 막대한 에너지를 소비하는 현시점에서 이 원리는 에너지를 절약하는 데에 매우 큰 역할을 할 것이다.

흰개미집의 원리를 적용하여 만든 짐바브웨의 이스트게이트 센터나 호주의 멜버른 시의회청사에서 볼 수 있듯이 자연을 모사한 기술은 지속가능한 발전을 위한 새로운 대안이 될 수 있다. 한 탐구에 따르면 자연모사 기술이 점점 발전하여 2025년에는 주요 산업의 2~15 % 비중을 차지할 것이라 예견하였다.

자연모사 기술의 산업에의 응용 관련 데이터를 찾아 제시하는 것도 도움이 된다.

우리는 이 탐구를 통해 흰개미와 같은 작은 미물에게도 배울 점이 있다는 것을 알게 되어 겸허한 마음이 들었다. 그리고 어쩌면 자연의 위대함 앞에서 인간은 작은 존재인데도 그동안 인간이 가장 위대하다는 듯이 자연을 훼손하고 더럽히는 횡포를 저지른 것은 아닌지 자연 앞에 미안함 마음이 들었고, 인간도 자연계의 작은 부분으로서 자연과 함께 어우러져 살아가는 방법에 대해 고민해야겠다는 생각이 들었다.

많은 학생들이 결론에 느낀 점이나 아쉬운 점을 적는다. 논문은 주장과 그것을 뒷받침할 근거 또는 객관적 사실로 이루어진 논리적 글쓰기로, 감상이나 느낀 점을 기술하는 일기 또는 수필과는 다른 성격을 갖는다. 그래서 느낀 점을 굳이 기술할 필요는 없지만, 이 논문에서 보여 준 마음가짐이나 과학적 태도는 교육적으로 의미가 있다.

연계 교과

과학탐구실험

03. 트리플렛 코드(triplet code)를 활용한 암호 체계 구축

중점 핵심 역량 과학적 문제 해결력 | 과학적 의사소통 능력

성취 기준

[과학탐구실험 교육과정 02-04] 흥미와 호기심을 갖고 과학 탐구에 참여하고, 분야 간 협동 탐구 등을 통해 협력적 탐구 활동을 수행하며, 도출한 결과를 증거에 근거하여 해석하고 평가할 수 있다.

참여 인원 2~3명

탐구 기간 4개월

유사 및 확장 주제

본 탐구와 같이 자연 현상에서 찾을 수 있는 규칙성을 모티브로 새로운 암호를 만들 수 있다. 또는 기존의 암호를 변형하여 암호를 더욱 정교하게 발전시킬 수도 있다. 일반적인 과학의 범위를 벗어나 다른 분야와 과학을 융합할 수 있는 소재를 찾는 것도 좋은 방법이다.

- 피보나치 수열의 생장 원리를 적용한 암호 체계 구축
- 프랙털 원리를 적용한 동물의 크기와 심장박동수의 상관관계 탐구

[과학탐구실험 02-09] 과학의 핵심 개념을 적용하여 실생활 문제를 해결하거나, 탐구에 필요한 도구를 창의적으로 설계하고 제작할 수 있다.
[실용수학 01-01] 다양한 현상에서 규칙을 찾고, 이를 식으로 나타낼 수 있다.
[실용수학 01-02] 실생활에서 활용되는 수식의 의미를 이해한다.

탐구 계획서

1 탐구 계획

본 탐구가 과학의 원리를 적용하여 다른 분야까지 확장시킬 수 있는 통합적인 특성이 있음을 강조한다.

1. 탐구의 필요성 및 목적

- 과학 시간에 배운 유전 암호 부분이 흥미로웠다.
- 유전 암호의 원리를 적용하여 새로운 암호 체계를 만들어 보고 싶었다.

2. 탐구 절차

- 문자를 트리플렛 코드로 전환하고, 전사의 원리를 적용하여 암호를 만든다.
- 암호를 표현하는 과정을 역으로 거슬러 올라가 암호를 해독한다.

3. 탐구의 한계점

숫자를 문자의 형태로 나타내기 때문에 숫자가 갖는 값의 크기를 가늠하기 어렵고, 소수점을 표현할 수 없다.

2 자료 탐색

암호와 관련된 선행 탐구나 관련 문헌을 찾는다. 특히 유전 암호를 해독하는 과정과 암호를 만드는 과정에 필요한 전문적인 지식을 쉽고 구체적으로 설명한 자료를 조사해 보자. 이때 관련 이론을 설명하는 데 필요한 사진이나 그림 자료도 함께 검색한다.

- Purves, Sadava, Orians, Heller. 2003. 생명 생물의 과학. 교보문고. 221-241.
- 루돌프 키펜한. 2001. 암호의 세계(김시형 옮김). 이지북.

- 다음백과
- 네이버 지식백과
- 위키피디아
- 천재학습백과
- Human Biology Online Lab(http://humanbiologylab.pbworks.com)
- 과학동아(http://science.dongascience.com)

3 개요

탐구 주제에 맞춰 간단하지만 정확하게 서술해 보자.

1. 서론

(1) 탐구의 필요성 및 목적

(2) 이론적 배경

- 암호
- 트리플렛 코드와 코돈
- 전사

2. 본론

(1) 탐구 방법

단계별로 암호 만들기(문자를 트리플렛 코드로 전환 → 전사의 원리를 적용하여 염기 치환 → 염기를 두 자리의 삼진법 코드로 전환)

(2) 탐구 결과

- 암호 표현 과정 및 예시
- 암호 해독 과정 및 예시

3. 결론

DNA 전사의 원리를 적용하여 새로운 암호 체계를 구축하였다.

4 일정표

기간	탐구 내용	세부 활동
3월	· 주제 정하기 · 탐구 계획 수립	· 팀 구성 및 주제 선정 · 탐구 절차 정하기
4월	· 자료 탐색 · 탐구 방법 설계	· 암호, 트리플렛 코드와 코돈, 전사 조사 · 문자와 트리플렛 코드 매칭 · 암호화 과정 설계
5월	· 탐구 활동 · 결과 정리	· 암호 만들기 · 암호 해독하기
6월	· 보고서 작성 · 발표	· 보고서 정리 및 수정, 최종 제출 · 발표 자료 준비, 발표 진행

탐구의 제목은 주제가 구체적이고 정확하게 드러나도록 정한다. 이때 탐구 내용을 한 줄로 요약한다는 생각으로 정하면 좋다. 또, 탐구 시작 단계에서 제목을 확정하지 않은 경우 가제목을 정한 후 진행해도 된다.

초록

우리는 유전 정보가 담겨 있는 DNA가 4종류 염기(A, T, G, C) 중 2개씩 짝을 지어 상보적인 결합을 하고, 이 염기가 3개씩 한 조가 되어 특정 아미노산을 지정하는 암호의 역할을 한다는 사실이 매우 인상적이었다. 이 원리가 유전 정보를 표현할 뿐만 아니라 새로운 암호 체계를 만드는 데에도 적용될 수 있을 것이라고 생각하여 암호를 만들었다.

본 탐구에서 개발한 암호는 한글, 영어, 숫자뿐만 아니라 띄어쓰기까지 표현할 수 있으므로 의미를 다양하고 효과적으로 전달할 수 있다. 그리고 견고한 암호를 만들기 위해 문자를 염기로 바꾸어 트리플렛 코드를 만들고, DNA 전사 과정처럼 염기를 치환하였으며, 염기를 삼진법 숫자로 변환하였다. 이러한 3중의 암호 장치를 설정하여 암호를 풀기 더욱 어렵게 만들어 보안 상황에 사용할 수 있도록 하였다.

비록 숫자를 문자의 형태로 나타내어 숫자가 갖는 값의 크기를 가늠하기 어렵고, 소수점을 표현할 수 없다는 한계점이 있지만 후속 연구를 통하여 부족한 부분을 보완할 수 있다.

본 탐구는 수업 시간에 배운 과학적 원리를 전혀 다른 분야인 암호에도 적용할 수 있다는 가능성을 보여 준다. 과학은 자연 현상에서 나타나는 규칙성을 연구하는 학문이므로 그러한 규칙성을 응용하여 새로운 암호를 만들 수 있다.

암호는 중요한 내용을 다른 사람이 알 수 없도록 만드는 장치로서, 보안이 중시되는 기술 사회에서 매우 중요한 기술이며, 새로운 암호 체계를 만드는 시도는 암호를 다양화하는 데에 기여할 것이라 생각한다.

Ⅰ. 서론

1. 탐구의 필요성 및 목적

본 탐구 주제를 선택하게 된 동기를 구체적으로 기술한다. 본 탐구가 어떠한 점에서 의미가 있고, 왜 필요한지를 밝히는 것도 필요하다.

우리는 과학 시간에 배운 생명체의 유전 정보 부분이 매우 흥미로웠다. 특히 유전 정보가 담겨 있는 DNA가 4종류의 염기(A, T, G, C) 중 2개씩 짝을 지어 상보적인 결합을 하고, 이 염기가 3개씩 한 조가 되어 특정 아미노산을 지정하는 암호라는 것이 인상적이었다. 3개의 염기조(Triplet code)에 의해 지정된 아미노산들이 3염기조의 암호 순서대로 서로 결합하여 단백질을 만들고, 이러한 단백질이 우리의 몸을 구성한다는 것이 매우 신기했다.

우리는 이 원리가 유전 정보를 표현할 뿐만 아니라 새로운 암호 체계를 만드는 데에도 적용될 수 있을 것이라고 생각하여 암호를 만들어 보기로 하였다.

암호는 중요한 내용을 다른 사람이 알 수 없도록 만드는 장치로, 보안이 중시되는 기술 사회에서 매우 중요한 기술이다. 컴퓨터 보안 전문가가 되고 싶은 우리에게 이 탐구는 보안에 있어서 기본이 되는 암호의 알고리즘을 만드는 과정으로써 아주 중요한 의미를 갖는다. 나아가 새로운 암호 체계를 만드는 시도는 암호를 다양화하는 데에 기여할 것이라 생각한다.

2. 이론적 배경

암호를 만드는 데에 적용된 원리와 관련된 자료를 모두 제시한다. 그림, 그래프, 표를 제시할 경우에는 반드시 출처를 표시해야 하며, 명확한 자료를 기반으로 해야 한다.

(1) 암호(cryptograph)

관계자 외 제삼자가 읽을 수 없도록 문서를 변환시키는 기술을 가리켜 '암호(encoding), 암호화(enciphering), 암호문(cryptography)'이라고 하며, 암호를 만들고 푸는 것에 대한 학문을 '암호학(cryptology)'이라고 한다.

주로 군사 목적이나 외교통신 등에 사용되나, 사업용으로 이용되는 경우도 많다. 암호는 작성 방식에 따라 문자암호와 어구암호로 구분되며, 문자암호는 전자(轉字) 방식과 환자(換字) 방식으로 나뉜다. 또 사용 기구에 따라서 기계암호·서식암호·스트립식 암호 등으로 분류될 수 있다(네이버 지식백과).

문자암호를 작성하는 방식 중 하나는 한 기호가 다른 기호로 대체되는 방식의 암호 작성법으로 '환자법(換字法, substitution)'이라고 한다. 또 다른 한 가지는 평문에 있던 철자를 다른 자리로 위치를 옮기는 것으로 '전자법(轉字法, transposition)'이라고 한다. 쉽게 말해서 환자 방식은 알파벳을 뒤섞고, 전자 방식은 평문을 뒤섞는 경우라고 할 수 있다. 또한, 환자 방식이든 전자 방식이든 송신자와 수신자 사이에는 반드시 열쇠에 대한 약속이 전제가 되어야 한다. 열쇠란, 신속하게 암호를 제조하고 다시 풀 수 있는 처리법을 말한다(루돌프 키펜한, 2001).

이론적 배경은 연구의 타당성과 신뢰성을 확보하기 위함이다. 과도한 이론적 배경을 제시하여 탐구 과정과 결과 및 결론이 빈약한 탐구보고서가 되지 않도록 주의하자!

(2) 트리플렛 코드(triplet code)와 코돈(codon)

중심 원리(central dogma)에 따르면 유전 정보가 들어 있는 DNA는 4종의 염기 [A(adenine), T(thymine), G(guanine), C(cytosine)]로 이루어진 이중 나선 구조이

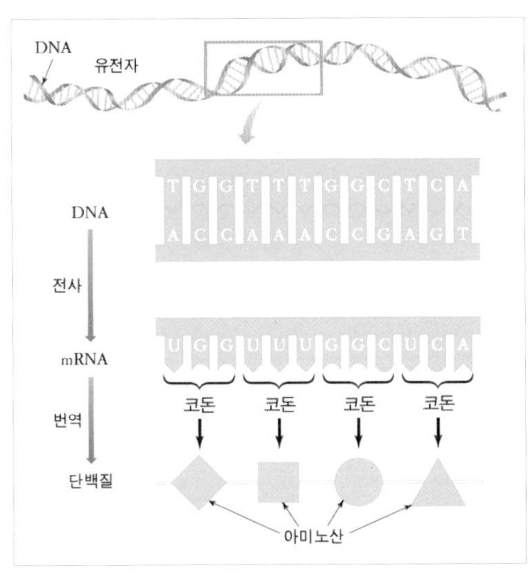

그림 1 단백질 합성 과정(천재학습백과)

며, 이중 나선이 풀어지면서 DNA의 한쪽에 상보적인 결합으로 mRNA(messenger RNA)가 형성되고(전사), mRNA가 핵을 빠져나와 세포질에서 아미노산을 가지고 오는 tRNA(transfer RNA)와 상보적으로 결합(번역)하면서 아미노산 사슬(단백질)이 만들어진다(Purves 외, 2003). 문장마다 출처를 함께 기술하자.

DNA의 유전자 정보가 담긴 암호는 3개의 염기가 1조로 이루어져 단백질을 만들 때 아미노산의 순서를 결정해 주는데, 이처럼 DNA에 있는 3염기조를 트리플렛 코드라고 한다(다음백과). 그리고 DNA의 트리플렛 코드와 상응하는 mRNA의 3염기조를 코돈이라고 한다(Purves 외, 2003).

mRNA는 4종의 염기(A, U, G, C)로 이루어져 있으며, DNA에 있는 T(thymine) 대신 U(uracil)이 있다는 특징이 있다. 그리고 DNA가 mRNA로 전사될 때 A는 U, T는 A, G는 C, C는 G와 상보적인 결합을 한다.

3개의 염기가 1조가 되면 염기로 만들 수 있는 조합의 수는 4×4×4 = 64개가 되므로 20가지 아미노산을 만들고도 남는다. 20가지 아미노산을 표현하는 데에

첫 번째 염기	두 번째 염기 U		C		A		G		세 번째 염기
U	UUU	페닐알라닌	UCU	세린	UAU	타이로신	UGU	시스테인	U
	UUC		UCC		UAC		UGC		C
	UUA	루신	UCA		UAA	종결 코돈	UGA	종결 코돈	A
	UUG		UCG		UAG	종결 코돈	UGG	트립토판	G
C	CUU	루신	CCU	프롤린	CAU	히스티딘	CGU	아르지닌	U
	CUC		CCC		CAC		CGC		C
	CUA		CCA		CAA	글루타민	CGA		A
	CUG		CCG		CAG		CGG		G
A	AUU	아이소루신	ACU	트레오닌	AAU	아스파라진	AGU	세린	U
	AUC		ACC		AAC		AGC		C
	AUA		ACA		AAA	라이신	AGA	아르지닌	A
	AUG	메싸이오닌(개시 코돈)	ACG		AAG		AGG		G
G	GUU	발린	GCU	알라닌	GAU	아스파트산	GGU	글리신	U
	GUC		GCC		GAC		GGC		C
	GUA		GCA		GAA	글루탐산	GGA		A
	GUG		GCG		GAG		GGG		G

그림 2 mRNA의 유전 암호

64개는 필요 이상으로 많은 것 같지만, 이들 중 여러 종류가 하나의 아미노산에 대응된다. 또한, 이 중 몇 종류는 단백질 합성의 개시와 종결을 지시하는 역할을 한다.

1961년에 브래너와 크릭은 유전적 분석으로 트리플렛 코드(또는 코돈)가 각각의 아미노산을 지정하는 데 쓰인다는 사실을 밝혔다. 1966년 유전암호가 완성되었을 때 64가지 경우의 수 중 61개가 아미노산에 대응하며, 그중에는 단백질 합성을 시작하고 종결하는 명령을 내리는 암호도 있다고 밝혀졌다(위키피디아).

(3) 전사(transcription)

DNA의 유전 정보를 mRNA로 전달하는 과정이다. 전사가 일어나는 과정을 살펴보면 먼저 수소 결합이 끊어져서 DNA의 이중 나선 구조가 풀린다. 다음으로 RNA 중합 효소에 의해 DNA 염기가 A는 U와, T는 A와, G는 C와, C는 G와 상보적인 결합을 하여 RNA의 염기를 구성한다.

Ⅱ. 본론

1. 탐구 방법

탐구 방법은 독자들이 이해하기 쉽도록 단계를 나누어 구체적으로 설명한다. 특히 독자들은 암호를 만들고 푸는 과정이 생소할 수 있으므로 단계별로 예시를 제시하여 이해의 폭을 넓히는 노력이 필요하다. 또, 어려운 용어나 복잡한 상황을 최대한 쉽게 풀어서 기술하자. 탐구 상황을 정리하여 표나 그림으로 제시하면 독자들이 이해하는 데에 도움이 된다.

암호는 총 3단계에 거쳐 만들어진다.

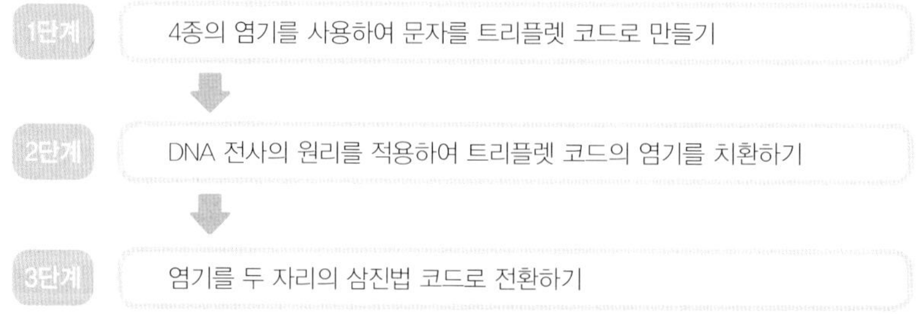

1단계
4종의 염기를 사용하여 문자를 트리플렛 코드로 만들기
2단계
DNA 전사의 원리를 적용하여 트리플렛 코드의 염기를 치환하기
3단계
염기를 두 자리의 삼진법 코드로 전환하기

(1) 1단계

4종의 염기를 3개씩 배열하여 만들 수 있는 경우의 수는 64가지이며, 암호를 만들기 위해 필요한 문자도 64개였다. 한글의 자음(19개)과 모음(8개), 영어의 알파벳(a~z, 26개), 아라비아 숫자(0~9, 10개), 띄어쓰기(1개)를 각각 암호로 사용하기 위해서 64가지의 트리플렛 코드를 일대일로 대응시켰다. 문자와 트리플렛 코드를 일대일로 대응시킬 때, 한글의 자음과 모음, 알파벳, 숫자, 띄어쓰기에 각각 염기(A, T, G, C) 4개 중 3개를 골라 임의의 값을 지정하였다.

표 1 글자와 트리플렛 코드 대응 관계

구분	항목										
자음(19개)	자음	ㄱ	ㄲ	ㄴ	ㄷ	ㄸ	ㄹ	ㅁ	ㅂ	ㅃ	ㅅ
	트리플렛	AAA	AAC	ATA	ATT	ATC	AAG	AGA	AGT	AGC	ACA
	자음	ㅆ	ㅇ	ㅈ	ㅉ	ㅊ	ㅋ	ㅌ	ㅍ	ㅎ	
	트리플렛	ACC	TAA	ACT	TAG	ACG	AAT	ATG	AGG	TAT	
모음(8개)	모음	ㅏ	ㅓ	ㅗ	ㅜ	ㅡ	ㅣ	ㅐ	ㅔ		
	트리플렛	TTT	TGT	TTG	TGG	TGA	TTA	TTC	TGC		
알파벳(26개)	알파벳	A	B	C	D	E	F	G	H	I	J
	트리플렛	CAA	CTT	CTG	CTC	CAT	CGA	CGT	CGG	CAG	CGC
	알파벳	K	L	M	N	O	P	Q	R	S	T
	트리플렛	CCA	CCT	CCG	CCC	CAC	GAA	GAT	GAG	GAC	GTA
	알파벳	U	V	W	X	Y	Z				
	트리플렛	CTA	GTT	GTG	GTC	GGA	GGT				
숫자(10개)	숫자	0	1	2	3	4	5	6	7	8	9
	트리플렛	GCG	GCT	GCA	GGC	GGG	TCC	TCG	TCT	TCA	TAC
띄어쓰기(1개)	띄어쓰기	◡									
	트리플렛	GCC									

특히 한글 모음의 경우, 기본자(ㅡ, ㅣ)와 초출자(ㅏ, ㅓ, ㅗ, ㅜ) 등만 트리플렛 코드 값을 대응시켜서 8개의 값을 매겼고, 나머지 재출자(ㅑ, ㅕ, ㅛ, ㅠ)와 그 외의 모음은 8개의 코드를 조합하여 사용하였다.

표 2 재출자와 이외 모음의 트리플렛 코드 대응 관계

모음	ㅑ	ㅕ	ㅛ	ㅠ	ㅒ	ㅖ	ㅘ
원리	ㅏ+ㅏ	ㅓ+ㅓ	ㅗ+ㅗ	ㅜ+ㅜ	ㅐ+ㅐ	ㅔ+ㅔ	ㅗ+ㅏ
트리플렛	TTTTTT	TGTTGT	TTGTTG	TGGTGG	TTCTTC	TGCTGC	TTGTTT
모음	ㅙ	ㅚ	ㅝ	ㅞ	ㅟ	ㅢ	
원리	ㅗ+ㅐ	ㅗ+ㅣ	ㅜ+ㅓ	ㅜ+ㅔ	ㅜ+ㅣ	ㅡ+ㅣ	
트리플렛	TTGTTC	TTGTTA	TGGTGT	TGGTGC	TGGTTA	TGATTA	

이러한 체계를 사용하면 한글, 영어, 숫자, 띄어쓰기로 된 문장은 모두 트리플렛 코드 암호로 만들 수 있다. 그림 3은 문자와 트리플렛 코드의 대응 체계를 한눈에 알아볼 수 있게 만든 것이다. 제일 가장자리에 있는 문자와 대응된 트리플렛 코드는 그 문자가 위치한 열에서 원의 중심을 따라간다. 원의 중심에서부터 바깥 방향으로 염기를 읽으면 그것이 그 문자를 의미하는 트리플렛 코드이다.

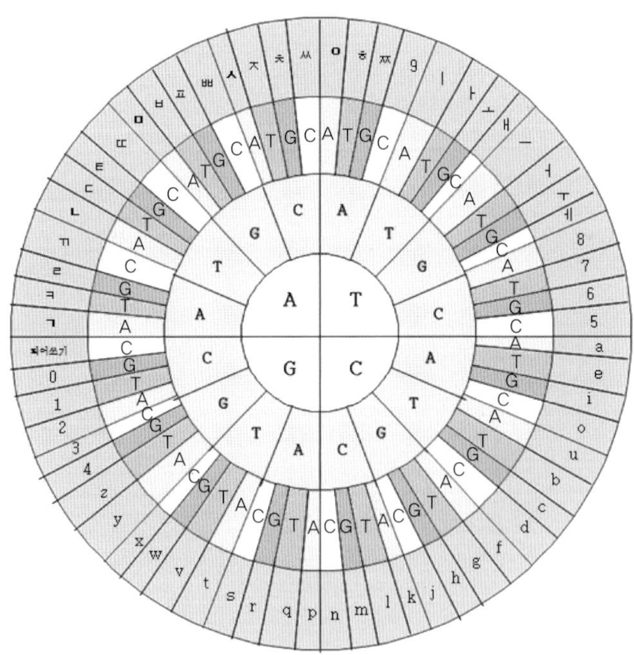

그림 3 문자와 트리플렛 코드의 대응 체계

(2) 2단계

암호를 더욱 견고하게 만들기 위해서 문자와 일대일 대응된 트리플렛 코드를 치환하기로 하였다. DNA에서 mRNA로 전사할 때 나타나는 상보적 결합의 원리를 적용하여 기존 코드 값에서 A는 U(유라실)로, T는 A로, G는 C로, C는 G로 치환하였다.

표 3 전사 과정에서 치환되는 염기

치환 전	A	T	G	C
치환 후	U	A	C	G

(3) 3단계

치환된 염기는 두 자리의 삼진법 코드로 전환하여 암호를 완성했다. 한 번 더 암호화할 때 삼진법을 사용한 이유는 3가지가 있다. 첫째, 생명체 유전 암호의 원리를 사용했다는 것을 숨기기 위해서이다. 둘째, 이진법은 암호에서 흔하게 사용되기 때문에 다른 암호와 차별하기 위해서이다. 셋째, 4가지의 염기를 두 자릿수 숫자에 대응시킬 때 삼진법이 가장 효과적이기 때문이다.

이때 주의할 점은 DNA가 mRNA로 전사할 때 A는 U로 치환되므로 T의 삼진법 코드를 부여할 필요가 없으며, 대신 U에 새로운 코드를 부여한다는 것이다.

표 4 염기와 삼진법 숫자의 대응 관계

염기	A	G	C	U
삼진법	01	02	10	11

2. 탐구 결과

탐구자가 만든 암호의 체계를 독자들이 이해할 수 있도록 예를 들어 친절히 설명하는 것이 좋다. 논리적인 이해의 흐름이 끊기지 않도록 간단한 순서도를 제시하면서 설명하는 것이 효과적이다.

(1) 암호 표현

이러한 방법으로 만들어진 암호는 다음과 같다. 예를 들어 '과학 LOVE 123'을 암호로 표현한다면, 한글 자모를 분리하고 띄어쓰기를 포함하여 'ㄱ, ㅘ, ㅎ,

ㅏ, ㄱ, 띄어쓰기, L, O, V, E, 띄어쓰기, 1, 2, 3' 순서대로 트리플렛 코드를 만들어 나열한다. 그 다음에 DNA에서 mRNA로 전사하는 과정처럼 기존의 염기를 다른 염기로 치환한다. 그 다음 각 염기를 삼진법 숫자로 변환하면 암호 '111111010110010101011101010101111111100202020201021102100101021101100202100201100211101002'가 완성된다.

표 5 암호 표현 예시

<table>
<tr><td align="center">과학 LOVE 123
ㄱ ㅘ ㅎ ㅏ ㄱ ◡ L O V E ◡ 1 2 3</td></tr>
<tr><td>⇩ [1단계] 문자를 트리플렛 코드로 변환</td></tr>
<tr><td align="center">AAA TTGTTT TAT TTT AAA GCC CCT CAC GTT CAT GCC GCT GCA GGC</td></tr>
<tr><td>⇩ [2단계] 전사 과정처럼 염기 치환</td></tr>
<tr><td align="center">UUU AACAAA AUA AAA UUU CGG GGA GUG CAA GUA CGG CGA CGU CCG</td></tr>
<tr><td>⇩ [3단계] 삼진법으로 변환</td></tr>
<tr><td align="center">111111 010110 010101 011101 010101 111111 100202 020201 021102 100101 021101
100202 100201 100211 101002</td></tr>
</table>

(2) 암호 해독

암호를 해독하는 과정은 암호를 표현하는 과정을 역으로 거슬러 올라가면 된다. 예를 들어 암호 '111111010110010101011101010101111111100202020201021102100101021101100202100201100211101002'를 해독한다면 삼진법 숫자로 나열된 암호문이므로 2자리씩 끊는다. 그 다음 삼진법 숫자와 대응되는 염기로 변환하고, 각 염기를 3개씩 짝지어 코돈을 완성한다. 그리고 전사 과정을 반대로 염기를 치환한 후에 트리플렛 코드를 문자로 변환하면 암호를 풀 수 있다.

표 6 암호 해독 예시

111111010110010101011101010101111111100202020201021102100101021101100202100201100211101002

⇩ [1단계] 암호문을 두 자리씩 끊음

11 11 11 01 01 10 01 01 01 01 11 01 01 01 01 11 11 11 10 02 02 02 02 01 02 11 02 10 01 01 02 11 01 10 02 02 10 02 01 10 02 11 10 10 02

⇩ [2단계] 삼진법 숫자를 염기로 변환

U U U A A C A A A A U A A A A U U U C G G G G A G U G C A A G U A C G G C G A C G U C C G

⇩ [3단계] 염기를 3개씩 짝지어 코돈 완성

UUU AAC AAA AUA AAA UUU CGG GGA GUG CAA GUA CGG CGA CGU CCG

⇩ [4단계] 역전사 과정처럼 염기 치환

AAA TTG TTT TAT TTT AAA GCC CCT CAC GTT CAT GCC GCT GCA GGC

⇩ [5단계] 트리플렛 코드를 문자로 변환

ㄱ ㅘ ㅎ ㅏ ㄱ ◡ L O V E ◡ 1 2 3

과학 LOVE 123

생명체의 유전 암호와 탐구에서 사용한 암호의 연관성을 구체적으로 설명해 주는 것이 좋다. 예를 들어 각 암호의 특징을 공통점과 차이점으로 나누어 설명하면 독자들이 이해하는 데에 도움을 줄 수 있다.

Ⅲ. 결론

우리는 생명체가 유전 암호를 만드는 과정에 착안하여 새로운 암호 체계를 만들었다. 생명체의 유전 암호와 본 탐구의 암호 체계의 특징을 다음과 같이 비교할 수 있다.

생명체의 유전 암호	탐구의 암호 체계
DNA에 4가지 염기(A, T, G, C)의 배열로 유전 암호를 만들어 저장함	문자를 4가지 염기(A, T, G, C)의 배열로 재구성함
3개의 염기가 한 개의 트리플렛 코드를 이루어 한 개의 아미노산을 지정함	3개의 염기가 한 개의 문자를 표현함
여러 개의 아미노산들이 모여 하나의 단백질을 형성함	여러 개의 문자가 모여 의미를 전달함

우리가 개발한 암호는 한글, 영어, 숫자뿐만 아니라 띄어쓰기까지 표현할 수 있으므로 의미를 다양하고 효과적으로 전달할 수 있다. 그리고 견고한 암호를 만들기 위해 문자를 염기로 바꾸어 트리플렛 코드를 만들고, DNA 전사 과정처럼 염기를 치환했으며, 염기를 삼진법 숫자로 변환하였다. 이러한 3중의 암호 장치를 설정하여 암호를 풀기 더욱 어렵게 만들어 보안 상황에 사용할 수 있도록 하였다.

비록 숫자를 문자의 형태로 나타내어 숫자가 갖는 값의 크기를 가늠하기 어렵고, 소수점을 표현할 수 없다는 한계점이 있지만 후속 탐구를 통하여 부족한 부분을 보완할 수 있다.

본 탐구는 수업 시간에 배운 과학적 원리를 전혀 다른 분야인 암호에도 적용할 수 있다는 가능성을 보여 준다. 과학은 자연 현상에서 나타나는 규칙성을 탐구하는 학문이므로 그러한 규칙성을 응용하여 새로운 암호를 만들 수 있다.

연계 교과

통합과학

04. 탈색과 염색이 모발 건강에 끼치는 영향

중점 핵심 역량 과학적 탐구 능력

성취 기준

[통합과학 교육과정 06-02] 생명 현상 및 일상생활에서 일어나고 있는 다양한 변화의 이유를 산화와 환원에서 나타나는 규칙성과 특성 측면에서 파악하여 분석할 수 있다.

참여 인원 2~3명

탐구 기간 4개월

유사 및 확장 주제

청소년들은 미용에 관심이 많으므로 본 탐구와 같이 미용을 테마로 하여 '건강하게 예뻐질 수 있는 ~한 방법' 등의 방향으로 접근하는 것도 독자의 호기심을 자극할 수 있다. 또한 일상생활 속에 다양한 형태의 산화 환원 반응이 존재하므로 '금속의 부식', '금속의 제련', '연소', '세포호흡' 등으로 주제를 확장시킬 수 있다.

- 색조 화장이 청소년들의 피부에 끼치는 영향
- 천연 염료를 이용한 모발 염색의 가능성 탐구
- 겨울철 피부 보습력을 높일 수 있는 생활 속 방법
- 사과의 갈변 현상을 방지하는 효과적인 방법
- 장신구의 녹을 효과적으로 제거하는 방법

[과학탐구실험 02-07] 생활 속에서 발견한 문제 상황 해결을 위한 과학 탐구 활동 계획을 수립하고 탐구 활동을 수행할 수 있다.
[9기술가정 02-07] 청소년의 건강을 위협하는 다양한 원인을 분석하고, 이를 해결하고 예방하는 방안을 탐색하여 실생활에 적용한다.

탐구 계획서

1 탐구 계획

과학 시간에 배운 산화 환원 반응과 본 주제를 관련지어 생각해 보자. 그리고 본 주제를 탐구 주제로 정하게 된 동기를 생각해 보고, 이 탐구를 통하여 알고 싶은 것이 무엇인지 기술한다. 또한 탐구의 한계점을 최대한 극복할 수 있도록 탐구 방법을 설계해 보자.

1. 탐구의 필요성 및 목적

- 탈색이나 염색을 했을 때 모발에 나타나는 영향을 직접 관찰하고 싶다.
- 탈색이나 염색이 모발 건강에 좋지 않음을 다른 친구들에게 알리고 싶다.

2. 탐구 절차

- 실험군과 대조군을 설정하여 탈색 및 염색 후 모발에서 나타나는 변화를 현미경으로 관찰한다.
- 각 모발(정상모, 탈색모, 염색모)의 건강 상태를 비교한다.

3. 탐구의 한계점

모발의 상태(모양, 색 등)를 관찰하여 비교하는 과정에서 감각 인식의 오류가 있을 수 있다.

2 자료 탐색

이익단체의 자료는 편향된 경우가 있으므로 가능한 배제하고, 공공기관이나 시민단체의 자료를 활용하는 것이 좋다. 한국탐구재단(https://www.nrf.re.kr)에 등재되거나 등재후보인 학술지는 믿을 만하므로 해당 학술지에 게재된 탐구 논문을 적극적으로 참고해 보자.

- 김청운, 전홍성. 2005. 탈색 시간과 과산화 수소 농도에 의한 모발의 손상. 한국생활과학회지, 14(3), 433–445.
- 김홍희, 이주영, 이점숙. 2005. 식물성 염료와 검은 콩을 이용한 모발 염색에 관한 연구. 한국미용학회지, 11(1), 1–8.

- 이경희, 이귀영, 김문선, 김금의, 김영길, 장병수. 2006. 탈색제와 탈색 모발에 관한 형태학적 연구. 한국두피모발미용학회지, 2(3), 79-85.
- 구글
- 네이버 지식백과
- 두산백과
- 미용신문(the beauty) 기획기사. 2016. 탈색의 원리와 레벨별 컬러의 변화는 어떻게 되나요?(http://www.thebeautys.co.kr/news/articleView.html?idxno=2001)
- 헤어119 포스팅. 2016. 염색 탈색의 원리(https://hair119.com/niabbs5m/bbs.php?bbstable=yum_pds&call=read&page=1&no=178675)

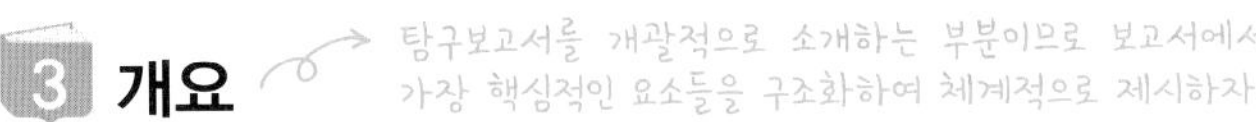

3 개요
탐구보고서를 개괄적으로 소개하는 부분이므로 보고서에서
가장 핵심적인 요소들을 구조화하여 체계적으로 제시하자.

1. 서론

(1) 탐구의 필요성 및 목적

(2) 이론적 배경

- 모발의 구조
- 탈색의 원리
- 염색의 원리

2. 본론

(1) 탐구 방법

- 탐구 대상: 모발 샘플(건강한 모발)
- 탐구 과정: 탈색 및 염색 전 모발 샘플의 관찰 → 탈색 및 염색 후 모발 샘플의 관찰 → 탈색 및 염색 전후의 모발 상태 비교 분석

(2) 탐구 결과

- 정상모, 탈색모, 염색모를 광학현미경으로 관찰한 결과
- 정상모, 탈색모, 염색모의 밝기, 광택, 수분감 비교

3. 결론

탈색이나 염색을 하면 모발이 손상된다. 건강한 모발을 유지하려면 탈색이나 염색을 자제하는 것이 좋다.

4 일정표

기간	탐구 내용	세부 활동
3월	· 주제 정하기 · 탐구 계획 수립	· 팀 구성 및 주제 선정 · 탐구 절차 정하기 · 탐구 대상 선정
4월	· 자료 탐색 · 탐구 방법 설계	· 모발의 구조, 탈색 및 염색의 원리 조사 · 모발 샘플 준비 · 실험 준비물 구입
5월	· 탐구 활동 · 결과 정리	· 현미경으로 모발 관찰 및 촬영 · 탈색 및 염색 전후 모발 상태 비교 · 실험 결과 정리 및 결론 도출
6월	· 보고서 작성 · 발표	· 보고서 정리 및 수정, 최종 제출 · 발표 자료 준비, 발표 진행

탐구보고서 쓰기

Ⅰ. 서론

대부분의 사람들이 탈색이나 염색을 하면 머릿결이 나빠진다는 정도는 알고 있다. 그럼에도 이 보고서가 왜 의미가 있는지를 독자들에게 어필할 필요가 있다. 선행 탐구를 조사하여 본 탐구와 비교해 봄으로써 본 탐구만이 가지는 차별성 또는 독창성을 부각시켜 보자.

1. 탐구의 필요성 및 목적

과학 시간에 산화 환원 반응에 대해 배웠다. 산화 환원 반응은 산소가 관여하는 모든 반응을 일컫는데, 쇠붙이가 녹슬고, 광물에서 순수한 금속을 얻고, 물질이 타고, 세포가 호흡하여 에너지를 얻는 등의 과정이 산화 환원 반응에 해당된다. 특히 선생님께서 머리카락을 파마, 탈색, 염색하는 과정도 산화 환원 반응의 하나라고 말씀하셨는데, 이와 같이 산화 환원 반응이 우리 생활에서 다양하게 일어나고 있다는 사실이 놀라웠다. 우리는 미용에 관심이 많아서 머리카락에서 일어나는 산화 환원 반응에 대해 탐구하기로 하였다.

우리 주변에는 방학을 맞이하여 탈색이나 염색을 하는 친구들이 많다. 그런데 탈색이나 염색을 경험한 대부분의 친구들은 탈색이나 염색 이후에 머릿결이 많이 나빠졌다고 한다. 그 말을 듣고 탈색과 염색이 정말 머릿결을 나쁘게 만드는지 궁금했다. 그래서 탈색과 염색이 모발 건강에 얼마나 영향을 끼치는지 알아보기로 계획하였다. 비록 우리가 전자현미경 같은 최첨단 장비를 사용할 수는 없지만 과학실에 있는 광학현미경을 사용하여 우리의 능력껏 증명해 보려고 한다.

모든 탐구의 시작은 문제 인식에 있다.

2. 이론적 배경

상식적으로 알고 있는 부분은 굳이 출처를 제시할 필요가 없지만, 많은 사람들이 잘 몰랐던 새로운 정보나 본 주제와 관련된 중요한 정보들은 각 문장별로 출처를 꼭 밝혀, 독자들이 출처를 보고 믿을만한 정보인지 판단할 수 있도록 안내해 주어야 한다.

(1) 모발의 구조

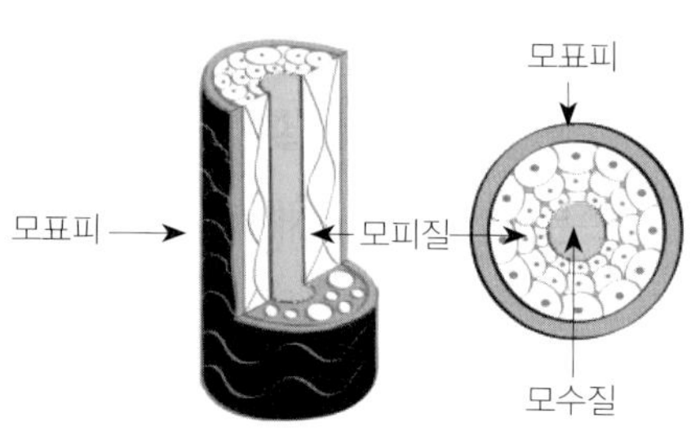

그림 1 모발의 구조(네이버 지식백과)

- 모표피(Cuticle)

모표피는 비늘 형태로 겹쳐져 있으며 모발 내부를 감싸는 층이다. 한 장의 모표피 두께는 0.005 mm이며, 4~20장 정도 겹쳐져 있고, 색깔이 없는 투명한 층이다. 모표피가 손상, 박리, 탈락되면 모피질에 손상을 주게 된다.

- 모피질(cortex)

모피질은 피질세포(케라틴 단백질)와 세포간 결합 물질(펩타이드)로 구성되어 있고, 길쭉한 피질세포가 모발의 길이 방향으로 규칙적으로 나열되어 다발을 이루며, 이러한 세포 집단은 모발의 대부분(85~90 %)을 차지한다.

모피질은 수많은 섬유질이 굵은 실처럼 꼬아져 있고, 섬유질과 섬유질 사이에는 접착제 역할을 하는 다른 물질로 차 있다. 또한, 모피질은 멜라닌 색소를 함유하여 색이 어둡고, 물과 쉽게 친화하는 친수성이어서 파마 또는 염색 시에는 모피질을 활용한다. 모피질은 모발의 탄력, 강도, 감촉, 질감, 색상을 좌우하며, 모발의 성질을 나타내는 가장 중요한 부분이다.

- 모수질(medulla)

모발의 중심 부위로서 속이 비고 죽어 있는 세포들이 모발의 길이 방향으로 쌓여 벌집 모양의 빈 공간이 있다. 그 속에는 공기가 들어 있고 공기의 양이 많으면 많을수록 모발에 광택이 난다. 굵은 모발은 모수질이 있고, 가는 모발은 모수질이 없는 것도 있다. 일반적으로 모수질이 많은 모발은 웨이브 파마가 잘 되고, 모수질이 적은 모발은 웨이브 형성이 잘 안 되는 경향이 있다.

본 탐구는 탈색이나 염색에 초점을 맞추므로 모수질과 탈색 및 염색의 관계를 설명한 자료를 제시하자.

(2) 탈색의 원리

모발의 탈색(hair-lightening, bleaching)은 모발의 모피질 속에 함유된 멜라닌 색소가 산, 염기, 산화제, 환원제 등의 약품에 의해 분해되어 기존의 색상을 잃어버리는 과정을 말한다. 탈색은 모발 내에 존재하는 멜라닌 색소 또는 인공 색소를 제거함으로써 모발의 색을 엷게 하며 명도를 높인다.

탈색 약품은 과산화물과 알칼리제가 포함된 1제와 산화제로 이루어진 2제로 구성되며, 두 약품을 섞어서 사용한다. 1제에 포함된 암모니아는 염기성 물질인데, 이것은 머리카락을 부풀려 모표피를 들뜨게 만든다. 비늘 모양의 모표피가 열리면 약제가 모피질 속으로 쉽게 침투할 수 있다. 이때 2제에 포함된 과산화 수소는 자연적으로 물과 산소로 분해되는데, 발생한 산소가 모피질 속의 색입자인 유멜라닌(eumelanin; 동양인의 검은 모발에 많은 성분)과 페오멜라닌(pheomelanin; 서양인의 노란 모발에 많은 성분)을 옥시멜라닌(oxymelanin; 멜라닌이 산소와 결합하여 색이 없어진 상태의 성분)으로 변화시키면서 탈색된다. 탈색되는 과정에서 유멜라닌에 비해 페오멜라닌의 비율이 많아지므로 탈색 후 모발의 색이 노란색으로 변하게 된다.

탈색의 2단계 반응

1) 과산화 수소의 분해 반응: 과산화 수소 ⟶ 물 + 산소($2H_2O_2 \longrightarrow 2H_2O + O_2$)
2) 멜라닌의 산화 반응: 멜라닌 + 산소 ⟶ 옥시멜라닌

강알칼리성 제제인 과황산 암모늄과 용매제 및 염소 계열 성분을 사용하여

모발을 산화시키면 모발 단백질과 지질 성분이 변하고 지질의 양이 감소하여 모발 내부로 탈색제가 쉽게 확산되는데, 이 과정에서 모발이 물리적, 광화학적으로 손상을 받게 된다(이경희 외, 2006).

탈색의 정도는 2제의 과산화 수소 농도에 의해 결정되며, 과산화 수소의 농도가 높을수록 모발의 색이 더 밝아진다(김청운 외, 2005). 일반적으로 6 %의 과산화 수소와 28 %의 암모니아를 섞어서 탈색에 사용한다.

(3) 염색의 원리

모발의 염색 과정은 탈색 과정과 유사하나 가장 큰 차이점은 약제에 염료가 들어 있다는 것이다. 염색 약제는 암모니아와 염료가 들어 있는 1제와 과산화 수소가 들어 있는 2제를 섞어서 사용한다. 암모니아가 모표피를 팽창시키면서 부드럽게 만들면 염료와 과산화 수소가 모피질에 스며든다. 과산화 수소가 멜라닌을 파괴하여 하얗게 탈색하면 염료는 멜라닌이 파괴된 자리를 메우며 발색하게 된다. 염색약을 바른 후 염료의 반응 및 멜라닌 탈색에 충분한 시간을 준 다음 머리를 감는다. 염료는 분자 크기가 매우 커서 모표피 밖으로 쉽게 빠져나오지 못하므로 염색이 완료된 후에는 머리를 감아도 색이 유지된다. 염색이 진행되는 과정에서는 색소 분자가 모발 속에 자리 잡으면서 기존에 있던 영양분을 모발 밖으로 밀어내므로 모발이 손상된다.

이 탐구의 결과를 설명할 수 있는 가장 중요한 부분이므로 출처가 반드시 필요하다. 이것이 공신력 있는 자료라면 본 탐구에서 밝히고자 하는 핵심이 바로 이 부분이라고 할 수 있다.

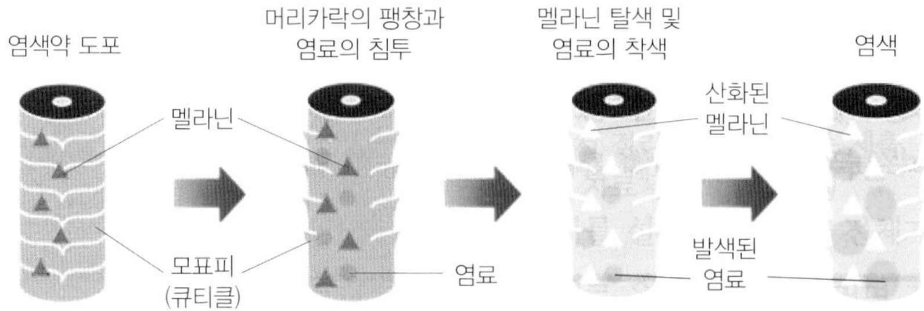

그림 2 염색의 과정(구글)

Ⅱ. 본론

1. 탐구 방법

(1) 탐구 대상

실험에 사용한 모발은 파마나 염색 등의 시술을 한 번도 한 적 없는 건강한 모발(virgin hair)이고, 반복 실험에 사용할 만큼 양이 충분해야 하기 때문에 길이가 긴 것을 선택하였다. 모발은 죽은 세포이며 모근에서 멀어질수록 영양분을 공급받기 어렵고 햇빛에 의해 노화되므로 모발이 길어지면 모발의 끝이 갈라지게 된다. 따라서 손상된 모발의 끝을 3 cm 정도 잘라낸 후, 10 cm 정도의 길이로 잘라 시술하기 편리하도록 30가닥씩 묶음을 만들어 사용하였다.

(2) 탐구 과정

탈색약과 염색약은 시중에서 많이 판매되는 상품을 골라서 사용하였으며, 실험에 사용한 준비물들은 다음과 같다.

[실험 준비물]

탈색약, 염색약(밝은 갈색), 광학현미경, 카메라, 페트리접시, 알루미늄 포일, 나무젓가락, 스포이트, 받침유리, 덮개유리, 거름종이, 초시계, 가위, 종이컵

광학현미경과 같은 고가의 장비는 과학실에 비치된 교구를 이용하도록 한다.

그림 3 실험 준비물

이 탐구의 목적은 탈색 및 염색에 의해 모발에서 나타나는 변화를 관찰하는 것이다. 따라서 탈색이나 염색을 하기 전 상태의 모발 Ⅰ을 먼저 관찰하였다. 그 다음 모발 샘플 한 묶음을 탈색시킨 모발 Ⅱ를 관찰하고, 염색시킨 모발 Ⅲ을 관찰하였다. 구체적인 실험 과정은 다음과 같다.

[실험 과정]

(가) 대조군(모발 Ⅰ) 관찰

① 건강한 모발을 30분간 물에 담가놓는다.

② 모발을 적당한 크기로 잘라 받침유리 위에 올려놓고 스포이트로 물을 1방울 떨어뜨린 다음 덮개유리를 덮는다.

③ 거름종이를 덮개유리 위에 얹고 꾹 눌러 여분의 물을 흡수시켜 덮개유리와 받침유리를 압착시킨다.

④ 광학현미경의 배율을 조절하여 40배, 100배, 400배 순서로 관찰한다.

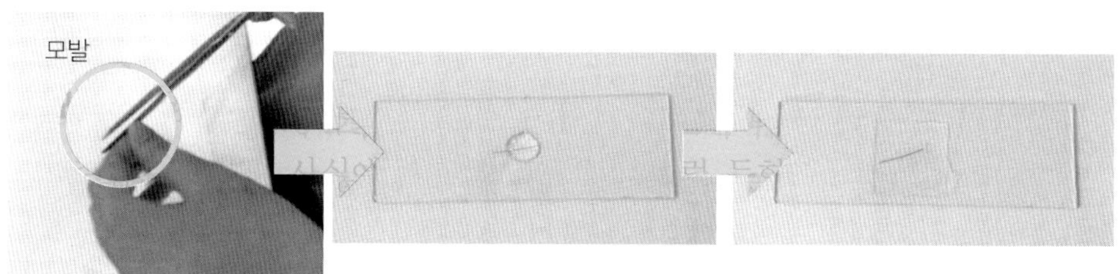

그림 4 대조군(모발 Ⅰ) 표본 만드는 과정

(나) 실험군(모발 Ⅱ) 관찰

① 종이컵에 1제와 2제를 넣고 나무젓가락으로 골고루 섞는다.

② 모발 샘플에 탈색제를 바르고 알루미늄 포일로 감싼 후 30분 동안 기다린다.

③ 탈색제를 씻고 표본을 만들어 현미경으로 관찰한다.

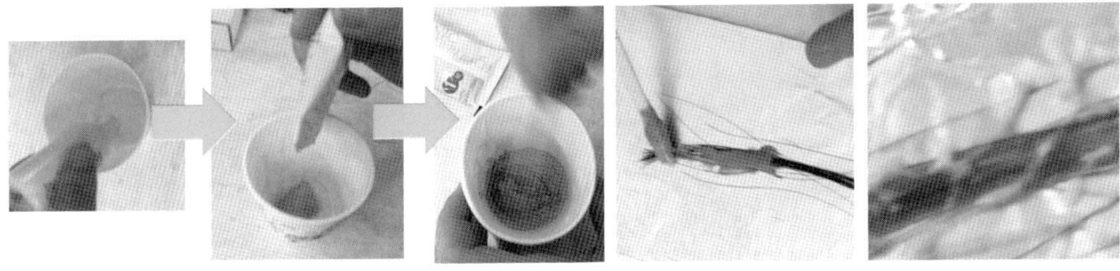

그림 5 실험군(모발 Ⅱ) 표본 만드는 과정

(다) 실험군(모발 Ⅲ) 관찰

① 1염모제를 2염모제에 짜서 넣어준 후에 흔들어 잘 섞는다.

② 모발 샘플에 염색제를 바르고 알루미늄 포일로 감싼 후 30분 동안 기다린다.

③ 염색제를 씻고 표본을 만들어 현미경으로 관찰한다.

과정 (2)와 같이 실험 과정 사진을 찍어 순서에 맞게 배치한다.

현미경이나 망원경 등을 통하여 찍은 사진은 실물이 아닌 상을 촬영한 것이므로 배율을 꼭 표시해야 한다. 본 탐구의 결과는 정량적인 비교를 할 수는 없지만 정성적인 결과(모발의 손상 정도)를 한 눈에 파악할 수 있도록 대조군과 실험군의 결과를 나란히 배치해 보자.

2. 탐구 결과

정상모(모발 Ⅰ), 탈색모(모발 Ⅱ), 염색모(모발 Ⅲ)를 관찰한 결과는 다음과 같다. 40배율은 모발이 너무 가늘게 보여서 겉과 속을 관찰하기 쉽지 않았고, 세 종류의 샘플이 서로 뚜렷한 차이를 보이지 않아서 결과에 넣지 않았다. 그리고 이론적 배경에서 밝혔듯이 모수질은 탈색이나 염색과 관련이 없는 부분이므로 모피질과 모표피를 집중적으로 관찰하였다.

표 1 광학현미경으로 관찰한 모발의 상태

	정상모(모발 Ⅰ)	탈색모(모발 Ⅱ)	염색모(모발 Ⅲ)
전체 (×100)			
모피질과 모표피 (×400)			

모발의 손상 정도를 눈으로 관찰하는 것은 정성적인 방법이므로 주관이 개입될 수 있다. 따라서 객관적으로 정량화할 수 있는 방법을 고안할 필요가 있다. 예를 들어, 모발의 인장 강도, 광택, 수분 함량 등의 물리적 성질을 측정할 수 있는 방법을 생각해 보자. 정량적인 데이터는 연구자의 주장을 공고히 뒷받침할 수 있다.

정상모에 비해서 탈색모와 염색모는 모표피가 손상되었는데, 특히 탈색모의 손상이 가장 심각했다. 또한 정상모보다 염색모, 염색모보다 탈색모의 색이 더 밝았다. 이것을 통해 멜라닌 색소의 검은 색을 없애기 위해서는 더 강한 산화제를 사용해야 하므로, 모발이 더 많이 손상된다는 것을 알 수 있다. 또한, 탈색모보다 염색모, 염색모보다 정상모가 더 광택이 있고, 촉촉하게 느껴졌다. 이것으로부터 모표피의 손상 정도를 유추할 수 있다. 모표피는 투명한 비늘 구조로 모발 내부를 보호하는 역할을 한다. 그런데 탈색과 염색으로 모표피가 손상되면 표면이 울퉁불퉁해지면서 난반사가 일어나므로 광택이 나지 않고, 모발 내부의 수분이 증발되는 것을 막지 못하므로 푸석푸석해지는 것이다. 따라서 광택과 수분감을 비교했을 때, 탈색모의 손상이 가장 심하다는 것을 알 수 있다.

표 2 모발의 비교

모발의 특성을 비교하기 쉽게 표로 정리한다.

	정상모(모발 Ⅰ)	탈색모(모발 Ⅱ)	염색모(모발 Ⅲ)
모표피	표면이 매끄러움	표면이 가장 많이 일어나고 불규칙적으로 파임	탈색모보다 덜하지만 정상모보다 표면이 거칠음
밝기(명도)	색이 가장 진한 갈색임	색이 가장 밝은 노란색임	색이 약간 밝은 갈색임
광택	광택이 있음	광택이 없음	광택이 약간 있음
수분감	촉촉함	푸석푸석함	약간 푸석푸석함

이 실험의 결과를 간단히 정리하면 다음과 같다.

- 손상 정도: 정상모 < 염색모 < 탈색모
- 밝기(명도): 정상모 < 염색모 < 탈색모
- 광택: 정상모 > 염색모 > 탈색모
- 수분감: 정상모 > 염색모 > 탈색모

탈색과 염색에 의해 모발이 손상된다는 것을 밝히려는 것이 본 탐구의 목적이므로, 탈색약과 염색약의 경우 모발에 손상을 줄 수 있는 성분의 종류와 함량을 구체적으로 밝혀야 한다. 특히 염기성의 암모니아(단백질을 녹이는 성질이 있음)와 산화제인 과산화 수소는 탈색약과 염색약의 주요 성분이므로 농도와 함량을 표시해야 한다. 그 이유는 이것이 결과를 해석하는 데 중요한 단서가 되기 때문이다. 예를 들어, "~의 농도가 높을수록 모발이 더 많이 손상된다."와 같이 특정 물질과 손상 정도의 상관관계를 구체적으로 이끌어 내어 모발 손상의 가장 중요한 요인(원인)을 찾을 수도 있다. 탐구를 통하여 문제 상황의 원인을 찾아내면 그 해결 방법이나 대안을 마련할 수 있으므로 요인(원인)을 밝히는 것은 과학에서 매우 중요하다.

Ⅲ. 결론

탐구 과정과 결과를 간단히 정리하고, 탐구를 통하여 알게 된 사실을 기술한다. 덧붙여 탐구의 한계점과 그 한계점을 극복할 수 있는 후속 탐구의 방향을 제시하고, 이 탐구가 어떤 사람들에게 어떻게 활용되기 바라는지 포부를 밝혀 보자.

우리는 탈색과 염색이 모발에 끼치는 영향을 알아보기 위하여 건강한 모발을 현미경으로 관찰하고, 탈색 및 염색 후 모발의 변화를 관찰하였다. 그 결과 정상모 < 염색모 < 탈색모 순서로 모표피의 손상이 심하고, 모발의 색이 밝아지며, 광택과 수분감이 감소하는 것을 알 수 있었다. 즉 정상적인 모발에 비해 염색이나 탈색을 한 모발은 손상되었고, 염색보다 탈색이 모발 건강에 안 좋은 영향을 준다는 것을 알게 되었다.

관찰에 의한 결과이다. 어떤 메커니즘에 의해 모발이 안 좋아지는지를 밝히는 것이 더 본질적인 연구 과제에 해당되므로, 메커니즘을 밝히는 과정에 초점을 맞추어 실험을 계획하고 수행함으로써 탐구를 확장할 수 있다.

그런데 미용실에서는 선명한 색상으로 염색을 하려면 먼저 탈색을 한 후 염색을 할 것을 권한다. 그 이유는 동양인은 멜라닌 색소가 너무 많아서 염색을 해도 염료가 잘 발색되지 않기 때문이다. 우리의 실험 결과로 비추어 볼 때, 탈색 후 염색을 할 경우 모발의 손상은 탈색이나 염색만 할 경우보다 훨씬 더 심할 것이라 예측할 수 있다.

화학적 상호작용에 의해 오히려 반대의 결과도 나타날 수 있지 않을까? 하고 반문할 수 있으므로, 예측에 대해서는 검증을 하는 것이 좋다.

건강한 머릿결을 유지하고 싶다면 탈색이나 염색과 같은 시술을 가급적 피하고, 두피와 모발을 청결히 하며, 두피와 모발에 영양을 공급해야 한다. 앞으로 모발의 건강함을 유지하면서 다양한 색감으로 멋을 낼 수 있는 새로운 염료 및 염색 기술이 개발되기를 기대한다.

연계 교과

통합과학
과학탐구실험

05. 해안사구 복원을 위한 효율적인 모래 포집기 형태 고안

중점 핵심 역량 과학적 사고력 | 과학적 탐구 능력

성취 기준

[통합과학 교육과정 04-03] 지권의 변화를 판구조론적 관점에서 해석하고, 에너지 흐름의 결과로 발생하는 지권의 변화가 지구 시스템에 미치는 영향을 추론할 수 있다.
[과학탐구실험 교육과정 02-04] 흥미와 호기심을 갖고 과학 탐구에 참여하고, 분야 간 협동 탐구 등을 통해 협력적 탐구 활동을 수행하며, 도출한 결과를 증거에 근거하여 해석하고 평가할 수 있다.

참여 인원 2~3명

탐구 기간 3개월

유사 및 확장 주제

본 탐구는 우리 주변에서 찾을 수 있는 사물을 좀 더 효율적인 형태로 개선하고자 하는 것으로, 개선하려는 사물만 적절히 선정한다면 본 탐구 절차에 맞춰 다양한 탐구보고서를 손쉽게 작성할 수 있을 것이다.

- 해일 피해를 감소시키는 효율적인 방파제 형태 고안
- 비닐하우스 형태에 따른 온실효과 차이

[과학탐구실험 02-07] 생활 속에서 발견한 문제 상황 해결을 위한 과학 탐구 활동 계획을 수립하고 탐구 활동을 수행할 수 있다.
[한국지리 02-02] 하천 유역에 발달하는 지형과 해안에 발달하는 지형의 형성 과정 및 특성을 이해하고, 인간의 간섭에 의해 발생하는 문제점에 대해 토론한다.

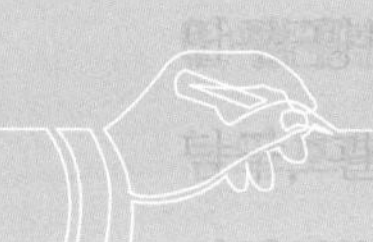

탐구 계획서

1 탐구 계획

본 주제는 기존에 설치되어 있는 모래 포집기의 형태를 개선하려는 것이 목적이다. 따라서 기존 모래 포집기의 형태를 파악하고, 다양한 모래 포집기의 형태를 고안하여 그 효과를 검증하는 단계에 맞춰 탐구 계획을 완성한다.

1. 탐구의 필요성 및 목적

- 해안사구 환경 정화 봉사 중 모래 포집기를 처음 접하고 중요성을 인식하였다.
- 해안마다 다른 형태의 모래 포집기가 설치되어 있기에 더 효율적인 형태로 통일하면 좋겠다고 생각하였다.
- 효율적인 모래 포집기의 형태를 고안하기 위해 모래 포집기의 형태에 따른 모래 포집량의 관계를 알아보는 실험을 계획하였다.

2. 탐구 절차

- 아크릴 상자와 모래를 이용하여 사구 모형을 제작한다.
- 같은 양의 나무젓가락을 이용하여 다양한 형태의 모래 포집기를 고안하고 제작한다.
- 선풍기를 이용하여 바람을 불었을 때 모래 포집기 뒤쪽에 포집된 모래의 양을 비교하여 가장 효율적인 모래 포집기의 형태를 도출한다.

3. 탐구의 한계점

넓은 바닷가가 아닌 좁은 실험 모형에서 진행되고, 바람이 한쪽에서만 부는 점 등 실제 상황과 차이가 있을 수 있다.

2 자료 탐색

사구에 대한 기본적인 정의 및 형성 과정, 모래 포집기의 역할과 관련된 자료를 탐색한다. 또한 실제 모래 포집기 설치 현황을 탐사를 통해 정리할 수도 있다. 자료 탐색에서 찾은 문헌과 자료, 직접 해안을 방문하고 탐사한 자료를 참고 문헌 형식에 맞추어 제시한다.

- 서종철. 2012. 천연기념물 신두사구의 지속가능한 관리. 국토지리학회지 제 16권.
- 신두리 사구센터 안내 소책자
- 환경부(http://www.me.go.kr) – 해안사구 보전 · 관리 지침
- 네이버(https://blog.naver.com/tabanga/150185764897)

3 개요

1. 서론

(1) 탐구의 필요성 및 목적

(2) 이론적 배경

- 해안사구의 정의
- 해안사구의 가치
- 해안사구의 형성 조건
- 모래 포집기의 필요성

2. 본론

(1) 탐구의 가설

모래 포집기의 형태가 촘촘할수록 더 많은 모래를 포집할 수 있다.

(2) 탐구 방법

사구 모형 만들기 → 모래 포집기 형태(직선형, 지그재그형, 공작형, 그물형)에 따른 모래 집적량 측정 → 결과 비교 해석

(3) 탐구 결과

모래 포집기 형태에 따른 모래 포집 정도의 차이

3. 결론

모래 포집기의 형태와 모래 포집 정도의 관계를 도출하여 기존의 형태보다 효율적인 모래 포집기의 형태를 제안한다.

4 일정표

자료 탐색 및 사구 모형 제작 기간 등을 고려하여 구체적으로 적는다.

기간	탐구 내용	세부 활동
3월	· 주제 정하기 · 탐구 계획 수립	· 팀 구성 및 주제 선정 · 탐구 절차 정하기
4월	· 자료 탐색 · 탐구 방법 설계 · 탐구 활동	· 해안사구의 정의, 가치, 형성 조건 조사 · 모래 포집기의 필요성 조사 · 실험 준비물 구입 · 사구 모형 제작 · 모래 포집기 형태에 따른 비교 실험 수행
5월	· 결과 정리 · 보고서 작성 및 발표	· 모래의 포집 정도 정리 및 결론 도출 · 보고서 정리 및 수정, 최종 제출 · 발표 자료 준비, 발표 진행

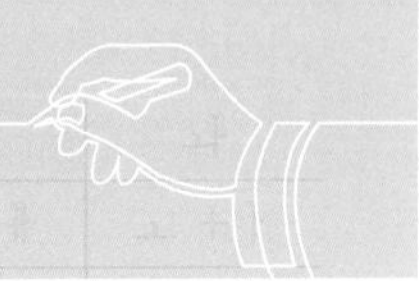

Ⅰ. 서론

1. 탐구의 필요성 및 목적

일반 사람들은 모래 포집기가 무엇인지, 왜 필요한지 잘 알지 못한다. 따라서 모래 포집기의 용도와 필요성, 문제점 등을 제시하고 탐구의 목적을 밝혀서 본 탐구에 가치를 부여하자.

해안사구 주변 환경 정화 봉사활동을 하기 위해 방문한 신두리 사구에서 처음으로 모래 포집기라는 것을 접하였다. 이후 수업을 통해 사구의 정의 및 가치, 우리나라의 사구 감소 현황을 배운 후 사구의 보존을 위해 모래 포집기가 필요함을 깨달았다.

우리나라 해안사구 주변에는 직선형의 모래 포집기가 주로 설치되어 있기 때문에 이 형태를 바꾸면 더 효과적이지 않을까 하는 의문을 시작으로 모래 포집기의 형태에 따른 모래 포집 정도를 비교하는 탐구를 설계하게 되었다. 이러한 탐구를 통해 모래 포집기의 형태를 개선하고, 모래 포집기에 대한 인식 부족을 해결하고자 한다.

2. 이론적 배경

본 탐구의 주제와 관련된 해안사구의 정의 및 형성 조건을 제시하는 것이 필요하다. 또한 해안사구 형성에 있어 모래 포집기의 필요성을 정확히 설명하도록 한다. 해안사구의 정의 및 모래 포집기의 필요성은 해양수산부 자료와 같은 공신력 있는 자료를 통해 조사하여 제시하며, 출처는 명확하게 표시한다.

(1) 해안사구의 정의

사구는 모래의 이동에 의하여 형성된 모래언덕으로, 형성 장소에 따라 내륙사구(사막)와 해안사구로 구분된다. 우리나라에는 내륙사구가 없으며, 해안사구만 존재한다.

해안사구는 해류와 연안류에 의해 운반된 해변의 모래가 바람에 의해 내륙으로 다시 운반되어 해안선을 따라 평행하게 쌓인 모래 언덕을 뜻하며, 일차적으로 해안선을 따라 형성되는 전(前)사구와 퇴적된 모래가 다시 침식 · 운반 · 퇴적되면서 형성되는 이차사구로 구분된다.

(2) 해안사구의 가치

해안사구는 사빈으로부터 공급되는 모래를 저장하고 있다가 태풍 · 해일 등에 의해 사빈의 모래가 유실되면 저장하고 있던 모래를 다시 사빈으로 공급함으로써 해안선과 배후지역을 보호한다. 또한, 다공질 모래에 많은 지하수를 함유하고 있으며, 빗물에 의한 습지가 형성되어 농업용수나 식수로 사용 가능하다. 이외에도 희귀 동 · 식물의 서식지가 되며, 사막이 아니고는 볼 수 없는 독특한 자연 경관을 형성한다.

(3) 해안사구의 형성 조건

해안사구의 형성 조건은 크게 4가지로 구분될 수 있다. 첫째로 모래의 조건, 일단 모래는 바람에 잘 실려 나갈 수 있는 가벼운 모래(입경 0.1~1 mm의 모래)로 구성되어 있어야 한다. 두 번째로 지형적 조건, 주로 곶에서 파도에 의해 풍화가 일어나게 되는데, 서해와 남해는 리아스식 해안이 발달해 있어 동해보다는 풍화가 쉽게 일어난다. 이렇게 풍화된 모래는 잔잔한 물결이 이는 만에 퇴적이 되며, 하천에서 유입되는 모래의 양도 사구 형성에 한몫을 하게 된다. 세 번째로는 바람의 조건, 젖어 있는 모래의 표면을 건조해서 가볍게 만들어야 하므로 여름의 습한 바람은 사구 형성에 도움을 주지 못하는 반면, 17 m/s가 넘는 가을 · 겨울의 건조한 북서풍이 불 때 우리나라에 사구 형성이 가장 활발하게 일어난다. 마지막으로 사구식물이다. 사구 형성에 저항체 역할을 해주는 사구식물들이 바람의 속도를 낮춰 운반하고 있던 모래를 내려놓게 하는 가장 중요한 역할을 맡고 있다.

(4) 모래 포집기의 필요성

모래 포집기는 겨울철 모래이동 시 바람의 저항체로 작용하여 주변의 모래 퇴적을 유도하는 구조물로, 앞서 사구 형성에 있어 식물의 필요성과 같은 맥락으로 설명된다. 모래 포집기는 모래의 이동이 활발한 지역을 대상으로 바람에 의한 모래 이동이 주로 일어나는 지표면에 설치하며, 모래 포집기의 재료로는 모래 포집에 효율적이고 모래에 묻혀도 해가 되지 않는 대나무가 주로 사용되고 있다. 대나무는 부실하지 않고 저렴하며, 오래 견디고 자연친화적인 이미지 덕분에 여러 지역에서 널리 쓰이고 있다. 모래 포집기의 설치는 일반적으로 대나무를 박고 대나무의 넓이만큼 띄운 후 다시 박는 과정을 반복한다. 이때 너무 촘촘하게 박게 되면 바람이 통과하지 못하고 부딪혀 모래 포집기 앞쪽 모래가 유실되는 쇠굴현상이 일어나게 된다. 모래 포집기 설치 후 모래언덕이 충분히 쌓이게 되면 해체하지 않고 그대로 두어 완전히 묻힐 때까지 기다린 후 그 앞에 새로운 모래 포집기를 새로 설치하기도 한다.

그림 1 해안사구에 설치된 모래 포집기
(https://blog.naver.com/tabanga/150185764897)

Ⅱ. 본론

1. 탐구의 가설

독자들은 가설을 통하여 연구자가 설계한 실험의 방향을 파악할 수 있다. 그러므로 가설을 제시하여 연구자의 의도를 분명하게 밝힌다.

모래 포집기의 형태가 촘촘할수록 더 많은 모래를 포집할 수 있다.

2. 탐구 방법

아크릴 상자에 모형 사구를 제작한 다음 네 종류의 모래 포집기를 설치한 후 선풍기 바람을 이용해 모래 포집 정도를 비교하는 탐구를 실시하였다. 모래 포집기의 다양한 형태를 비교하기 위해 나무젓가락을 이용하여 네 종류(직선형, 지그재그형, 공작형, 그물형)의 모래 포집기 모형을 만들어 탐구를 수행하였다.

[실험 준비물]

나무젓가락, 계량컵(480 mL) 2개, 해안모래, 선풍기, 아크릴 상자, 순간접착제, 칼, 자, 삽, 비닐

본 탐구에서는 네 종류의 모래 포집기를 제작하였지만, 포집기 모양(일자형, 공작형, 그물형) 및 배열 방식(직선형, 지그재그형)에 따라 총 6가지의 모래 포집기를 만들 수도 있다. 더 많은 형태의 모형을 제작하여 다양한 방법으로 성능을 비교함으로써 실제로 활용할 수 있는 모래 포집기 개발에 도전해 보자.

[실험 방법]

① 나무젓가락을 이용해 가로 20 cm 길이인 네 종류(직선형, 지그재그형, 공작형, 그물형)의 모래 포집기를 제작한다.

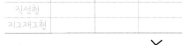

배열 / 모양	일자형	공작형	그물형
직선형			
지그재그형			

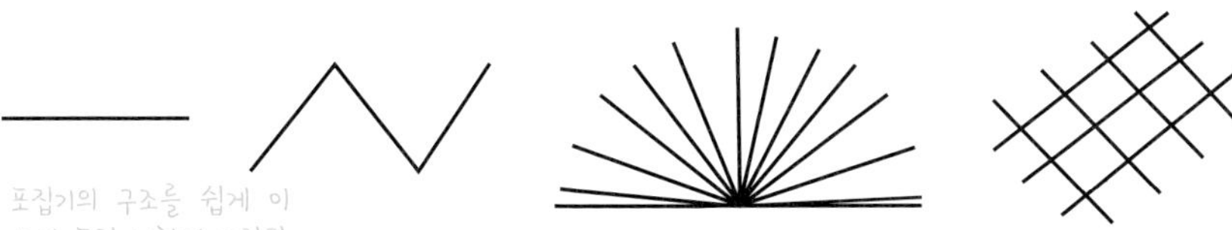

독자들이 모래 포집기의 구조를 쉽게 이해할 수 있도록 모래 포집기 형태 그림과 함께 실물 모형 사진을 제시해 보자.

그림 2 네 종류의 모래 포집기 형태
(직선형과 지그재그형은 위에서, 공작형과 그물형은 앞에서 본 모습)

② 아크릴을 이용하여 실험 상자를 제작한다. 상자의 앞면에는 벽을 만들지 않으며, 옆면은 구멍을 뚫어 바람이 통할 수 있도록 제작한다.

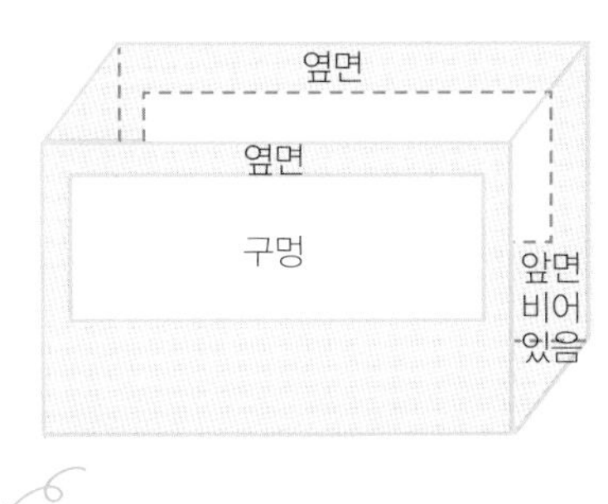

그림 3 아크릴 실험 상자 도안 및 제작 과정

도안에 앞면, 옆면, 구멍 등을 표시하고, 벽이 있는 곳은 약한 음영을 넣어 상자의 구조와 공간 배치를 쉽게 이해할 수 있도록 한다.

그림 4 사빈 모형 제작 과정

그림 5 모래 포집기 설치 과정

③ 바람에 날린 모래를 다시 모으기 쉽게 하기 위해 바닥에 비닐을 넓게 깐 다음 아크릴 상자를 올려놓는다.

④ 높이 5 cm를 기준으로 모래사장(사빈)을 만든다.

⑤ 상자의 뒷면으로부터 20 cm 떨어진 지점에 모래 포집기를 설치하고 선풍기를 이용하여 바람을 일으킨다. 선풍기는 아크릴 상자 전면 30 cm 떨어진 곳에 설치하고, 바람의 세기는 강으로 15분간 작동시키며, 실제 자연환경과 유사하도록 회전시킨다. 선풍기를 고정시킨 후 바람의 방향을 여러 각도로 바꿔 가면서 일정 시간 동안 얻은 실험 결과를 평균하는 방법도 고려해 볼 수 있다.

⑥ 실험 결과는 상자의 뒷면으로부터 5 cm 지점에서 나무젓가락이 들어간 깊이를 자를 이용하여 측정한다. 이때 결과 해석이 용이하도록 4 cm 간격으로 구역(1~8로 구분, 그림 6)을 나누어 측정한다.

⑦ 모래 포집기의 형태를 바꿔서 과정 ④~⑥을 반복한다.

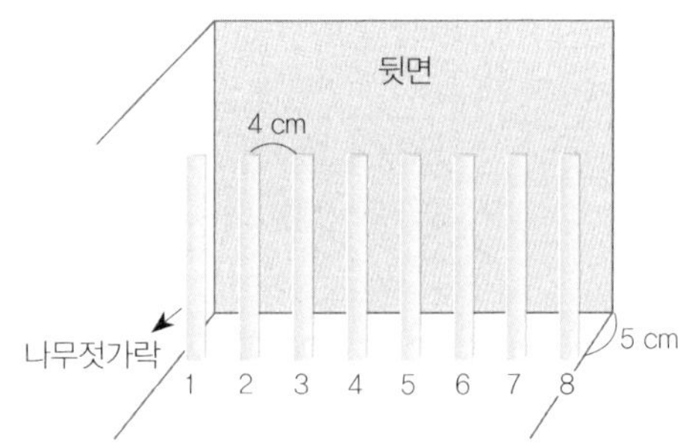

그림 6 쌓인 모래의 양 측정 과정

3. 탐구 결과

관찰 결과를 그래프로 변환하여 제시한다면 조작 변인과 종속 변인과의 상관관계를 파악하여 효과적인 모래 포집기 형태를 쉽게 찾을 수 있다.

각 구역별로 측정한 모래의 높이와 쌓인 모래의 양은 다음과 같다.

표 1 모래 포집기의 형태에 따른 구역(1 ~ 8)별 모래의 높이(단위: cm)

포집기 형태	1	2	3	4	5	6	7	8
직선형	5.8	5.5	5.6	6.1	6.5	6.0	5.7	6.8
지그재그형	7.2	6.8	6.7	7.0	6.7	6.7	6.8	7.0
공작형	5.4	5.2	5.1	5.1	5.3	5.1	5.2	5.4
그물형	6.0	5.8	6.2	6.5	6.3	6.1	6.3	6.7

표 2 모래 포집기의 형태에 따른 쌓인 모래의 양

처음 모래의 양
쌓인 모래의 양

포집기 형태	최고 높이(cm)	최저 높이(cm)	쌓인 모래의 양
직선형	6.8	5.5	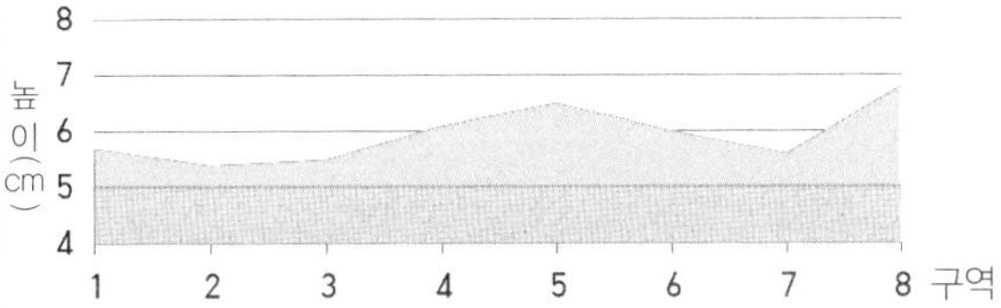 높이(cm) 4–8, 구역 1–8
지그재그형	7.2	6.7	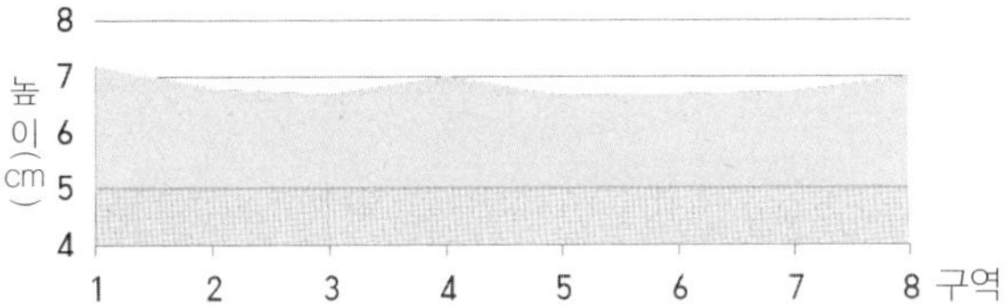 높이(cm) 4–8, 구역 1–8
공작형	5.4	5.1	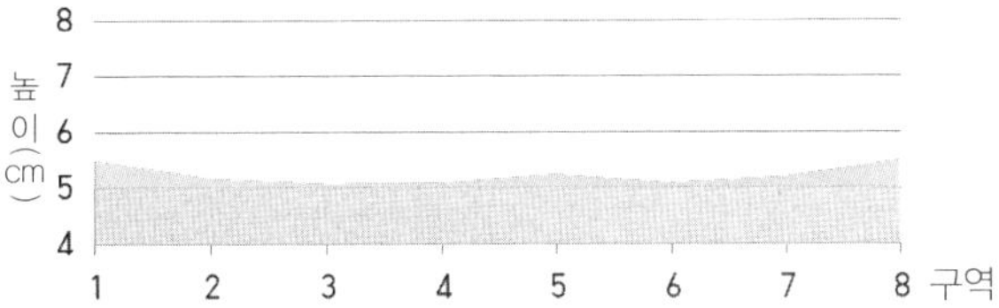 높이(cm) 4–8, 구역 1–8
그물형	6.7	5.8	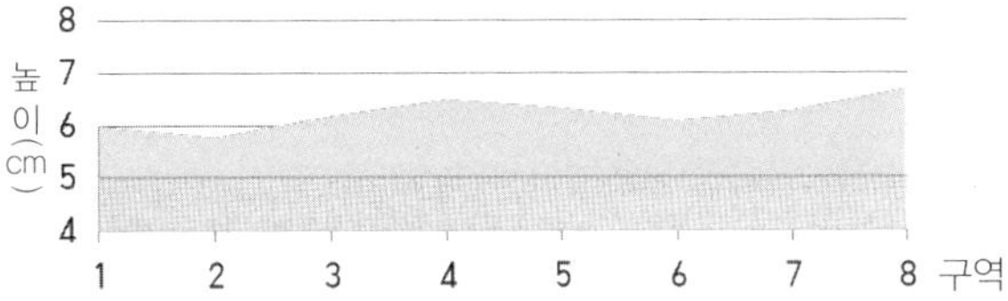 높이(cm) 4–8, 구역 1–8

최고 높이와 최저 높이를 제시한 이유를 설명하고 이에 대한 해석을 추가하는 것이 좋다.

결과적으로 쌓인 모래의 양을 비교하면 지그재그형 > 그물형 > 직선형 > 공작형 순으로 나타났다. 따라서 지그재그형 모래 포집기의 효율이 가장 좋은 것을 알 수 있다.

탐구 결과를 바탕으로 가장 효율적인 모래 포집기의 형태를 논리적으로 정리한다. 추가적으로 고안할 형태에 대해 제안하는 것도 좋다.

Ⅲ. 결론

결론을 내릴 때는 근거를 명확히 제시해야 한다. 논리적인 비약이 없는지 주의하면서 독자들이 읽고 이해하기 쉽도록 친절하고 매끄럽게 기술해 보자.

해안사구의 중요성이 강조되고 있는 시점에 해안사구를 보존할 수 있는 모래 포집기의 가장 효율적인 형태를 실험을 통해서 증명할 수 있었다.

실험은 예상했던 가설과는 조금 다른 결과가 나왔다. 일반적으로 일자형보다 촘촘한 공작형과 그물형에서 더 큰 포집 효과를 나타내리라 생각했지만 지그재그형에서 가장 효율이 뛰어난 것으로 나타났다. 이는 지그재그형이 평면 형태가 아닌 입체 형태이기에 여러 방향에서 불어오는 바람의 풍속을 가장 효과적으로 줄여주었음을 의미한다. 그물형은 평면 형태였지만 두 번째로 효율이 높은 결과를 나타냈다.

이러한 결과로 볼 때 가장 효율적인 모래 포집기의 형태는 그물형의 모래 포집기를 지그재그형과 같이 입체로 만드는 형태임을 제안한다. 본 탐구는 이러한 형태를 실제 모래 포집기로 제작하여 사용한다면 해안사구 보존에 도움을 줄 수 있다는 가능성을 보여 준다. 뿐만 아니라 본 탐구를 통해 이를 접하는 사람들의 해안사구에 대한 관심이 증대될 것을 기대한다.

현재 우리나라에서 이용되고 있는 모래 포집기의 형태를 조사하여 간략하게 제시하고, 탐구 결과를 통해 얻은 효율적인 모래 포집기 형태를 제안한다면 보다 짜임새 있는 탐구보고서를 완성할 수 있다.

연계 교과

통합과학

06. 오염된 물이 식물 생장에 끼치는 영향 분석

중점 핵심 역량 과학적 탐구 능력

성취 기준

[통합과학 교육과정 08-01] 인간을 포함한 생태계의 구성 요소와 더불어 생물과 환경의 상호 관계를 이해하고, 인류의 생존을 위해 생태계를 보전할 필요성이 있음을 추론할 수 있다.

참여 인원 2~3명

탐구 기간 3개월

유사 및 확장 주제

본 탐구와 같이 식물 생장에 영향을 주는 요인을 선정하고 그에 따른 결론을 도출하는 다양한 탐구보고서를 작성할 수 있으며, 식물의 생장만이 아닌 곤충 및 세균 등의 탐구 같은 다양한 주제로 확장할 수 있다.

- 물의 pH(또는 토양의 pH, 물의 온도, 주변 소음)가 식물 생장에 끼치는 영향에 대한 탐구

[통합과학 08-02] 먹이 관계와 생태 피라미드를 중심으로 생태계 평형이 유지되는 과정을 이해하고, 환경 변화가 생태계에 영향을 미치는 다양한 사례를 조사하고 토의할 수 있다.
[과학탐구실험 01-04] 가설 설정을 포함한 과학사의 대표적인 탐구 실험을 수행하고, 연역적 탐구 방법의 특징을 설명할 수 있다.

탐구 계획서

본 탐구는 오염된 물이 식물의 생장에 좋지 않을 것이라는 기존의 인식을 바꿀 수 있는 실험이라는 점에 중점을 두어 탐구 계획을 완성한다.

1 탐구 계획

1. 탐구의 필요성 및 목적

- 평소 오염된 물에서는 식물의 생장이 제대로 이루어지지 않을 것이라고 생각하였다.
- 수업시간에 배운 부영양화를 통해 '오염된 물은 영양염류가 풍부하기에 오히려 식물 생장에 도움을 주지 않을까?' 하는 궁금증이 생겼다.
- 이와 같은 궁금증을 해소하기 위해 오염된 물과 식물 생장의 관계를 알아보는 실험을 계획하였다.

2. 탐구 절차

- 수질 오염 정도가 다른 세 종류의 물을 취수한다.
- 오염도가 다른 세 종류의 물을 조작 변인으로 하고, 나머지 변인들은 통제하여 동일한 조건에서 강낭콩을 생장시키는 탐구를 수행한다.
- 잎의 개수와 넓이, 식물의 키를 관찰하여 생장 정도를 비교하고, 이를 통해 오염된 물과 식물의 생장과의 관계를 도출한다.

3. 탐구의 한계점

BOD는 생물 분해가 가능한 유기물질의 강도를 나타내는 지표이다. 따라서 오염의 범위를 생물학적 오염으로 한정시킴으로써 연구 범위를 결정하였다.

오염된 물의 정의를 BOD(생화학적 산소 요구량)가 높은 물이라는 것에 한정하여 탐구를 진행하기에 BOD 값과의 상관관계만 파악할 수 있다.

2 자료 탐색

수질 오염에 대한 기본적인 정의 및 관련 지표, 수질 오염과 식물의 생장에 관련된 다양한 자료를 탐색한다.

- 수질오염개론. 2001. 김좌관. 동화기술
- 한국수자원공사(http://www.kwater.or.kr) – 수질 오염의 지표
- 한국수자원학회(http://www.kwra.or.kr) – 관련 논문 검색
- 위키미디어

3 개요

탐구보고서를 구성하는 요소를 개략적으로 제시하는 부분으로, 탐구 주제에 맞춰 본 탐구를 실행하고 결론을 도출하는 바탕이 되므로, 간단하지만 정확하게 서술해야 한다.

1. 서론

(1) 탐구의 필요성 및 목적

(2) 이론적 배경

- 수질 오염의 종류
- 수질 오염의 지표

2. 본론

(1) 탐구의 가설

이 탐구는 가설을 설정하고 탐구 과정을 통해 가설을 검증하는 연역적 탐구이다. 연역적 탐구 실험은 주로 기존에 알려진 과학 지식이 완전하지 않기 때문에 이를 극복하기 위해 새로운 가설을 설정하면서 시작된다.

오염된 물에서 식물의 생장이 더 잘 일어날 것이다.

(2) 탐구 방법

- 탐구 대상(시료): BOD 값이 다른 세 종류의 물
- 탐구 도구: 강낭콩 재배 실험
- 탐구 과정: 세 종류의 물의 BOD 측정 → 세 종류의 물을 이용한 강낭콩 생장 실험 수행 → 결과 비교

(3) 탐구 결과

물의 BOD 값에 따른 강낭콩의 생장 정도 차이

3. 결론

깨끗한 물보다 오염된 물(BOD 값이 높은 물)에서 식물의 생장이 빠르게 일어난다.

4 일정표

다양한 취수 장소 및 식물의 생장 기간 등을 고려하여 탐구 일정을 세운다. 강낭콩이 잘 자랄 수 있는 봄이나 여름에 실험을 수행하는 것이 좋다.

기간	탐구 내용	세부 활동
7월	· 주제 정하기 · 탐구 계획 수립	· 팀 구성 및 주제 선정 · 탐구 절차 정하기 · 탐구 대상 및 도구 선정
8월	· 자료 탐색 · 탐구 방법 설계 · 탐구 활동	· 수질 오염의 종류 및 지표 조사 · 실험 준비물 구비 · 오염 정도가 다른 물 취수 · 물의 BOD 측정 실험 수행 · 강낭콩 재배 실험 수행
9월	· 결과 정리 · 보고서 작성 및 발표	· 강낭콩 재배 결과 정리 및 결론 도출 · 보고서 정리 및 수정, 최종 제출 · 발표 자료 준비, 발표 진행

탐구보고서 쓰기

Ⅰ. 서론

> 일반적인 생각과 반대되는 의문에서 시작된 창의적인 탐구임을 강조하며 동기를 구체적으로 기술해 보자. '오염된 물'의 의미가 광범위하여 다양하게 해석될 수 있으므로 '영양염류가 많아 BOD가 높은 물'로 한정지어야 한다. 중금속이나 독성물질에 의해 오염된 물에서는 식물이 건강하게 성장할 수 없기 때문이다.

1. 탐구의 필요성 및 목적

대다수의 사람들이 오염된 물에서는 식물의 생장이 제대로 이루어지지 않을 것이라고 인식하고 있다. 그렇지만 부영양화라는 개념을 배우고 난 후 '오염된 물일수록 영양염류를 풍부하게 포함하고 있으니 오히려 식물의 생장에 더 도움을 줄 수 있지 않을까?' 하는 의문을 갖게 되었다. 이런 의문을 해결하기 위해 물의 오염 정도에 따른 식물의 생장 정도를 비교하는 탐구를 설계하게 되었다. 물을 오염시키는 원인 물질과 그에 따른 수질 오염의 종류는 다양하지만, 본 탐구에서는 부영양화에 초점을 맞추어 수질 오염의 지표 중 하나인 BOD를 이용하여 실험을 수행하였다.

> 연구 범위의 설정은 계획 단계에서 매우 중요하다.

> 본 탐구의 주제와 관련된 부영양화의 정확한 의미를 제시하는 것이 필요하며, 다양한 수질 오염의 종류를 제시하여 부영양화 이외에도 여러 가지 요인으로 인해 수질 오염이 일어날 수 있음을 서술하는 것이 효과적이다. 또한 수질 오염의 지표 및 측정법을 공신력 있는 자료를 통해 조사하여 제시한다.

2. 이론적 배경

(1) 수질 오염의 종류

① 부영양화

부영양화란 강, 바다, 호수에서 미생물이 유기물을 분해함으로써 영양물질이 많아지는 현상으로, 강, 바다, 호수나 연안에 아질산염, 질산염, 암모니아, 인산염, 규산염 등의 유기물 염류가 흘러들어 물속에 영양물질(질소, 인)을 방출하게 되는 현상을 말한다. 영양물질이 풍부한 물은 식물성 플랑크톤의 성장과 번식이 매우 신속하게 진행되므로, 며칠 내에 맑은 물이 검푸른 색의 물로 변한다. 부영양화가 심해지면 물속의 미생물과 조류 등이 폭발적으로 증식하게 되어 물속의 용존 산소량(DO)이 급격하게 감소하게 되므로 수중 생물이 질식하여 죽게 된다.

② 적조 현상

적조 현상이란 강물과 바다가 만나는 하구나 만 등의 연안 지역에 영양 물질이 유입되고, 수온 상승으로 인해 이들을 먹이로 하는 조류가 폭발적으로 증식하여 바닷물이 붉게 변하는 현상이다. 즉 적조는 해안가의 바다에서 일어나는 부영양화이다. 적조 현상이 발생하면 햇빛의 투과량이 적어 수중 식물이 광합성을 하지 못하며, 조류로부터 발생하는 독성 물질이 증가한다. 또한, 증가한 조류가 한꺼번에 죽어 부패하면 독소가 생성되고 용존 산소가 고갈되어 많은 어패류가 떼죽음을 당하게 된다.

그림 1 적조 현상(위키미디어)

③ 중금속 오염

수은, 납, 카드뮴 등의 중금속류는 단백질과 반응하여 변형, 변성 작용을 일으키므로 유전적 질병, 신경 마비 등의 피해를 준다. 중금속은 체내에서 분해되거나 배설되지 않고 먹이 연쇄를 따라 이동하여 생물의 체내에 농축된다.

(2) 수질 오염의 지표

독자들이 이해하기 어려운 용어라고 판단할 경우 설명을 추가하면 좋다. ppm은 매우 작은 농도를 나타낼 때 사용하는 단위로, 백만분의 1(10^{-6})을 의미. 물 1 kg(=1 L) 중에 유기물이 1 mg 존재할 때, 그 농도가 1 ppm이다.

① DO(용존 산소량)

물속에 녹아 있는 산소의 양을 ppm으로 나타낸 것

② BOD(생화학적 산소 요구량)

용어에 대한 기본적인 설명을 추가하면 좋다. 예 biochemical oxygen demand의 약자로, 생물학적 산소 요구량(biological oxygen demand)이라고도 한다.

- BOD의 정의: 호기성 미생물이 하수 속에 포함된 유기물을 분해하는 데 필요한 산소량을 ppm으로 나타낸 것
- BOD 측정법: BOD를 측정하고자 하는 물의 DO를 측정하고 밀봉하여 암실에 둔다. 이때 암실 조건에 두는 이유는 혹시 모를 세균 등이 광합성 하는 것을 막기 위해서이고, 밀폐하는 것은 산소가 물에 녹는 것을 방지하여 최대한 변인을 차단하기 위함이다. 5일 후 그 물의 DO를 측정하여, 처음 측정한 DO 값과의 차이를 이용하여 BOD 값을 알 수 있다.

BOD = 초기 DO − 5일 후 DO

BOD를 알아보는 데 DO를 측정하는 이유는 BOD가 물속의 호기성 미생물이 유기물을 분해할 때 필요한 산소의 양을 의미하기 때문이다. 유기물이 많을수록(물이 많이 오염될수록) 호기성 미생물이 물속의 산소를 더 많이 소비한다. 그래서 처음 측정한 DO에서 5일 동안 미생물이 유기물을 분해하고 남은 DO를 빼 주면 미생물이 유기물을 분해하는 데 사용한 산소량이 나오게 되고, 이 값이 곧 BOD 값이 된다.

③ COD(화학적 산소 요구량)

물속에 있는 각종 오염물질을 화학적으로 산화시킬 때 필요한 산소량을 ppm으로 나타낸 것이다.

COD는 BOD와 어떤 차이점이 있는지, 각각의 특징은 무엇인지, COD는 어떤 경우에 필요한지 등 추가 정보를 제시할 필요가 있다.

Ⅱ. 본론

1. 탐구의 가설

탐구를 설계하고 수행함으로써 얻을 수 있는 예측 결과를 구체적인 문장으로 작성한다. 가설은 최대한 구체적으로 서술한다. 예를 들어 '조작 변인의 값이 상승할 때 종속 변인의 값이 하강한다.'와 같이 경향성을 구체적으로 기술하는 것이 반증 가능성을 높이므로 더 좋은 가설이다.

부영양화 상태의 오염된 물, 즉 BOD 값이 큰 물은 영양 염류를 많이 포함하고 있으므로, 일반 물보다 오염된 물에서 식물의 생장이 더욱 잘 일어날 것이다.

2. 탐구 방법

본 탐구에서는 BOD에 따라 식물의 생장 정도가 어떻게 달라지는지 비교함으로써 보통의 물보다 오염된 물에서 식물의 생장이 촉진되는 것을 보여 주려고 한다.

(1) 탐구 대상(시료)

BOD 값 이외의 다른 오염 정도는 차이가 없는 곳을 선정해야 연구 결과의 신뢰도를 높일 수 있다.

오염 정도가 달라 BOD 값의 차이가 나고, 주변에서 쉽게 구할 수 있는 세 가지 종류의 물을 정하여 취수한다. 본 탐구에서는 주변 하천의 오염된 물과 가정에서 식물에 공급하는 일반적인 수돗물, 근처 산에서 취수한 시냇물을 사용하였으며, BOD 측정 시 대조군으로는 증류수를 사용하였다.

더욱 많은 곳의 물을 취수하여 비교 대상을 늘리게 되면 탐구의 정확도를 높일 수 있다.

(2) 탐구 도구

식물의 생장 정도를 비교하기 위해 화분에 강낭콩을 심어 탐구를 실시하였다. 생장 정도는 잎의 개수 및 넓이, 식물의 키를 비교하여 파악하였다.

강낭콩과 같은 콩과식물은 비료가 없어도 생장 속도가 빨라 식물 생장 실험에 그리 적합한 식물은 아니다. 정해진 탐구 기간 안에 탐구를 마치기 위해서는 적당히 생장 속도가 빠른 고구마, 양파 등을 이용하는 것이 유리하다.

(3) 탐구 과정

[실험 준비물]

DO 측정기는 고가의 장비이므로, 학교 내 교구가 있는지 확인하고 대여하여 측정하도록 한다.

물을 채집할 페트병, 세 종류의 물(수돗물, 하천의 물, 시냇물), DO 측정기, 집기병, 비커, 페트리 접시, 비닐랩, 화분(똑같은 것으로 세 개), 강낭콩, 흙, 솜

[실험 방법]

(가) 물의 BOD 측정하기

BOD는 이론적 배경에서 제시한 BOD 측정법을 이용하여 측정한다.

① 수돗물, 하천의 물, 시냇물을 각각 페트병에 담아 냉장고에 보관해 둔다.

페트병은 1.5 L 이상의 용량으로 여러 개 준비하며, 실험 결과에 영향을 주지 않도록 취수 전에 페트병을 깨끗이 씻은 다음 말려서 사용한다.

② ①에서 수집한 세 종류의 물과 증류수를 각각 집기병이나 비커에 덜고 DO를 측정한다.

실험 과정에서 시료 관리는 매우 중요하다. 각 시료에는 반드시 라벨을 붙여 구분하며, 보관에도 유의한다.

그림 2 초기 DO 측정 후 집기병과 비커를 밀봉한 상태

③ 집기병이나 비커의 입구를 비닐랩으로 밀봉하여 암실에 둔다.

④ 5일 후 각각의 물의 DO를 측정한다.

⑤ 각각의 물의 BOD를 계산하여 유기물의 많고 적음(수질의 나쁘고 좋은 정도)을 확인한다.

(나) 식물 생장 정도 비교하기

이때 통제 변인인 재배 용기, 주는 물의 양, 물 주는 시간, 일조량, 습도 등의 조건을 동일하게 유지해야 한다.

① 강낭콩을 물에 적신 솜 위에 놓고 1시간 동안 불린다.

② 각각의 화분에 흙을 담고 불린 강낭콩을 같은 깊이로 5개씩 심는다.

③ 흙이 마르지 않게 세 종류의 물을 각 화분에 주면서 14일 동안 재배한다.

그림 3 강낭콩을 물에 적신 솜 위에 놓고 불리는 과정

3. 탐구 결과

탐구 결과 사진과 관찰 현상은 표로 정리하고, 종합된 관찰 결과를 그래프로 변환하여 제시한다면 조작 변인과 종속 변인과의 상관관계를 수월하게 파악할 수 있다.

(가) 물의 BOD 측정하기

표 1 물의 DO 측정값과 BOD 값

물의 종류	초기 DO(DO_0) (mg/L = ppm)	5일 후 DO(DO_5) (mg/L = ppm)	BOD(DO_0-DO_5) (ppm)
증류수	6.8	6.8	0
수돗물	6.7	6.3	0.4
하천의 물	7.7	5.8	1.9
시냇물	7.1	6.1	1.0

오염도(BOD 값)를 비교해 보면 하천의 물 > 시냇물 > 수돗물이다. 즉 하천의 물이 가장 많이 오염되었다.

(나) 식물 생장 정도 비교하기

표 2 관찰 사진과 현상

대조군인 증류수가 수돗물과 별로 차이가 나지 않을 것으로 예상할 수 있지만, 증류수로 재배한 결과를 추가하는 것이 좋다.

날짜	사진	관찰 현상		
		수돗물	하천의 물	시냇물
8월 19일		변화 없음.	변화 없음.	변화 없음.
8월 22일		변화 없음.	싹이 한 개 돋아남.	변화 없음.
8월 23일		변화 없음.	싹이 두 개 더 돋아나서 세 개가 됨. (왼쪽 사진)	싹이 두 개 돋아남. (오른쪽 사진)

동일한 날짜 간격으로 관찰한다면 더 신뢰도 높은 결과를 얻을 수 있다.

날짜	사진			
8월 24일		변화 없음.	세 개의 떡잎이 나옴. 줄기가 곧게 뻗은 것도 있음.	세 개의 떡잎이 나옴. 줄기가 굽어 있음.
8월 25일		변화 없음.	콩 중 두 개가 어린잎이 돋아남.	콩 중 한 개가 어린잎이 돋아남.
8월 26일		싹이 한 개 돋아남.	두 개의 어린잎이 넓어짐.	한 개의 어린잎이 넓어짐.
8월 29일		어린잎이 돋아남.	콩 중 세 개의 본잎이 돋아남.	콩 중 두 개의 본잎이 돋아남.
8월 30일		본잎이 돋아나 벌어지려 함.	콩 세 개의 본잎이 넓어지고 식물의 키가 커짐.	콩 두 개의 본잎이 넓어지고 식물의 키가 커짐.
8월 31일		줄기 제일 위에 작은 잎이 세 개 돋아남.	잎이 총 15개	잎이 총 10개, 떡잎 한 쌍이 시듦.
9월 1일		잎이 조금 넓어지고 키가 커짐.	잎이 각 세 개씩 나서 총 24개	잎이 총 13개, 떡잎 2개가 시든 상태임.

잎의 넓이와 식물의 키에 대한 결과 정리가 부족하다. 연구 방법을 수정하거나 연구 결과를 추가하고, 계획한 대로 실험하지 않은 이유가 있다면 그 이유를 밝혀 보자.

결과 사진을 찍을 때 관찰 대상이 잘 보이도록 흰색 또는 검은색으로 뒷배경을 만들어 사진을 찍어 보자. 오랜 기간 관찰하는 경우 같은 장소, 같은 위치에 카메라를 설치하고 같은 배율로 촬영하면 사진을 통해 변화를 쉽게 파악할 수 있다. 또한, 식물의 키나 잎의 크기 등을 자로 잴 때 식물과 자를 같이 촬영하면 식물의 생장 정도를 파악하기 수월하다.

잎의 개수 이외에 식물의 길이 생장 변화를 그래프로 제시한다면 가설을 뒷받침하는 더 좋은 연구 결과가 될 것이다.

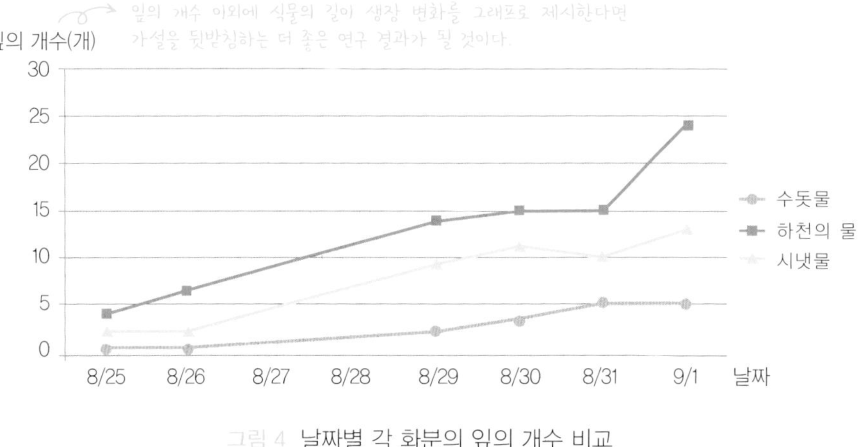

그림 4 날짜별 각 화분의 잎의 개수 비교

표 3 물의 BOD 값에 따른 잎의 개수 비교

이 실험에서 실험 결과를 더 과학적으로 나타내는 방법은 식물의 건조 중량을 측정하는 것이다.

	수돗물	하천의 물	시냇물
BOD(ppm)	0.4	1.9	1.0
재배 후 잎의 개수(개)	5	24	13

실험 결과를 바탕으로 오염된 물(BOD 값이 높은 물)과 식물 생장과의 관계를 논리적으로 정리한다. 그리고 본 탐구가 가지는 의미를 강조한다. 특히, 이 탐구에서는 여러 변인이나 영향을 배제하고 부영양화만을 가정하여 결론이 도출되었다는 것을 결론에서도 충분히 설명할 필요가 있다.

Ⅲ. 결론

본 탐구 결과인 잎의 개수 및 넓이, 식물의 키를 비교하였을 때 BOD 값이 높은 물, 즉 오염된 물에서 강낭콩 생장이 더 잘 이루어지는 것이 확인되었다. 이를 통해 'BOD 값이 높은 물일수록 식물 생장이 원활하게 이루어진다.'는 결론을 이끌어 낼 수 있다.

이는 '오염된 물이 식물의 생장에 방해가 될 것'이라는 일반적인 인식의 변화를 이끌어 냈다는 점에서 큰 의미를 둘 수 있으며, 앞으로 다양한 식물 재배 방법 개발에 유익한 정보가 되리라 기대한다.

성급한 일반화의 오류일 수 있다. 오염 정도가 매우 심하여 BOD 값이 일정 수준 이상으로 높은 경우 어떤 결과를 얻게 될지 증명되지 않았기 때문이다. 또한, 유독물질에 의해 BOD 값이 낮아지거나 무기물에 의해 BOD 값이 부정확하게 측정될 수도 있는 점 등 실제로는 많은 변수들이 있을 수 있다. 그럼에도, 중고등학생이 수행할 수 있는 탐구 수준에서 과학적 근거를 제시하여 타당한 결론을 내릴 수 있도록 노력한다.

연계 교과

통합과학

07. 학생들의 지진 대비에 관한 인식 조사

중점 핵심 역량 과학적 사고력 | 과학적 의사소통 능력

성취 기준

[통합과학 교육과정 04-03] 지권의 변화를 판구조론적 관점에서 해석하고, 에너지 흐름의 결과로 발생하는 지권의 변화가 지구 시스템에 미치는 영향을 추론할 수 있다.

참여 인원 2~3명

탐구 기간 4개월

유사 및 확장 주제

'교내 학생들의 재난·재해에 관한 인식 탐구'와 같이 이 탐구와 비슷한 탐구 주제를 정할 수 있고, 학생 인권, 교권 등의 인식 탐구에 초점을 맞추어 주제를 확장할 수 있다.

- 지진 이외의 자연재해(황사, 해일, 태풍, 미세먼지) 등의 인식 탐구
- 건물 모형을 이용한 내진 설계 구조에 따른 건물 손상 정도 비교
- 지진대에서 생활하는 사람들의 생활 양식 비교
- 학생 인권, 교권, 정치적 주제 등의 인식 탐구

일정 주제에 대한 사람들의 인식에 대해 탐구하고자 하는 활동에 적합함.

[통합과학 08-03] 엘리뇨, 사막화 등과 같은 현상이 지구 환경과 인간 생활에 미치는 영향을 분석하고, 이와 관련된 문제를 해결하기 위한 다양한 노력을 찾아 토론할 수 있다.
[12기술가정 04-03] 첨단 건설 기술의 핵심 기술과 동향을 파악하며, 건설 기술에서 활용되고 있는 재난 예방과 관련된 예를 조사하여 발표한다.
[통합사회 02-01] 자연환경이 인간의 생활에 미치는 영향에 관한 과거와 현재의 사례를 조사하여 분석하고, 안전하고 쾌적한 환경 속에서 살아갈 시민의 권리에 대해 파악한다.

탐구 계획서

1 탐구 계획

본 주제에서는 재난 대비 시스템을 파악하고, 안전의식을 키우는 데 중점을 두어 탐구 계획을 완성한다.

1. 탐구의 필요성 및 목적

- 지진의 안전지대라고 생각하던 우리나라에서 다양한 지진 활동이 관측되었다.
- 지진 활동은 증가하고 있는 추세이지만 이에 대한 적절한 대처 현황은 미비한 상황이며, 특히 학교 내 지진 대비 현황은 더욱 부족한 것으로 생각된다.
- 학교 내 지진 대비 현황 및 학생들의 지진 대비에 대한 인식을 파악하여 문제에 대한 효율적인 해결책을 탐구하고자 하였다.

2. 탐구 절차

- 학교 내 지진 대비 현황을 파악한다.
- 질문지법(설문)을 이용하여 지진 대비 훈련 및 지진 대피 방법에 대한 학생들의 인식을 조사한다.

3. 탐구의 한계점

탐구의 한계점을 극복할 수 있는 방안을 생각하여 탐구 수행 과정에 적용해 보자.

- 교내 학생들의 인식 정도를 파악해야 하므로 최대한 많은 인원을 선정하여 설문을 실시해야 한다.
- 설문 대상 학생의 신뢰성 있는 답변 보장의 어려움이 있다.

2 자료 탐색

지진에 대한 기본적인 과학 개념을 제시한 자료와 최근 국내외 주요 지진 발생 현황 및 지진 발생 시 행동요령, 지진에 관한 사람들의 인식 탐구 등에 관한 다양한 자료를 탐색한다. 인터넷 자료를 찾을 때에는 과학적 데이터를 기반으로 한 사이트를 참조해야 하며, 행정안전부, 소방방재청 등 공신력 있는 사이트를 우선한다.

- 정용길. 2017. 부산 시민들의 지진에 관한 인식 연구. 신라대학교 석사학위 논문.
- 장해남. 2007. 우리나라의 지진 현황 및 국외 지진 피해 사례.
- 국민재난안전포털(https://www.safekorea.go.kr)
- 기상청(http://www.kma.go.kr)
- 지진연구센터(http://quake.kigam.re.kr)

3 개요

탐구 주제에 맞춰 본 탐구를 실행하고 결론을 도출하는 바탕이 되므로, 간단하지만 정확하게 서술해야 한다.

1. 서론

(1) 탐구의 필요성 및 목적

(2) 이론적 배경

- 지진의 정의
- 지진의 원인
- 우리나라 지진 대비 현황
- 교내 지진 대비 현황

2. 본론

(1) 탐구의 가설

학생들은 교내 지진 대비 훈련에 적극적으로 참여하지 않을 것이며, 지진 대비에 관한 인식 또한 부족할 것이다.

(2) 탐구 방법

설문 조사와 인터뷰를 병행할 수 있다. 설문 조사는 통계적인 결과가 필요할 때, 인터뷰는 심층적인 내용이 필요할 때 활용할 수 있다.

- 탐구 대상: 교내 학생 90명(남녀 각각 45명)

- 탐구 도구: 설문지
- 탐구 과정: 학생들을 대상으로 설문 실시 → 통계를 통해 결과 해석

(3) 탐구 결과

교내 학생들의 지진 대비에 관한 인식 파악

3. 결론

교내 지진 대비 훈련을 강화하고, 학생들의 지진 대비에 관한 인식을 개선해야 한다.

4 일정표

설문 조사가 주된 활동인 만큼 설문 조사 실시 기간을 고려하여 계획을 세우도록 한다. 이때 시험이나 행사 등이 실시되는 기간을 피하는 것이 좋다.

기간	탐구 내용	세부 활동
4월	· 주제 정하기 · 탐구 계획 수립	· 팀 구성 및 주제 선정 · 탐구 절차 정하기 · 탐구 대상 및 도구 선정 · 설문 조사 기간 선정
5월	· 자료 탐색	· 지진의 정의, 원인, 발생 빈도 등 조사 · 우리나라 지진 대비 현황 조사 · 교내 지진 대비 현황 조사
6월	· 탐구 활동 · 결과 정리	· 설문지 작성 · 학생 대상 설문 조사 실시 · 설문 조사 결과 정리 및 결론 도출
7월	· 보고서 작성 · 발표	· 보고서 정리 및 수정, 최종 제출 · 발표 자료 준비, 발표 진행

탐구보고서 쓰기

Ⅰ. 서론

1. 탐구의 필요성 및 목적

우리나라에서 일어난 지진 피해를 다룬 뉴스나 기사 등을 활용하여 지진에 대한 경각심을 불러일으킬 수 있고, 본 탐구가 필요한 이유와 연관지어 설득력을 높일 수 있다.

판의 경계에 있는 일본과 달리 판의 경계에서 600 km 정도 떨어진 유라시아 판의 내부에 있다는 이유로 지진의 안전지대라고 생각하던 우리나라에서 최근 들어 다양한 지진 활동이 발생하고 있다. 또한, 지진의 발생 빈도도 증가하고 있는 추세이다. 특히 지난 2016년 경주, 2017년 포항에서 발생한 지진으로 많은 사람들이 피해를 보았고, 그에 따라 사람들의 지진에 대한 관심이 커져 가고 있는 상황이다. 하지만 일부 학교에서는 여전히 형식적인 지진 대비 훈련을 진행하고 있으며, 학생들의 지진 대비에 관한 인식은 부족할 것으로 생각된다.

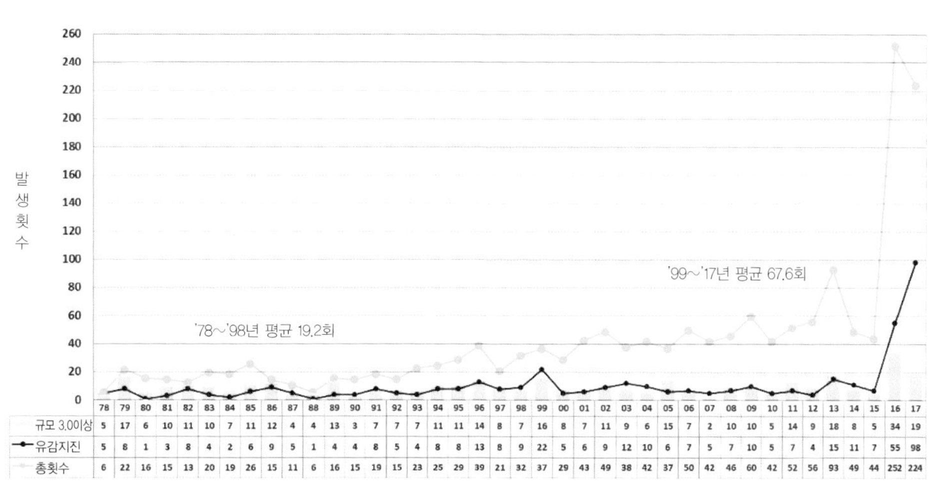

	78	79	80	81	82	83	84	85	86	87	88	89	90	91	92	93	94	95	96	97
규모 3.0이상	5	17	6	10	11	10	7	11	12	4	4	13	3	7	7	7	11	11	14	8
유감지진	5	8	1	3	8	4	2	6	9	5	1	4	4	8	5	4	8	8	13	8
총횟수	6	22	16	15	13	20	19	26	15	11	6	16	15	19	15	23	25	29	39	21

	98	99	00	01	02	03	04	05	06	07	08	09	10	11	12	13	14	15	16	17
규모 3.0이상	7	16	8	7	11	9	6	15	7	2	10	10	5	14	9	18	8	5	34	19
유감지진	9	22	5	6	9	12	10	6	7	5	7	10	5	7	4	15	11	7	55	98
총횟수	32	37	29	43	49	38	42	37	50	42	46	60	42	52	56	93	49	44	252	224

그림 1 국내 지진 발생 추이(기상청, 2016)

추가적으로 진앙 분포도 등 다양한 지진 발생 현황 자료를 근거로 하여 탐구의 필요성 및 목적을 설명하는 것이 좋다. 그래프나 표를 제시할 경우에는 반드시 출처를 표시해야 하며, 명확한 자료를 기반으로 해야 한다.

따라서 교내 지진 대비 훈련 상황 및 교내 학생들의 지진에 대한 인식을 파악하고, 이를 통해 학교 재난 대비 시스템의 발전 방향과 안전 대책에 대해 논하고자 한다.

2. 이론적 배경

(1) 지진의 정의

지진(地震)은 자연적 원인으로 인해 지구의 표면이 흔들리는 현상이다.

(2) 지진의 원인

지진은 지구 내부의 일부 제한된 지역 내에서 에너지가 갑작스럽게 방출되어 일어난다. 이들 에너지는 탄성 변형, 중력, 화학 반응에 의해 만들어진다.

(3) 우리나라 지진 대비 현황

지진 대비 매뉴얼을 간단히 정리하여 제시하는 것도 독자들에게 정보를 제공하는 좋은 방법이며, 국내 내진 설계 기준 관련 법규를 살펴보는 것도 도움이 된다.

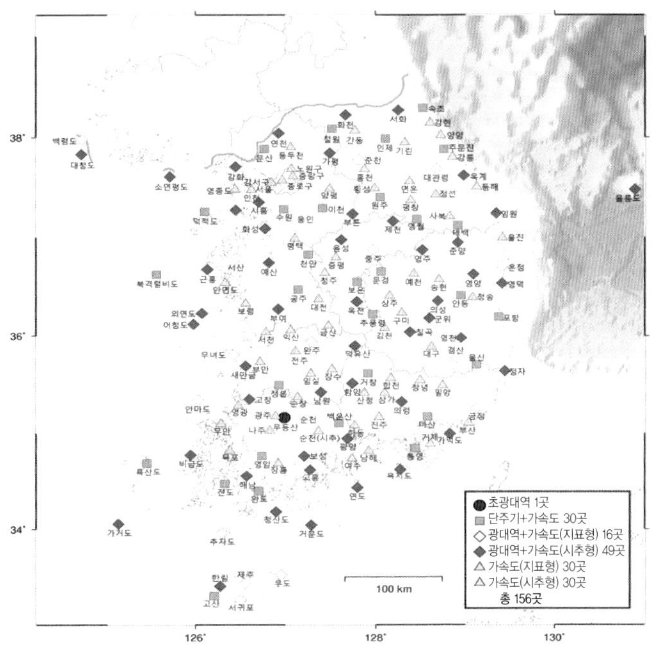

그림 2 국내 지진관측소 현황(기상청, 2017)

소방방재청 및 국민재난안전포털에서 지진 대비 매뉴얼을 제공하고 있으며, 기상청은 지진 관측을 위해 2017년 기준으로 전국에 156개소의 지진관측소를 설치 · 운영하고 있다. 또한, 지진해일 관측을 위해 울릉도 해일파고계와 국립해양조사원의 조위관측소를 공동 활용하고 있다.

(4) 교내 지진 대비 현황

교내 지진 대비 현황을 학교 홈페이지나 안전 관리 담당 교사에게 문의하여 제시한다.

- 연 2회 이상 실제적인 대피 훈련 실시
- 지진 대피소 지정 및 안내 표지판 설치
- 지진 안전 주간 운영 및 캠페인 추진

Ⅱ. 본론

1. 탐구의 가설

탐구를 설계하고 수행함으로써 얻을 수 있는 예측 결과를 구체적인 문장으로 작성한다.

학생들은 지진 대비 매뉴얼을 제대로 숙지하지 못하고 있을 것이고, 매년 실시되는 재난 방재 훈련 또한 본래의 취지에서 벗어난 형식적인 형태로 진행되기 때문에 학생들의 지진 대비 요령에 대한 올바른 인식은 미비할 것이다.

2. 탐구 방법

(1) 탐구 대상

모집단에 비해 표본수가 너무 적으면 성의 없는 논문으로 보일 수 있다. 적당한 표본수의 탐구 대상을 선정하고 탐구 기간도 여유 있게 잡아서 탐구 목적을 충분히 달성하도록 한다.

본 탐구는 학생들의 지진 대비에 관한 인식 정도를 파악하기 위하여 본교 학생 90명을 대상으로 시행하였다.

남녀 또는 학년별 차이를 고려한 결과를 얻고 싶을 경우에는 90명의 학생을 어떤 식으로 대상화할지 정해야 한다.

(2) 탐구 도구

설문 조사 시 연구에 필요한 정보만 묻고 개인 정보 수집을 최소화한다. 또, 연구의 목적과 활용 방안을 설문 응답자에게 사전에 밝혀야 한다.

학생들의 지진 대비에 관한 인식을 알아보기 위하여 구조화된 설문지를 사용하였다. 설문지의 문항은 '지진 국민행동요령 매뉴얼'을 이용하여 작성하였다.

설문지의 질문들은 연구 목적, 즉 가설 검증에 초점을 맞추어 작성하며, 제대로 된 결과를 이끌어 낼 수 있도록 신중하게 작성한다.

(3) 탐구 과정

본교 학생 90명을 대상으로 설문 조사를 시행하였다. 설문 조사에서 5개의 문항은 지진 발생 시 대피요령에 대한 질문이다. 설문 조사의 결과는 각 문항들에 대한 응답을 표로 나타내었고, 각각의 응답에 대한 해석을 추가하였다.

3. 탐구 결과

실제 탐구 대상 설문 조사 진행 과정을 간략하게 소개하고, 각 문항에 대한 질문 의도와 설문 결과를 바탕으로 나타난 학생들의 인식 정도를 서술한다. 현재 예시는 탐구 결과를 문항별로 해석하였는데, 성별, 연령별 등으로 분석하는 방법도 좋은 결과를 얻을 수 있다.

〈1번〉 지진 대비 훈련에 어떻게 참여하였나요?	
① 훈련에 적극적으로 참여하였다.	20명
② 훈련에 참여하였으나 기억나는 것은 없다.	69명
③ 훈련에 참여하지 않고 교실에 남아 있었다.	1명
	총: 90명

〈1번〉 질문은 지진 대비 훈련 시 훈련에 참여하는 학생들의 실태를 알아보기 위한 것이다. 90명 중에서 훈련에 참여했다고 답한 사람은 총 89명이며, 참여는 하였으나 기억나는 것이 없다고 응답한 학생이 2/3 이상으로 대부분의 학생들이 형식적으로 참여하고 있음을 알 수 있다.

〈2번〉 집 주변의 가까운 대피소의 위치를 알고 있나요?	
① 알고 있다.	33명
② 모른다.	57명
	총: 90명

〈2번〉 질문은 지진이 일어났을 경우 주변 대피소의 위치를 알고 빠르게 대피할 수 있는지를 알아보기 위한 것이다. 그 결과 절반 이상의 학생들이 대피소의 위치를 모르고 있었으며, 이를 통해 학생들의 지진 대피 요령에 관한 인식이 부족함을 알 수 있다.

〈4번〉 갑자기 지진이 발생했을 시 행동으로 옳지 않은 것은? (복수 선택 가능)	
① 책상 밑 또는 식탁 아래로 숨는다.	10명
② 엘리베이터를 이용해 신속히 대피한다.	73명
③ 문을 열고 가스 밸브를 잠근다.	33명
④ 밖에 있을 경우 건물과는 거리를 두고 이동한다.	3명
⑤ 차량을 이용하여 신속히 대피한다.	45명

· 〈3번〉 질문과 같은 주관식 설문도 결과를 통계내어 표로 제시하자.
· 〈5번〉, 〈6번〉 질문도 〈4번〉 질문처럼 결과를 통계내어 표로 정리하고, 결과를 해석해 보자.

〈4번〉 질문은 지진 발생 시 행동 요령 숙지에 관한 질문이다. 대부분의 학생들이 엘리베이터 이용의 위험은 인지하고 있었으나 나머지 행동 요령을 정확히 알고 있는 학생의 수는 적었다.

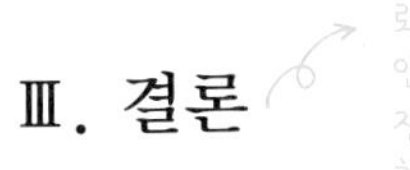

Ⅲ. 결론

설문지 내용을 분석한 탐구 결과를 바탕으로 하여 교내 학생들의 지진 대비에 관한 인식을 정리한다. 또한 교내 학생들의 인식 정도에 대해 어떠한 행동요령과 인식의 변화가 요구되는지 개선 방안을 제언해 보자.

탐구 결과 학교에서는 지진 대비 훈련을 실시하고 있으나 학생들은 훈련에 형식적으로 참여하고 있음을 알 수 있다. 또, 개별 학생들의 지진 대피 요령에 대한 인식은 상당수가 부족한 것으로 나타났다. 이는 지진 대비 훈련의 개선 및 학생들의 인식 개선을 위해 노력이 필요함을 뜻한다.

학교에서는 정기적으로 실시되는 지진 대비 훈련의 목적 및 필요성, 정확한 대피 요령 등을 학생들에게 강조해야 할 것이며, 지진 대비 훈련 이외에도 캠페인 활동, 홍보 활동 등을 통해 학생들의 지진 대비 요령 습득을 위해 노력해야 할 것이다. 또한, 학생들도 우리나라가 지진의 안전지대라는 생각에서 벗어나 지진에 대해 관심을 갖고, 지진 대비 요령에 대해 정확히 인식해야 할 것이다.

제대로 된 대피 방법을 알고 있고, 그렇게 행동할 수 있다면 그것만으로도 많은 인명 피해를 줄일 수 있을 것이다.

부록에는 탐구 도구인 설문지 양식을 원문 그대로 제시하고, 지진 국민 행동 안전 요령(국민안전처), 지진 대피 매뉴얼(소방방재청) 등도 추가한다.

부록

1. 설문지

설문지 상단에 연구 목적, 연구자 등을 밝히고, 응답자의 동의를 구한다.

여러분들은 지진이 일어났을 때에 대비해서 얼마나 알고 있나요?

· 성별은 어떻게 되나요? ① 남성 ② 여성

· 학년은 어떻게 되나요? ① 1학년 ② 2학년 ③ 3학년

1. 지진 대비 훈련에 어떻게 참여하였나요?

① 훈련에 적극적으로 참여하였다.
② 훈련에는 참여하였으나 기억나는 것은 없다.
③ 훈련에 참여하지 않고 교실에 남아 있었다.

설문지의 질문에는 연구자의 의도가 반드시 담겨져 있다. 질문지를 보고 의도를 파악할 수 있는가? 스스로 답해 보며, 신중하게 문항을 구성한다.

2. 집 주변의 가까운 대피소의 위치를 알고 있나요?

① 알고 있다. ② 모른다.

3. 자동차 안에 있을 때, 지진이 일어난다면 어떻게 해야 할까요?

____

4. 갑자기 지진이 발생했을 시 행동으로 옳지 않은 것은? (복수 선택 가능)

① 책상 밑 또는 식탁 아래로 숨는다.
② 엘리베이터를 이용해 신속히 대피한다.
③ 문을 열고 가스 밸브를 잠근다.
④ 밖에 있을 경우 건물과는 거리를 두고 이동한다.
⑤ 차량을 이용하여 신속히 대피한다.

5. 내진 설계가 되어 있는 대형 고층 건물에서의 대피 요령으로 옳지 않은 것은? (복수 선택 가능)

① 엘리베이터는 위험하므로 계단으로 대피한다.
② 가능한 건물 밖으로 나간다.
③ 건물 외벽에 있으면 건물이 무너졌을 때 추락할 수 있으므로 건물 외벽 쪽보다는 건물 내부로 대피한다.
④ 복사지, 신문지 등 종이 더미 속으로 대피한다.

6. 내진 설계가 되어 있지 않은 소형 건물에서의 대피 요령으로 옳지 않은 것은? (복수 선택 가능)

① 1층보다는 2,3층이 안전하므로 위층으로 대피한다.
② 학교에서는 책상의 아래 또는 옆으로 피난한다.
③ TV를 시청 중이거나 문이나 창문을 통하여 재빨리 탈출할 수 없는 상황이라면 소파나 큰 의자 옆으로 가서 몸을 구부린 태아자세를 유지한다.
④ 현관의 기둥이 부서졌을 경우 현관 위의 천정 붕괴에 유의한다.

· 질문은 대개 단순한 문항, 복잡한 문항, 객관식, 단답식, 서술식 순으로 나열한다. 또한 질문을 쉽게 이해할 수 있도록 명료하게 발문하고, 응답하는 데에 오랜 시간이 걸리지 않도록 전체 질문을 구성한다.
· 동일한 척도의 항목은 모아서 배열하고, 답변이 용이한 질문을 앞쪽에, 개방형 질문을 뒤쪽에 배열한다면 더 좋은 설문지가 될 것이다.

2. 지진 대비 행동요령

지진 시 행동요령

상황별 행동요령

지진으로 흔들리는 동안은 탁자 아래로 들어가
몸을 보호하고, 탁자 다리를 꼭 잡습니다.

흔들림이 멈췄을 때는?

흔들림이 멈추면 전기와 가스를 차단하고,
문을 열어 출구를 확보합니다.

건물 밖으로 나갈 때는?

건물 밖으로 나갈 때에는 계단을 이용하여
신속하게 이동합니다. (엘리베이터 사용 금지)

※ 엘리베이터 안에 있을 경우에는 모든 층의 버튼을 눌러 먼저 열리는 층에서 내립니다.

건물 밖으로 나왔을 때는?

건물 밖에서는 가방이나 손으로 머리를 보호하며,
건물과 거리를 두고 주위를 살피며 대피합니다.

대피 장소를 찾을 때는?

떨어지는 물건에 주의하며 신속하게 운동장이나 공원 등
넓은 공간으로 대피합니다. (차량 이용 금지)

대피 장소에 도착한 후에는?

라디오나 공공기관의 안내 방송 등
올바른 정보에 따라 행동합니다.

http://www.mois.go.kr

자료를 탐색하면 지진 시 행동요령이 상당히 많이 존재한다. 조사한 자료들을 서로 협력하여 '학생들이 꼭 알고 있어야 할 지진 대비 행동요령' 등으로 다시 정리하여 올리는 것도 의미가 있다.

연계 교과

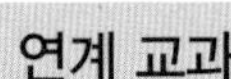

과학탐구실험

08. 라면을 맛있게 끓이는 과학적 방법

중점 핵심 역량 과학적 문제 해결력

성취 기준

[과학탐구실험 교육과정 02-02] 영화, 건축, 요리, 스포츠, 미디어 등 생활과 관련된 다양한 분야에 적용된 과학 원리를 알아보는 실험을 통해 과학의 유용성을 설명할 수 있다.

참여 인원 3~4명

탐구 기간 4개월

유사 및 확장 주제

본 탐구와 같은 요리를 테마로 하여 '조리 과정을 다양하게 변화시켰을 때 나타나는 음식의 특성 변화'를 탐구 주제로 정할 수 있다. 또한 식품, 영양, 미각, 분자 요리학 등에 초점을 맞추어 탐구 주제를 확장할 수도 있다.

- 반죽의 종류에 따른 면의 탄성도 측정
- 라면의 영양학적 불균형을 해결할 수 있는 방법 탐구
- 액체 질소를 이용한 분자 요리의 특성 탐구
- 식품첨가제의 조합에 따른 식감 분석

[과학탐구실험 02-07] 생활 속에서 발견한 문제 상황 해결을 위한 과학 탐구 활동 계획을 수립하고 탐구 활동을 수행할 수 있다.
[12기술가정 04-01] 기술의 발달에 따라 개량되거나 만들어진 제품을 통해, 최신 기술의 활용과 발전 방향을 예측하여 발표한다.

탐구 계획서

1 탐구 계획

본 주제를 탐구 주제로 정하게 된 동기를 생각해 보고, 이 탐구가 필요한 이유와 이 탐구를 통하여 알고 싶은 것이 무엇인지를 기술한다.

1. 탐구의 필요성 및 목적

- 각종 블로그에 올라온 '라면을 맛있게 끓이는 방법'의 과학적인 검증이 필요하다.
- 최적의 라면 맛을 낼 수 있는 방법을 제공함으로써 많은 이들이 라면을 즐길 수 있도록 도와준다.

2. 탐구 절차

탐구 방법은 독자들이 신뢰하고 타당하게 여길 수 있는 결과와 결론이 도출되도록 설정한다.

- 라면의 맛을 결정하는 요인을 파악한다.
- 맛 평가단(성별과 연령 고려)을 구성한다.
- 각 요인을 조절했을 때 나타나는 맛을 맛 평가단이 블라인드 테스트(blind test)로 평가한다.

'맛'은 감각에 의존하므로 맛을 평가한 결과는 주관적인 판단에 의해 좌우될 수 있다. 따라서 맛 평가를 최대한 객관화할 수 있는 방안을 찾아 탐구 방법을 설정하도록 한다.

- 각 요인별 맛의 선호도를 조사한다.

3. 탐구의 한계점

탐구의 한계점에서는 기본적으로 탐구 수행 과정에서 생길 수 있는 오류를 적고, 추가적으로 이 탐구의 결과를 적용할 수 있는 범주, 이 탐구를 일반화하는 데에 필요한 후속 탐구 등을 기술한다.

- '맛있다'는 주관적인 평가를 최대한 객관화(정량화)하는 과정에서 감각 인식의 오류가 있을 수 있다.
- 탐구를 수행한 표본 결과로부터 적용 범위를 넓혀 일반화하는 데에 오류가 있을 수 있다.

사람마다 기호가 다르므로 최대한 많은 인원을 표본으로 선정하여 평균적인 기호를 조사한다.

2 자료 탐색

라면의 맛에 대한 선행 탐구나 관련 문헌을 찾는다. 또한 라면의 정의, 라면의 원리, 라면의 역사, 라면의 성분, 라면의 종류 등에 관한 자료를 탐색한다. 인터넷 자료를 찾을 때에는 과학적 데이터를 기반으로 한 사이트를 참조해야 하며, 공신력 있는 사이트와 그 분야의 전문가 의견을 우선한다.

- 노봉수. 2014. 라면 맛의 비밀. 한국식품영양과학회 학술대회발표집, 95-96.
- 노완섭. 2006. 라면의 역사. 동아시아식생활학회 학술발표대회논문집, 47-59.
- 이영수. 2014. 라면 먹어볼까요. 좋은땅.
- 김지원. 2017. 요리로 진화한 라면, 맛의 재발견으로 승부 본다. 리테일 매거진, 494호, 72-75.
- Wayne Gisslen. 2013. Professional baking(6th edition) chapter 5 - 전분의 특성
- 네이버 키친. "라면". 네이버.
- 최초의 라면, 그 역사 속으로 - MBC 타임머신 2005년 4월 17일 방영분
- 라면 50년: 라면에 관한 진실 혹은 거짓. 매일경제. 2013년 7월 18일
- 세계라면협회(WINA) 홈페이지(http://instantnoodles.org) - 라면의 역사, 라면의 소비, 라면의 생산 공정
- 농심 홈페이지(http://www.nongshim.com) - 라면 백과
- 위키피디아

3 개요

논문을 구성하는 요소를 개략적으로 제시하는 부분으로, 간단하지만 정확하게 서술해야 한다.

1. 서론

(1) 탐구의 필요성 및 목적

(2) 이론적 배경

- 라면의 정의

- 라면의 원리
- 라면의 성분
- 라면 조리법

2. 본론

(1) 탐구 방법

- 탐구 대상: 맛 평가단(연령과 성별을 고려하여 총 80명)
- 탐구 도구: 설문지, 인터뷰
- 탐구 과정: 맛 평가단 구성 → 조작 변인 설정 → 조작 변인에 따른 라면 맛 평가(블라인드 테스트) → 인터뷰

(2) 탐구 결과

- 냄비의 종류에 따른 라면 맛의 평가
- 조리 순서에 따른 라면 맛의 평가
- 용액의 액성에 따른 라면 맛의 평가
- 조리 시간에 따른 라면 맛의 평가

3. 결론

냄비의 종류, 조리 순서, 용액의 액성, 조리 시간을 최적화하면 맛있는 라면이 완성된다.

4 일정표

참여 인원과 탐구 방법 등을 고려하여 구체적으로 적는다. 특별한 시기에 탐구해야 하는 경우에는 선행 탐구를 참고하여 기간을 설정한다.

기간	탐구 내용	세부 활동
3월	· 주제 정하기 · 탐구 계획 수립	· 팀 구성 및 주제 선정 · 탐구 절차 정하기 · 탐구 대상 및 도구 선정 · 설문 조사 및 인터뷰 기간 선정
4월	· 자료 탐색 · 탐구 방법 설계	· 라면의 정의, 원리, 성분, 조리법 등 조사 · 실험 방법 및 맛 평가 방법 설계 · 맛 평가단 구성
5월	· 탐구 활동 · 결과 정리	· 실험 수행 · 맛 평가 설문 조사, 인터뷰 실시 · 인터뷰 전사 및 코딩 · 결과 정리(통계, 표, 그래프) 및 결론 도출
6월	· 보고서 작성 · 발표	· 보고서 정리 및 수정, 최종 제출 · 발표 자료 준비, 발표 진행

인터뷰 내용을 사전동의를 구한 후 녹음한다. 녹음 후에는 녹음 내용을 모두 워드로 기록하여 정리하는 전사 과정과 전사된 자료를 읽고 자료 속에 내재된 주제를 찾아내는 코딩(coding) 과정을 거친다. 코딩은 탐구의 결과와 결론을 도출할 수 있는 기초적인 정보를 제공해 준다.

탐구보고서 쓰기

Ⅰ. 서론

서론에서는 독자의 호기심을 불러일으키는 요소들을 근거와 함께 매끄럽게 기술하도록 하자. 그리고 본 탐구에서는 여러 식품 중에서 라면을 선택한 이유를 설명할 필요가 있다. 또한 이 탐구가 유사한 다른 탐구와 어떤 차이가 있는지, 이 탐구만이 가지고 있는 의미는 무엇인지 충분한 설명을 제공하면 설득력을 높일 수 있다.

1. 탐구의 필요성 및 목적

1958년에 일본의 안도 모모후쿠가 개발하여 1963년부터 한국에서 대량 생산된 인스턴트 라면은 오랜 시간동안 사랑받는 식품 중의 하나이다. 세계라면협회(WINA)에 따르면 2016년 기준으로 매년 975억 개의 라면이 전 세계에서 소비된다고 한다. 특히 한국인의 1인당 연간 라면 소비량은 76.1개로 전 세계 1위이다. 그만큼 라면은 우리나라 사람들의 입맛을 사로잡은 식품이라고 할 수 있다.

각종 인터넷 사이트와 블로그에는 라면을 더욱 맛있게 먹는 다양한 방법들이 소개되어 있다. 그런데 그 방법들이 왜 라면을 맛있게 하는지에 대한 과학적인 검증이 되지 않았다. 또한, 여러 방법들이 얼마나 많은 사람들로 하여금 맛있다는 평가를 받을지도 궁금하였다.

따라서 많은 사람들이 선호하는 '맛있는 라면'의 기준을 세우고, 라면을 맛있게 끓이는 과학적 방법을 찾고자 한다.

2. 이론적 배경

라면의 맛과 관련된 자료를 조사하여 제시한다. 그림, 그래프, 표를 제시할 경우에는 반드시 출처를 표시해야 하며, 명확한 자료를 기반으로 해야 한다.

(1) 라면의 정의

국수를 뜨거운 증기로 익히고 기름에 튀긴 후 건조시킨 면에 분말스프를 넣어 만든 즉석식품이다.

(2) 라면의 원리

국수를 기름에 튀기면 밀가루 반죽에 포함된 수분이 빠르게 증발하면서 밀가루에 구멍이 남고, 이 구멍에 뜨거운 물이 들어가면 국수가 다시 부드러워진다.

(3) 라면의 성분

- 지방 16~20 %, 단백질 8~11 %, 탄수화물 67~70 % 등 영양분이 많다.
- 라면 1개(120 g)당 열량은 500 kcal로 성인 남성 1일 권장 열량 2400 kcal의 1/5 이상에 해당하는 높은 열량을 내며, 나트륨은 1790 mg으로 1일 권장량의 90 %를 넘는다.
- 면에는 밀가루, 글루텐, 전분, 면품질 개량제, 팜유 등이 들어 있고, 스프에는 정제염, 조미베이스, 정백당, 간장 분말 등이 들어 있다.
- 면에 들어 있는 전분은 면의 물리적 성질을 좌우하며, 전분이 물과 만나면 물을 흡수하면서 조직이 부풀고 점성이 커지는 호화 현상이 일어난다.

(4) 라면 조리법(ㅇㅇ라면 기준)

① 물 550 mL(3컵 정도)를 끓인다.

② 면과 분말스프, 후레이크를 같이 넣고 4분 30초간 더 끓인다.

Ⅱ. 본론

1. 탐구 방법

정성적인 평가를 정량화하는 과정을 구체적으로 설명한다.

'맛'은 음식이 혀에 닿았을 때 느껴지는 감각으로 '맛이 있고 없음'과 '맛의 정도'를 판단하는 기준은 사람마다 다르다. 따라서 이러한 주관적인 평가를 최대한 객관화(정량화)할 필요가 있다.

결과의 신뢰도를 높이기 위해서 라면의 맛을 평가할 때 최대한 많은 인원을 표본으로 하였다. 또한, 다양한 방법으로 끓인 라면을 블라인드 테스트로 시식한 후 가장 많은 사람들이 선호하는 맛을 '맛있는 맛'으로 선정하기로 했다.

(1) 탐구 대상

라면 맛 평가단은 성별과 연령별 차이를 고려한 결과를 도출하기 위하여 아래와 같이 구성하였다.

얻고자 하는 결과를 고려하여 대상의 범주와 크기를 정한다.

표 1 맛 평가단의 구성

평가단 구성	10대	20대	30대	40대
남	10명	10명	10명	10명
여	10명	10명	10명	10명

(2) 탐구 도구

라면의 맛을 평가하기 위하여 설문지를 사용하였다. 평가단은 다양한 방법으로 조리된 라면을 어떠한 방법으로 조리된 것인지 아무 정보가 없는 상태에서 시식한 후 설문지를 작성하였다. 별점 5점을 만점으로 맛있는 정도를 5점, 4점, 3점, 2점, 1점으로 평가하였다.

객관적인 자료로서는 부족하지만 실험의 특성상 허용되는 데이터이다.

설문 조사 후 개별 인터뷰를 통하여 왜 그러한 선택을 했는지 이유를 묻고, 평가에서 느꼈던 맛을 구체적으로 표현할 수 있도록 안내하였다.

(3) 탐구 과정

만약 탐구 수행 과정에서 문제점이 발견되면 이를 개선한 후 탐구를 이어나간다. 개선할 점은 초기에 발견할수록 좋다.

맛 평가단의 정확한 평가를 위하여 허기지거나 배부르지 않은 상태에서 시식을 하도록 하였다. 배가 고팠을 때 처음에 먹는 라면이 가장 맛있게 느껴질 수 있으므로 식사 후 2시간이 지난 시점에서 시식을 하게 했으며, 앞서 먹은 라면의 맛이 그 다음 평가에 영향을 주지 않도록 물로 입안을 헹구게 하였다.

객관적인 결과를 얻기 위한 노력이 엿보인다. 이와 같이 과학 탐구에서는 신뢰성을 높이기 위해 탐구 방법과 절차를 신중히 계획한다.

또한, 주재료인 라면 이외의 부재료를 넣지 않아서 라면 고유의 맛과 그 맛의 차이를 평가할 수 있도록 하였다. 라면은 통계청에서 발표한 2016년 가장 많이 팔린 ○○라면을 사용하였으며, 라면봉지에 적힌 조리 방법대로 라면을 끓인 후 맛을 평가하였다.

준비물은 아래와 같으며, 다음의 4가지 조작 변인을 조절하여 라면을 끓이고 맛을 평가하였다.

- 준비물: 라면, 물, 식초, 베이킹 파우더, 냄비(크기가 비슷하고 재질이 다른 네 종류), 휴대용 가스레인지, 초시계, 국자, 종이컵, 나무젓가락, 필기도구
- 조작 변인: 냄비의 종류, 조리 순서, 용액의 액성, 조리 시간

2. 탐구 결과

실험 상황을 간단한 그림으로 표현하면 독자가 이해하기 쉽다. 데이터는 표로 정리한 후 그래프로 변환시키면 경향성을 파악하기 수월하다. 성별과 연령별로 나누어 결과의 특이점이 있는지 살핀다. 유의미한 결과에 대해서는 왜 그러한 결과가 나왔는지 이론적 배경을 참고하여 근거를 제시한다.

(1) 냄비의 종류에 따른 라면 맛의 평가

라면을 끓이는 냄비의 종류(재질)가 라면 맛에 영향을 주는지 비교하였다.

표 2 냄비의 종류에 따른 라면 맛 평가

냄비	양은 냄비	스테인리스 냄비	법랑 냄비	뚝배기
평균 점수	4.56	4.12	3.95	2.15

그림 1 냄비의 종류에 따른 라면 맛 평가

다음 그림과 같이 성별 또는 연령별로 데이터를 정리할 수도 있다.

냄비의 종류에 따른 성별 라면 맛 평가

연령이나 성별에 관계없이 라면을 양은 냄비에 끓였을 때 가장 맛있다고 평가하였다. 양은 냄비에 끓였을 때 가장 맛있다고 평가한 사람들의 인터뷰는 다음과 같다.

A : 1번 라면이 제일 면이 꼬들꼬들하고 맛있었어요.

B : 제일 마지막에 먹었던 라면은 면이 퍼져서 별로였어요.

냄비의 재질 차이 때문에 이와 같은 결과가 나타났을 것이라 생각했다. 냄비 재질에 따라 열용량이 다르기 때문이다. 특히 양은이 스테인리스나 법랑, 흙에 비해 열용량이 작아 빨리 끓을 것이라고 가설을 세운 다음 보조 실험을 진행하였다. 네 종류의 냄비에 각각 물을 100 g씩 넣고 같은 화력으로 가열했을 때 끓는점(100 ℃)까지 도달하는 데 걸린 시간을 측정하였다.

탐구 결과의 근거를 제시하는 과정에서 참고자료를 이용하거나 보조 실험을 통해 원인을 분석할 수 있다. 이때 타당한 원인을 찾아내어 논리적으로 설명할 필요가 있다. 이와 같이 탐구의 모든 단계에서는 의문을 남기지 않도록 노력하는 탐구 자세가 중요하다.

표 3 냄비의 재질에 따른 끓는점까지 도달하는 데 걸린 시간

냄비	양은 냄비	스테인리스 냄비	법랑 냄비	뚝배기
끓는점에 도달하는 데 걸린 시간	3'35"	4'01"	4'13"	5'47"

실험 결과 양은 냄비에 물을 끓였을 때 다른 재질의 냄비보다 물이 끓는점에 더 빨리 도달하였다. 이것으로부터 양은이 다른 재료 물질(스테인리스, 법랑, 흙)보다 열용량이 작다는 것을 알 수 있다.

라면의 특성상 빨리 끓여야 면이 익으면서 전분이 호화되는 것을 막을 수 있으므로 면의 쫄깃한 맛을 느낄 수 있다. 따라서 양은 냄비에 끓이는 것이 가장 면의 식감을 좋게 할 수 있는 방법이다.

끓는 물에 라면을 넣고 같은 시간 동안 조리하였으므로 빨리 끓여야 면이 쫄깃하다는 해석은 설득력이 부족하다. 양은 냄비에 끓인 라면이 쫄깃한 이유를 좀 더 다각도로 분석할 필요가 있다.

(2) 조리 순서에 따른 라면 맛의 평가

라면을 끓일 때 끓는 물에 면과 스프를 넣는 순서가 라면 맛에 영향을 주는지 비교하였다.

표 4 조리 순서에 따른 라면 맛 평가

표 4의 데이터를 성별, 연령별로 나누어 정리한 다음 그래프로 제시할 수도 있다.

순서	면 → 스프	스프 → 면
평균 점수	4.01	4.65

연령이나 성별에 관계없이 끓는 물에 스프를 먼저 넣고 끓였을 때 더 맛있다고 평가하였다.

이러한 결과가 나타나게 된 원인은 스프의 성분 중 가장 많은 비중을 차지하는 염분 때문이라고 생각했다. 염분이 끓는점에 영향을 주어 라면이 익는 데 영향을 주었을 것이라 가설을 세우고 보조 실험을 진행하였다. 같은 크기와 재질의 두 냄비에 각각 물을 100 g씩 넣고 둘 중 하나에만 스프를 넣은 후 같은 세기의 불꽃으로 가열하여 시간에 따른 온도 변화를 측정하였다.

냄비의 재질을 구체적으로 표시하도록 한다.

표 5 50 ℃의 물과 (물+스프)의 시간에 따른 온도 변화

표 5의 데이터를 그래프로 그려서 보여 주면 비교가 쉽다.

온도 변화	시간(분)						
	1	2	3	4	5	6	7
물	50	75	89	96	99	100	100
물+스프	50	76	93	100	101	102	103

물에 스프를 넣으면 스프 속에 들어 있는 염분이 물의 증발을 방해하기 때문에 용액의 증기 압력을 낮춘다. 용액의 증기 압력이 대기압보다 낮아지므로 더 많은 열량을 공급하여 100 ℃ 이상으로 온도가 올라갈 때 용액의 증기 압력이 대기압과 같아지면서 끓게 된다. 즉, 스프를 먼저 넣으면 순수한 물보다 더 높은 온도에서 끓기 때문에 같은 시간 동안 라면이 더 많은 열을 공급받아 빨리 익는다.

이와 같은 원리를 끓는점 오름이라고 한다. 라면에 스프를 먼저 넣을 때의 끓는점 오름 현상에 대해 반증하는 자료들도 많이 있으므로 추가로 찾아 보면 원인 분석에 도움이 될 것이다.

(3) 용액의 액성에 따른 라면 맛의 평가

라면을 끓일 때 용액의 액성이 라면 맛에 영향을 주는지 비교하였다. 같은 크기와 재질의 냄비 3개(a~c)를 준비하고 각각 물을 550 mL씩 넣는다. a는 기본 레시피대로 라면을 끓인다. b에는 식초(4 % 아세트산 수용액)를 2방울 첨가하고, c에는 베이킹 파우더를 물에 녹인 용액(4 % 탄산수소 나트륨 수용액)을 2방울 첨가하여 라면을 끓인 후 시식하였다.

용액의 농도를 통제할 때 실험의 특성에 맞게 질량% 농도, 부피% 농도, 몰 농도, 몰랄 농도 중에서 선택하자. 또는 이 실험에서는 용액의 액성을 달리하므로 pH 7(중성)을 기준으로 절댓값은 같고 용액의 액성이 서로 다른 용액을 pH 미터를 이용하여 만들 수도 있다.

표 6 용액의 액성에 따른 라면 맛 평가

액성	중성(a)	약산성(b)	약염기성(c)
평균 점수	4.25	4.47	4.23

액성을 표시할 때는 pH를 측정하여 제시하는 것이 더 명확하다.

표 6의 데이터 또한 성별, 연령별로 정리하여 그래프로 제시한다.

연령과 성별에 따라 맛있게 느껴진 라면의 순서가 조금 달랐지만 공통적으로 식초를 첨가한 라면이 제일 맛있다고 평가하였다. 다음은 평가단의 인터뷰 결과이다.

C: 두 번째 라면이 면이 가장 쫄깃했어요.

이러한 결과가 나타나게 된 원인은 산 때문이라고 생각했다. 면의 쫄깃한 식감을 나타내는 단백질은 글루텐인데, 이 글루텐은 산과 반응하여 응고되는 성질이 있다. 그래서 pH 5~6 정도의 약한 산성에서 글루텐이 잘 생성된다(Wayne Gisslen, 2013). 이와 같은 원리로 라면의 면을 반죽할 때 면을 더 쫄깃하고 탱글탱글하게 하기 위해 아주 적은 양의 '산도 조절제'를 넣는다(농심 홈페이지)고

참고문헌에서 인용한 내용은 문장의 끝에 저자와 연도를 표시한다.

한다. 따라서 식초를 넣은 라면의 면발이 더 쫄깃하게 느껴지는 것이다.

(4) 조리 시간에 따른 라면 맛의 평가

조리 시간이 라면 맛에 영향을 주는지 비교하였다. 같은 종류의 냄비 3개를 준비하고 각각 물을 550 mL씩 넣은 후 물을 끓였다. 물이 끓으면 동시에 라면과 스프를 넣고, 조리 시간을 다르게 하여 끓인 후 시식하였다.

표 7의 데이터도 성별, 연령별로 정리하여 그래프로 제시한다.

표 7 조리 시간에 따른 라면 맛 평가

조리 시간	4분	4분 30초	5분
평균 점수	4.37	4.64	4.28

연령이나 성별에 관계없이 4분 30초(기본 레시피)간 조리한 라면이 가장 맛있다고 평가했다.

면에는 밀가루와 전분이 들어 있는데 전분은 밀가루보다 익는 온도가 낮지만 쉽게 호화되는 특징이 있다(위키피디아).

위키피디아는 누구나 편집권을 가질 수 있어 참고하는 정도로만 하고, 신뢰할 만한 참고문헌을 찾아 그 내용을 확인해야 한다.

4분 30초보다 짧게 조리하면 면이 익지 않고, 그보다 더 길게 조리하면 면에 포함된 전분이 호화되어 식감이 떨어지기 때문이다. 따라서 기본 조리법에 제시한 시간만큼 조리하는 것이 최적의 식감을 낼 수 있다.

제시한 조작 변인 이외에 달걀 첨가, 끓이는 중간에 찬물 추가, 젓가락으로 들어올려 공기와 접촉시킴 등의 변인을 추가하여 실험할 수도 있다.

Ⅲ. 결론

설문지 내용을 분석한 탐구 결과를 종합하여 라면을 가장 맛있게 끓이는 방법을 정리한다. 또한 서론에서 밝힌 탐구의 필요성이 이 탐구를 통하여 충족되었는지 기술하는 것도 좋다. 뿐만 아니라 이 탐구가 가지고 있는 한계점을 제시하고, 그 한계점을 극복할 수 있는 후속 탐구에 대한 방향을 제시하는 것도 필요하다.

라면을 맛있게 끓이기 위한 방법을 찾기 위해 4가지 변인(냄비의 종류(재질), 조리 순서, 용액의 액성, 조리 시간)을 조작하여 다음과 같은 결과를 도출하였다.

(1) 냄비의 재질은 열용량이 작을수록 라면이 빨리 끓어서 맛있다.

(2) 끓는 물에 스프를 먼저 넣는 것이 끓는점 오름 현상에 의해 라면이 더 빨리 익는다.

(3) 용액이 약한 산성일 때 글루텐이 잘 형성되므로 면의 식감이 쫄깃해진다.

(4) 밀가루와 전분이 익는 시간과 전분이 호화되는 시간을 고려할 때 끓는 물에 라면과 스프를 넣고 4분 30초간 끓이는 것이 적당하다.

즉 양은 냄비에 스프를 먼저 넣고 물을 끓인 후 면을 넣고, 식초를 2방울 정도 첨가하여 4분 30초간 끓이면 맛있는 라면이 완성된다.

이 탐구는 '맛있다'는 주관적인 평가를 최대한 객관화한 것으로, 연령과 성별을 고려한 표본 집단의 평가로 라면 맛의 우위를 비교하였다. 따라서 일반화하기 위해서는 더 많은 인원을 대상으로 구체적인 척도를 활용한 후속 탐구가 필요하다. 또한 이 탐구는 표본 집단이 선호하는 평균적인 맛의 우위를 비교했으므로 개인 기호에 맞는 라면을 끓일 때 이 탐구의 결과를 적절히 활용하기 바란다.

이 탐구는 요리에 적용되는 과학적 원리를 알아보고, 도출한 결과에 대해 과학적 근거를 제시하려고 노력한 점이 훌륭하다. 생활 속에 적용된 과학 원리를 관찰하고 이유를 설명하려는 과학적 자세는 과학 탐구에 있어서 꼭 필요한 소양이다.

부록

1. 실험에 사용된 중요 데이터

실험에 참고한 데이터를 모아서 정리하자.

(1) 물질의 비열표

(2) 끓는점 오름 상수 및 용액의 농도에 따른 끓는점 구하는 공식

(3) 아세트산과 탄산수소 나트륨의 이온화 상수

2. 설문지

아래의 설문지를 예시로 활용하여 효과적인 결과를 얻을 수 있도록 설문지를 작성한다.

〈설 문 조 사〉

이 설문지는 라면을 맛있게 끓이는 과학적 방법을 알아보는 탐구의 기초 자료로 활용됩니다. 탐구 이외의 목적에는 사용하지 않습니다.

1. 성별 : 남 / 여
2. 연령 : 10대 / 20대 / 30대 / 40대
3. 라면 맛을 평가해 주세요.

(아주 맛있다:5점, 맛있다:4점, 보통이다:3점, 맛이 없다:2점, 아주 맛이 없다:1점)

실험	A라면	B라면	C라면	D라면
1				
2				
3				
4				

–감사합니다–

3. 면담 질문(인터뷰 가이드)

〈인터뷰 가이드〉

인터뷰에 응해 주셔서 감사합니다.

1. 〈실험 1〉에서 어떤 라면이 제일 맛이 있었나요? 왜 그렇게 느끼셨는지 맛을 구체적으로 표현(식감, 향 등)해 주실 수 있나요?
2. 〈실험 1〉에서 어떤 라면이 제일 맛이 없었나요? 왜 그렇게 느끼셨는지 맛을 구체적으로 표현(식감, 향 등)해 주실 수 있나요?

……

나머지 실험에 대해서도 위와 같은 형식으로 구성하도록 한다.

★ 설문 조사 시 유의 사항

- 탐구에 필요한 정보만 묻고 개인 정보 보호를 위해 개인을 식별할 수 있는 정보는 묻지 않는다.
- 어떤 탐구인지 밝히고 탐구 이외의 용도로 사용하지 않음을 알린다.
- 탐구에 사용한 설문지는 다른 용도로 사용하지 않고 폐기한다.

★ 인터뷰 시 유의 사항

- 편한 분위기를 조성하여 자연스러운 대화가 이루어지도록 한다.
- 미리 답변을 예상하여 하위 질문을 준비한다.
- 인터뷰가 끝나면 대화 내용을 잊을 수 있으므로 대화의 주요 내용을 기록하거나 대화 내용을 녹음하며 경청하는 것이 좋다.
- 녹음한 내용을 그대로 기록(전사)하고 의미있는 부분에 표시(코딩)해 두면 탐구 결과로 활용할 때 도움이 된다.

연계 교과

과학탐구실험

09. 동전 앞뒷면의 질량에 따른 확률 변화

중점 핵심 역량 과학적 탐구 능력

성취 기준

[과학탐구실험 교육과정 02-02] 탐구 수행으로 얻은 정성적 혹은 정량적 데이터를 분석하고 그 결과를 다양하게 표상하고 소통할 수 있다.

참여 인원 2~3명

탐구 기간 4개월

유사 및 확장 주제

우리 주변에서 공정하다고 생각되어 행해지고 있는 다양한 놀이의 확률을 조사하여 확률에 영향을 줄 수 있는 다양한 요인을 알아본다.

- 주사위에서 각 면이 나올 확률과 각 면적에 따른 확률 변화
- 공정성이 있다고 생각되는 다양한 놀이에서 진짜로 공정한가에 대한 다양한 탐구

[9수학 05-05] 확률의 개념과 그 기본 성질을 이해하고, 확률을 구할 수 있다.
[통합사회 06-01] 정의가 요청되는 이유를 파악하고, 정의의 의미와 실질적 기준을 탐구한다.

탐구 계획서

1 탐구 계획

평소 공정을 위해 행하는 동전 던지기를 탐구 주제로 선정한 이유를 생각해 보고, 이 탐구를 통하여 알고 싶은 것이 무엇인지 기술한다.

1. 탐구의 필요성 및 목적

- 동전 던지기는 축구 경기의 승부차기 선후공 결정 등 스포츠 및 다양한 실생활에서 사용되며, 공정한 룰로 여겨지고 있다.
- 하지만 동전 앞뒷면의 문양과 질량 차이로 인해 앞면 또는 뒷면이 나올 확률에도 차이가 발생한다면 과연 공정할까? 라는 의문이 들었다.

2. 탐구 절차

- 동전의 앞면과 뒷면이 나올 확률을 실험을 통해 알아낸다.
- 동전 앞뒷면의 질량을 달리 하여 동전의 앞면과 뒷면이 나올 확률이 달라지는지 조사한다.

3. 탐구의 한계점

- 확률 변화의 보다 다양한 원인을 알아보기 위한 조작이 용이하지 않다.
- 동전 던지기의 동작, 높이 등 결과에 영향을 주는 변인을 통제하기 어렵다.

2 자료 탐색

공신력 있는 자료를 찾기 위해 공공기관이나 시민단체의 자료를 활용한다. 한국연구재단(https://www.nrf.re.kr)에 등재되거나 등재후보인 학술지는 믿을 만하므로 해당 학술지에 게재된 연구 논문을 찾아 참고해 보자.

- 스탠포드 동전 던지기 실험(http://statweb.stanford.edu/~susan/papers/headswithJ.pdf, 스탠포드 동전 보고서)

- 두산백과(http://terms.naver.com/entry.nhn?docId=1155366&cid=40942&categoryId=32214)
- 브리태니커 백과사전(https://www.britannica.com/topic/probability-theory)
- 위키피디아(https://ko.wikipedia.org/wiki/%EB%AC%B4%EC%9E%91%EC%9C%84%EC%84%B1)
- 네이버 지식백과

3 개요

탐구에 대해 개괄적으로 소개하는 부분이므로 탐구에서 가장 핵심적인 요소들을 구조화하여 체계적으로 제시하자.

1. 서론

(1) 탐구의 필요성 및 목적

(2) 이론적 배경

- 확률
- 확률론
- 무작위성
- 표본오차
- 확률표본 추출

2. 본론

(1) 사전 조사 실험

- 동전 던지기
- 통을 사용한 동전 던지기

(2) 탐구의 가설

- 동전 앞뒷면의 질량 차이가 나면 확률이 50:50이 아니라 변할 것이다.

- 동전 앞뒷면의 질량 차이가 클수록 질량이 작은 면이 위를 향할 확률이 높을 것이다.

(3) 탐구 방법

동전 던지기의 실제 확률 조사 → 앞면과 뒷면의 질량을 다르게 한 후의 확률 조사 → 동전 던지기에서 확률에 영향을 주는 요인에 대한 고찰

(4) 탐구 결과

동전 던지기에 대한 확률과 이에 대한 통계적 접근

3. 결론

동전 던지기에서 앞면과 뒷면이 나올 확률에는 의미 있는 차이가 없지만, 질량을 달리 하였을 때에는 의미 있는 차이가 발생한다.

4 일정표

기간	탐구 내용	세부 활동
3월	· 주제 정하기 · 탐구 계획 수립	· 팀 구성 및 주제 선정 · 탐구 절차 정하기
4월	· 자료 탐색 · 탐구 방법 설계	· 확률, 확률론, 무작위성, 표본오차, 확률표본 추출 조사 · 동전 던지기의 확률 문헌 조사 · 실험 재료 구입 및 실험 방법 설계
5월	· 탐구 활동 · 결과 정리	· 사전 조사 실험 수행 · 동전 앞뒷면의 질량을 달리 하여 확률 비교 · 실험 결과 정리 및 결론 도출
6월	· 보고서 작성 · 발표	· 보고서 정리 및 수정, 최종 제출 · 발표 자료 준비, 발표 진행

Ⅰ. 서론

1. 탐구의 필요성 및 목적

대부분의 사람들이 공정하다고 생각하고 있는 동전 던지기의 확률이 실제는 어떤가에 대해 의문을 제기하고, 실제 확률에 영향을 주는 요인은 무엇인지 알아보고자 함을 피력한다.

오늘날 동전 던지기는 각종 공정한 선택의 상황 또는 축구경기의 승부차기 선후공 결정 등에서 사용된다. 이처럼 동전 던지기가 공정할 것이라는 기대는 앞면과 뒷면이 나올 확률이 같을 것이라는 믿음을 전제로 한다. 하지만 '동전 앞뒷면의 문양의 차이에도 불구하고 앞뒷면이 나올 확률이 같을까?' 라는 의구심이 생겼고, 앞면과 뒷면이 나올 확률이 다르다는 소문을 확인하고 싶었다. 또한, 확률이 다르다면 이에 영향을 주는 요인이 무엇인지 밝히고자 한다.

2. 이론적 배경

우리가 상식적으로 알고 있는 부분은 굳이 출처를 제시할 필요가 없지만, 많은 사람들이 잘 몰랐던 새로운 정보나 본 주제와 관련된 중요한 정보들은 각 문장별로 출처를 꼭 밝혀야 한다. 독자들은 출처를 보고 믿을 만한 정보인지 판단할 수 있다.

(1) 확률

하나의 사건이 일어날 수 있는 가능성을 수로 나타낸 것으로, 동일한 원인에서 특정한 결과가 나오는 비율을 뜻한다. 통계적 또는 경험적인 것과 수학적 또는 선험적(先驗的)인 것이 있다. 통계적 확률의 예로는, 일정한 조건 아래서 만들어지는 제품 1000개 중 평균 15개의 불량품이 나온다고 할 때 이 작업에서 불량품을 생산하는 확률(15/1000)을 들 수 있다. 수학적 확률의 예로는, 무게중심이 기하학적인 중심과 일치하는 정육면체 주사위를 던졌을 때 특정한 면이 나타나는 확률(1/6) 또는 앞뒤가 대칭인 동전을 던졌을 때 특정한 면이 나타나는 확률(1/2) 등이 있다(두산백과).

(2) 확률론

확률론(確率論, probability theory)은 확률에 대해 연구하는 수학의 한 분야이다. 확률론은 비결정론적 현상을 수학적으로 기술하는 것을 목적으로 하며, 주요 연구 대상으로는 확률변수, 확률과정, 사건 등이 있다. 확률론은 통계학의 수학적 기초이다. 또한 인간은 살아가기 위해 매 순간 직접적으로 예측할 수 없는 방법으로 변화하는 환경에 대처하여 결정을 내릴 필요가 있으며, 이는 의식적으로나 무의식적으로나 확률론에 기반한다. 통계역학 등에서, 완전한 정보가 알려지지 않은 복잡계를 기술하는 데에도 확률론적 방법론은 큰 역할을 한다. 이에 더해 20세기 초에 등장한 물리학 이론인 양자역학은 미시계의 물리적 현상이 근본적으로 확률적인 본질을 갖고 있음을 알려주었다(Britannica 백과사전 – David O. Siegmund).

참고문헌에 있는 내용을 그대로 인용하지 말고, 독자를 이해시키기 위해 쉽게 풀어서 설명하도록 노력해 보자. 시간도 오래 걸리고 어렵겠지만 노력은 반드시 결실을 맺는다. "If you can't explain it simply, you don't understand it well enough."–아인슈타인

(3) 무작위성

무작위(無作爲, randomness), 임의(任意), 무선(無選)은 인위적인 요소가 없는 것, 규칙성이 없는 것을 의미하며, 모든 것이 동등한 확률로 일어날 수 있는 상태를 뜻한다. 주사위의 눈이 나올 확률이 같은 것과 로또 추첨, 동전 던지기 등 어떠한 그룹도 표본으로 선택될 확률이 같다는 가정에 의한 확률의 법칙이 적용될 수 있는 현상에서 나타난다. 그래서 랜덤(Random)이라고 한다(Introduction to Randomness and Statistics – Alexander K. Hartmann).

(4) 표본오차

S.E. 또는 SE로 약기하는데, 이는 산술평균 등 데이터(표본)에서 계산한 통계량의 표준편차의 추정치이다. 통계량은 확률변수로서 분포를 가지고 있으므로 그에 대한 평균치 · 분산 등이 정의되는데, 그 가운데 분산의 정(正)의 평방근이 표준오차이다. 따라서 표본평균·표본분산·표본중앙치 등에 대해 각각 표준오

차가 정의될 수 있으나, 통상 표준오차라 할 때는 표본평균의 표준편차를 말한다. 예를 들면 데이터에서 모집단의 평균을 산출하려고 할 때 산술평균은 모집단평균의 하나의 추정치에 불과한 것으로 오차가 있다. 이 경우 모집단평균의 추정량으로서 산술평균의 평균오차는 표본표준편차를 표본수의 제곱근으로 나눈 것이 된다. 산술평균의 이러한 추정량이 정규 분포하는 경우 모집단평균의 95 % 신뢰구간은 (점추정치) ± 1.96 × (표준편차)가 된다(네이버 지식백과).

(5) 확률표본 추출

사회과학 탐구 시 발생 가능성, 즉 주어진 사례가 모집단에서 선택될 수 있는 개연성의 수준을 계산할 수 있도록 체계적으로 사례를 추출하는 것을 말한다. 이 방법으로 표본이 모집단을 대표할 수 있는 경향의 정도를 산정할 수 있다(네이버 지식백과).

Ⅱ. 본론

1. 사전 조사 실험

n은 표본 수

이 사전 조사 실험에서 우리가 사용한 표본오차 산출식은 $\pm 1.96 \times \sqrt{\frac{2500}{n}}$ 이다. 여기서 1.96은 95 % 신뢰구간을 선택하여 나온 상수이고, 2500은 앞면과 뒷면의 두 가지 경우(각 50 %)가 있으므로 50 × 50하여 얻은 값이다.

(1) 동전 던지기

동전을 어떤 형태로 던졌는지에 대한 사진이나 손동작 등을 구체적으로 제시한다. 왜냐 하면 던질 때의 초기 조건이 결과에 상당한 영향을 주는 실험이기 때문이다.

우리들이 생활 속에서 사용하는 동전의 종류인 10원, 50원, 100원, 500원을 각각 200번씩 던졌을 때 앞면과 뒷면이 나오는 횟수를 측정하였다.

10원을 던졌을 때 앞면이 나온 경우는 52.5 %이고, 50원은 55 %, 100원은 45 %,

결과를 표로 정리해서 보여 주면 비교하기 쉽다. 이때 유효숫자를 맞춰서 표현한다.

	10원	50원	100원	500원
앞면이 나온 확률(%)	52.5	55.0	45.0	47.0
오차 범위(% 포인트)	2.5	5.0	−5.0	−3.0

500원은 47 % 확률로 앞면이 나왔다. 우리가 직접 던졌을 때 나온 결과에서는 2.5 % 포인트, 5 % 포인트, −5 % 포인트, −3 % 포인트의 차이가 났는데, 이것은 표본오차의 범위인 ±6.929646 % 포인트에 포함된다. 따라서 앞면과 뒷면이 나올 확률이 다르다는 의미를 갖지 못하며, 앞면과 뒷면이 나올 확률에는 차이가 없다.

계산식은 다음과 같다.

$\pm 1.96 \times \sqrt{\frac{2500}{200}} = \pm 6.929646$

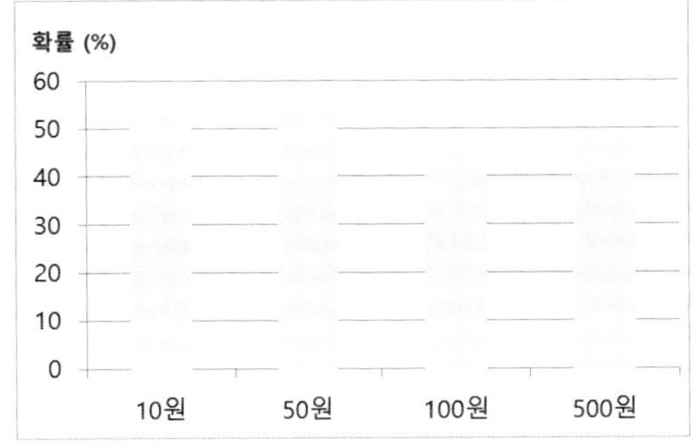

그림 1 동전을 던졌을 때 앞면이 나온 확률

(2) 통을 사용한 동전 던지기

(1) 동전 던지기에서는 10원도 포함하여 실험을 수행하였는데, (2)에서는 10원을 제외한 이유가 무엇인지 밝혀 보자. 또한 여기에서도 마찬가지로 실험 결과를 표로 정리한 후 그래프로 변환하여 보여 주면 좋다.

50원, 100원, 500원 동전을 50개씩 통에 넣어 흔든 뒤 나온 앞면과 뒷면의 개수를 세어 결과를 확인하였다. 각 동전마다 10번씩 던져 한 종류의 동전의 결과를 500번 확인하였으며, 그 중 앞면이 나오는 확률을 조사하였다.

50원, 100원, 500원으로 각각 실험을 진행한 결과 50원은 50 %의 확률로 앞

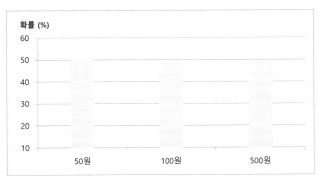

그림 2 통에 동전을 넣고 흔들었을 때 앞면이 나온 확률

면이 나왔고, 100원은 48.4 %, 500원은 49.4 %의 확률로 앞면이 나왔다. 따라서 실험 결과 확률의 차이는 ±1.6 % 포인트 이내이고, 이는 표본오차의 범위인 ±4.382693 % 포인트에 포함되므로 무의미하다고 볼 수 있다. 즉 통에 동전을 넣고 흔들었을 때 앞면과 뒷면이 나올 확률에는 차이가 없다.

$\pm 1.96 \times \sqrt{\frac{2500}{500}} = \pm 4.382693$

2. 탐구의 가설

사전 조사 실험 결과는 동전의 앞뒷면이 나올 확률에 차이가 없다는 것을 보여 준다. 하지만 우리는 동전 앞뒷면의 질량 차이가 존재하면 확률 변화가 나타날 것이며, 동전 앞뒷면의 질량 차이가 클수록 질량이 작은 면이 위를 향하여 나올 것이라고 가설을 설정하였다.

3. 탐구 방법

동전의 앞면과 뒷면의 질량을 달리했을 때 동전 던지기에서 앞면과 뒷면이 나올 확률이 어떻게 달라질지 알고자 한다. 따라서 동전의 앞면과 뒷면에 밀도가 다른 아연판과 구리판을 붙여서 질량을 다르게 함으로써 확률에 미치는 영향을 관찰하였다.

[실험 준비물]

원판 4개, 10 cm ×2 cm 아연판(판의 두께는 0.3 mm) 2개, 10 cm ×2 cm 구리판 2개, 접착제, 가위

실험 준비물 사진을 찍을 때는 모든 준비물을 빠짐 없이 실험대 위에 배치한 다음 물체가 선명하게 잘 보이도록 찍는다.

그림 3 실험 준비물

[실험 방법]

실험의 정확성을 높이기 위해 판의 재질 이외의 모든 변인은 동일하게 제작한다.

① 아연판과 구리판을 2 cm ×2 cm 크기로 각각 10개씩 자른다.

② 원판의 한 면에는 아연판, 다른 면에는 구리판을 접착제로 붙인다(실험 1).

③ 두 번째 원판에는 아연판과 구리판을 각각 2개씩 붙인다(실험 2).

④ 세 번째 원판에는 아연판과 구리판을 각각 3개씩 붙인다(실험 3).

⑤ 네 번째 원판에는 아연판과 구리판을 각각 4개씩 붙인다(실험 4).

아연판과 구리판의 질량을 측정하여 제시할 필요가 있다. 즉 같은 크기의 아연판이 구리판보다 얼마만큼 질량이 작은지 정보를 제공해 주어야 한다.

⑥ 판을 1개씩 붙인 원판을 100번 던진다.

어떤 면을 위로 해서 던졌는지, 어떤 방식으로 던졌는지 명확하게 제시해야 한다. 초기 조건을 어떻게 설정했는지가 결과에 영향을 주므로 구체적인 실험 방법에 대한 묘사가 매우 중요하다.

⑦ 다른 원판들도 각각 100번씩 던진다.

⑧ 각 원판에서 앞면이 나온 횟수를 통해 확률을 계산한다.

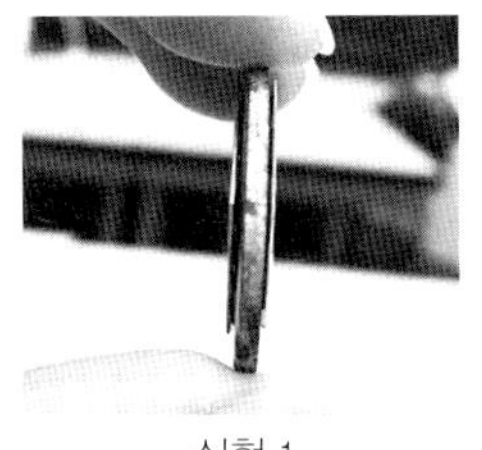
실험 1

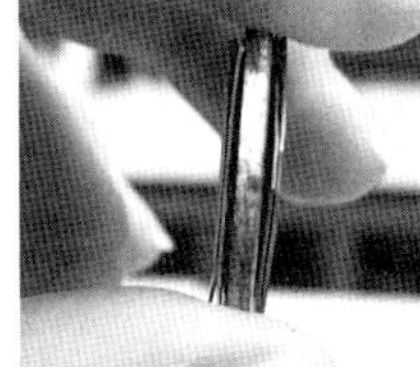
실험 2

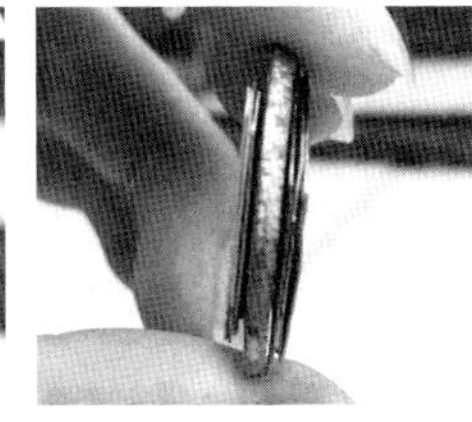
실험 3

실험 4

그림 4 실험에 사용한 동전

4. 탐구 결과

동전 앞뒷면의 질량 차이에 따른 확률 변화 결과는 다음과 같다.

표 1 동전의 질량 차이에 따른 앞면이 나올 확률(앞면은 아연판, 뒷면은 구리판을 붙임)

실험	동전의 질량 차이	앞면이 나온 횟수(번)	뒷면이 나온 횟수(번)	앞면이 나올 확률(%)
1	앞면이 0.2136 g 가볍다.	61	39	61
2	앞면이 0.4272 g 가볍다.	65	35	65
3	앞면이 0.6408 g 가볍다.	55	45	55
4	앞면이 0.8544 g 가볍다.	56	44	56

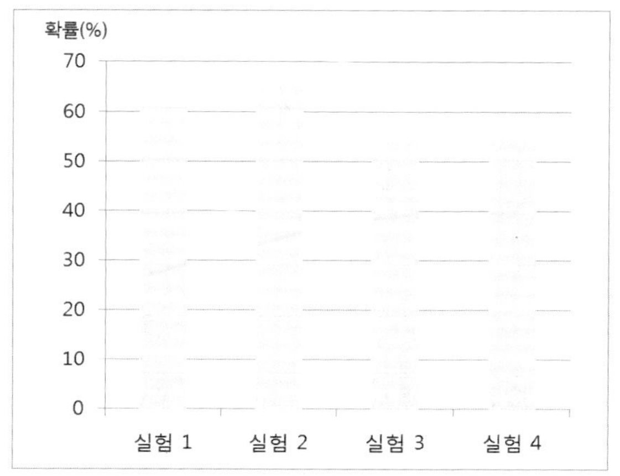

그림 5 실험 1~4에서 아연판을 붙인 면(앞면)이 위쪽에 나올 확률

본 탐구를 통하여 알게 된 사실 및 탐구의 한계점을 기술하고, 그 한계점을 극복할 수 있는 후속 탐구의 방향을 제시하자.

Ⅲ. 결론

실험 1~4 모두 아연판을 붙인 면이 위로 올라올 확률이 50 %보다 높았으며, 각 실험의 결과를 보면 순서대로 11 %, 15 %, 5 %, 6 % 포인트 차이가 나는 것을 알 수 있다. 이와 같이 표본오차 범위인 ±6.929646 % 포인트를 넘는 결과가 나온 것을 통해 앞면과 뒷면의 질량 차이가 동전을 던졌을 때 앞면과 뒷면이 나오는 확률과 관계 있다는 것을 알 수 있었다. 가벼운 면보다 무거운 면 쪽으로 넘어질 확률이 더 높았고, 그로 인해 아연판을 붙인 더 가벼운 면이 위로 올라온 횟수가 많았다. 이를 통해 동전의 앞면과 뒷면의 질량 차이가 있으면 나오는 확률도 다를 것이라는 가설이 참이라고 확인되었다. 그렇지만 질량의 차이가 커질수록 확률의 차이도 커질 것이라는 가설은 확인되지 않았다. 이에 대한 더 심도 있는 탐구가 앞으로 필요할 것이다. 또, 우리가 실생활에서 사용하는 동전에서는 앞면과 뒷면이 나올 확률이 거의 비슷하다는 것을 통해 질량의 차이가 없거나 너무 미세하여 확률에 영향을 끼치지 않는다고 결론지었다.

실험 1과 2의 결과는 표본오차 범위를 넘기 때문에 '동전의 질량이 작은 면이 위를 향할 확률이 높다.'고 결론지을 수 있지만, 실험 3과 4의 결과는 표본오차 범위 안에 포함되므로 '동전 앞뒷면의 질량 차이가 확률에 영향을 주지 않는다.'고 해석할 수 있다. 즉 연구자의 의도와 반대의 결과가 얻어진 것이다. 이런 경우 실험을 다시 수행하거나 던지는 횟수를 더 많이 늘려서 실험을 수행해야 한다. 탐구 과정에서 문제점이 발견되면 원인을 찾고, 이를 보완할 수 있도록 실험 설계를 수정하여 다시 수행하는 과정이 필요하다.

연계 교과

통합과학
과학탐구실험

10. 용암동굴에서 석회동굴로의 변화 양상 탐사

중점 핵심 역량 과학적 사고력 | 과학적 탐구 능력

성취 기준

[통합과학 교육과정 04-02] 다양한 자연 현상이 지구 시스템 내부의 물질의 순환과 에너지의 흐름의 결과임을 기권과 수권의 상호 작용을 사례로 논증할 수 있다.
[과학탐구실험 교육과정 02-04] 흥미와 호기심을 갖고 과학 탐구에 참여하고, 분야 간 협동 탐구 등을 통해 협력적 탐구 활동을 수행하며, 도출한 결과를 증거에 근거하여 해석하고 평가할 수 있다.

참여 인원 2~3명

탐구 기간 3개월

유사 및 확장 주제

본 탐구와 같이 자연 현상이나 변화를 주제로 직접 탐사한 후 탐사 결과를 통해 결론을 도출하는 다양한 형태의 탐구보고서를 작성할 수 있으며, 동굴이나 산지 같은 지형 이외에도 동·식물의 식생, 기후변화 등 다양한 탐구에 응용 가능하다.

- 화산 지형과 카르스트 지형의 생활 양식 비교
- 서울지역(거주지역) 식생과 제주지역 식생의 차이에 관한 탐구
- 거문오름의 이끼 서식지역 조사를 통한 이끼의 생존환경 탐구

[통합과학 07-03] 생물다양성을 유전적 다양성, 종 다양성, 생태계 다양성으로 이해하고, 생물다양성 보전 방안을 토의할 수 있다.
[한국지리 02-03] 화산 및 카르스트 지형 형성 과정과 특징을 파악하고, 이를 중심으로 관광 자원으로 활용되는 지형 경관의 사례를 제시한다.

탐구 계획서

1 탐구 계획

본 탐구는 주제에 맞는 장소를 직접 탐사하고 그 결과를 해석하는 자연 탐사 과정이다. 따라서 탐구 주제 선정부터 심사숙고할 필요가 있으며, 탐사 전에 탐사 장소에 대한 자료와 정보를 충분히 조사하고, 연구 방법 및 환경을 고려하여 구체적인 계획을 세우는 것이 무엇보다 중요하다.

1. 탐구의 필요성 및 목적

- 유네스코 지정 세계 7대 자연경관으로 선정될 만큼 아름다운 모습을 갖고 있는 제주도의 용암동굴이 석회동굴로 변해 간다는 것을 알았다.
- 용암동굴이 석회동굴로 변화하는 과정에 대한 호기심이 생겼고, 협재굴과 쌍용굴의 변화 정도가 궁금했다.
- 변화 양상 및 변화 정도를 파악하기 위해 직접 탐구 장소를 찾아가 관찰하고 탐구하는 자연 탐사를 계획하였다.

2. 탐구 절차

- 용암동굴과 석회동굴 내부 지형의 서로 다른 특징을 파악한다.
- 제주도의 용암동굴인 쌍용굴과 협재굴을 직접 찾아가 탐사를 실시한다.
- 내부 지형의 특징을 비교하여 쌍용굴과 협재굴의 변화 정도를 파악한다.

3. 탐구의 한계점

천연기념물로 지정된 동굴을 탐사하는 과정이기에 관람로가 설치되어 있는 곳만 탐사가 가능하며, 접근이 제한된 곳에서는 측정이 어렵다.

2 자료 탐색

탐사 전 용암동굴과 석회동굴에 대한 기본적인 정의 및 생성 과정, 생성 원리, 대표적인 지형 등 각각의 동굴과 관련된 다양한 자료를 탐색한다.

- 지구과학개론. 2006. 한국지구과학회. 교학연구사.
- 지질학개론. 2006. 정창희. 박영사.
- 퇴적암석학. 2000. Loren A. Raymond. 시그마프레스.
- 김범훈. 2009. 동굴 전문 김범훈 기자의 제주도 용암동굴 들여다보기.

3 개요

본 탐구를 실행하고 결론을 도출하는 바탕이 되므로, 간단하지만 정확하게 서술해야 한다.

1. 서론

(1) 탐구의 필요성 및 목적

(2) 이론적 배경

- 용암동굴과 석회동굴의 정의 및 특징
- 용암동굴과 석회동굴의 대표적인 지형

2. 본론

(1) 탐구의 가설

용암동굴이 석회동굴로 변해 가는 과정에 있기 때문에 두 동굴에서 나타나는 특징적인 지형이 모두 발견될 것이며, 석순과 종유석 등의 크기와 개수를 비교하여 변화 정도를 파악할 수 있을 것이다.

(2) 탐사 과정

- 탐사 장소: 제주특별자치도 협재굴과 쌍용굴
- 탐사 계획: 시간대별 탐사 계획을 작성한다.
- 탐사 방법: 동굴 내부 생성물 특징 파악하기, 석순의 개수 세기, 석순의 높이 및 지름 측정하기, 동굴 벽면 분석하기

(3) 탐사 결과

협재굴과 쌍용굴에서 발견할 수 있는 용암동굴과 석회동굴의 특징

3. 결론

협재굴과 쌍용굴 내부의 특징을 파악하여 석회동굴화 정도 및 경향성을 분석한다.

4 일정표

탐사할 장소의 위치, 탐사 장소까지의 거리, 이동 수단, 탐사 시간 등 탐사에 관한 전반적인 사항을 모두 고려하여 탐구 일정을 세운다.

기간	탐구 내용	세부 활동
7월	· 주제 정하기 · 탐구 계획 수립	· 팀 구성 및 주제 선정 · 탐구 절차 정하기 · 탐사 장소 및 방법 선정 · 시간대별 탐사 계획 작성
8월	· 자료 탐색 · 탐구 활동	· 용암동굴과 석회동굴의 특징 조사 · 협재굴과 쌍용굴 탐사
9월	· 결과 정리 · 보고서 작성 및 발표	· 탐사 결과 정리 및 결론 도출 · 보고서 정리 및 수정, 최종 제출 · 발표 자료 준비, 발표 진행

탐구 계획은 탐구 활동을 수행하는 과정에서 계속하여 수정되고 구체화될 수 있다.

탐구보고서 쓰기

Ⅰ. 서론

제주도에 위치한 협재굴 동굴계는 세계에서 유일하게 용암동굴과 석회동굴이 복합된 2차 동굴이다. 즉, 용암동굴 속에서 석회질 종유석과 석순 같은 2차 생성물이 성장하는 독특한 특징을 갖는다. 이와 관련된 내용을 좀 더 설명하여 독자들의 이해를 돕고, 본 연구의 학술적인 가치를 강조한다.

1. 탐구의 필요성 및 목적

제주도는 대한민국의 가장 대표적인 화산섬으로 유명하다. 최근에는 유네스코 지정 세계 7대 자연경관으로 선정될 만큼 아름다운 모습을 갖고 있다. 그 중 용암동굴은 제주도가 갖고 있는 특징 중 하나인데, 어떤 용암동굴은 시간이 지남에 따라 석회동굴로 변해 간다는 것을 알게 되었다. 따라서 용암동굴이 석회동굴로 어떻게 변화해 가는지 탐구해 보기로 하였다.

용암동굴이 석회동굴로 변해 감에 따라 나타나는 현상 중에서 대표적인 것은 석순의 길이와 개수의 변화이다. 따라서 동굴의 단위 길이(10 m)당 석순의 길이와 개수를 세어 봄으로써 동굴의 길이에 따른 석회동굴의 변화 양상을 확인할 수 있을 것이다. 또한 용암동굴(쌍용굴, 협재굴) 내부 구조물을 탐사하여 석회동굴로의 변화 정도를 알아보고, 용암동굴 내부 지형과 석회동굴 내부 지형의 차이점을 관찰하여 서로 비교하려고 한다.

본 탐구의 주제와 관련된 용암동굴과 석회동굴의 차이를 제시하는 것이 가장 중요하며, 이는 두 동굴의 생성 원리, 나타나는 대표적인 지형 등을 이용하여 설명한다. 자료는 단순한 인터넷 검색 결과가 아닌 공신력 있는 사이트, 전문가, 서적 등의 내용을 인용하여 수록하도록 하며, 반드시 출처를 표시한다.

2. 이론적 배경

(1) 용암동굴의 정의 및 특징

용암동굴은 주로 유동성이 큰 용암에 의해 만들어진다. 이는 용암이 분출했을 때 지표 아래에서 흐르는 용암이 지표 바깥으로 빠져나가면서 생성된다. 이렇게 흐르던 용암이 빠져나간 지하의 빈 공간이 용암동굴이 된다.

용암동굴의 생성물로는 용암 종유, 용암 석순 등이 있으나 그 개수가 적고 뚜렷하게 나타나지 않는다. 동굴의 옆면에는 용암이 빠져나가면서 긁은 흔적인 소흔이 있고, 용암의 양이 줄어들면서 나타나는 줄무늬가 보이기도 한다.

(2) 석회동굴의 정의 및 특징

석회동굴은 석회암 지대에서 지하로 스며드는 빗물이나 지하수에 의한 용식작용으로 지하에 생성된 동굴이다. 용식작용이란 석회암을 이루는 방해석($CaCO_3$) 광물이 산성을 띠는 물에 쉽게 녹는 성질 때문에 침식이 일어나는 것을 말한다.

석회동굴이 생성되는 과정을 좀 더 자세히 살펴보면, 지표에서 스며드는 빗물이나 지하를 흐르는 지하수(H_2O)에 공기 중의 이산화 탄소(CO_2)가 녹아 탄산(H_2CO_3)을 이루게 되고, 이것이 석회암과 만나면 용식작용으로 인해 석회암이 녹으면서 동굴은 점차 확장되고 종유석, 석순, 석주 등의 동굴생성물이 만들어진다. 이를 화학식으로 나타내면 $CaCO_3 + H_2O + CO_2 \longrightarrow Ca(HCO_3)_2$ 이다. 여기서 $Ca(HCO_3)_2$ 는 탄산수소 칼슘 용액으로 물에 칼슘 성분이 녹아 있는 상태이며, $Ca(HCO_3)_2$ 이 생성되는 곳은 석회동굴이 된다.

(3) 용암동굴의 대표적인 지형

① 용암 종유: 용암이 흘러 내려갈 때 동굴 천장이나 동굴 벽면에 용암 방울이 맺혀 굳은 형태

② 용암 석주: 천장의 용암 종유가 바닥까지 연장되어 용암 석순에 연결된 용암동굴의 지형물

(4) 석회동굴의 대표적인 지형

① 종유석: 종유석은 용식작용의 주요 산물로, 천장에 있는 지하수의 석회 성

분인 탄산수소 칼슘이 증발하는 수분으로 인해 재결정화되면서 생성된다. 단면을 살펴보면 이는 동심원상의 구조를 가지며 안쪽에서 바깥쪽으로 성장하는 형태이다. 종유석은 보통 가늘고 긴 빨대 모양으로 생성된 후, 중앙의 관이 막히면서 물이 바깥쪽으로 흘러 고드름 모양으로 자란다. 그 밖에 커튼 모양의 종유석도 있다.

② 석순: 석순은 종유석에 맺힌 지하수가 바닥으로 떨어진 후, 그 속의 CO_2가 날아가면서 물의 pH가 바뀌고 $CaCO_3$가 침전되어 생성된다. 종유석과 비슷하게 중심에서 바깥쪽으로 성장하는 형태를 띤다.

Ⅱ. 본론

1. 탐구의 가설

탐구를 설계하고 탐구를 수행함으로써 얻을 수 있는 예측 결과를 구체적인 문장을 통해 작성하도록 한다.

용암동굴이 석회동굴로 변화함에 있어서 석회동굴에서 나타나는 지형을 관찰할 수 있을 것이며, 석순의 개수와 크기 및 부피 측정을 통해 용암동굴의 석회동굴화 정도를 파악할 수 있을 것이다. 또한 빗물 및 지하수의 유입이 용이한 동굴의 입구 쪽이 석회동굴화 진행이 더 많이 되었을 것이다.

2. 탐사 과정

(1) 탐사 장소

제주특별자치도 제주시 한림읍 협재리

본 탐구는 제주도에 거주하지 않는 이상 쉽게 탐사할 수 없는 제한이 있다. 가족 여행이나 현장체험학습 등으로 제주도를 방문하였을 때 탐사를 진행하는 방법을 고려해 보자.

(2) 시간대별 탐사 계획

탐사 시간 계획을 너무 촉박하게 정할 경우 원하는 결과를 얻지 못하고 탐사를 마무리해야 할 수 있다. 따라서 탐사 시간 계획은 정해진 일정에 맞는 범위에서 넉넉하게 정하는 것이 좋다.

시간	일정	세부 활동
9:00~10:00	· 협재굴로 이동	
10:00~12:00	· 오전 조사	· 협재굴의 단위 길이당 석순의 개수와 높이 및 지름 측정하기 · 동굴 벽면 관찰하기
12:00~13:00	· 중식, 쌍용굴로 이동	
13:00~15:00	· 오후 조사	· 쌍용굴의 단위 길이당 석순의 개수와 높이 및 지름 측정하기 · 동굴 벽면 관찰하기 · 협재굴과 쌍용굴의 생성물 비교하기
15:00~16:00	· 탐사의 마무리 및 보충 탐사	

(3) 탐사 방법

지정된 관람 지역만 탐사하고 지형지물을 직접 만지지 않는 등 동굴을 훼손하지 않는 범위 안에서 탐사를 실시한다. 또한, 조명 사용이나 플래시 사용 시 다른 관람객에게 피해를 주지 않도록 한다.

① 동굴 내부 생성물 특징 파악하기: 협재굴과 쌍용굴 내에서 벽면을 관찰하고 종유석, 용암 종유 등 다양한 지형을 비교 관찰한다. 관찰한 지형을 사진으로 남겨 탐사 이후에도 자세히 관찰할 수 있도록 한다.

② 석순의 개수 세기: 단위 길이당 석순의 개수를 센다. 이때 10 m 단위로 구간을 나눠 측정하며, 길이는 줄자를 이용하여 잰다.

③ 석순의 높이 및 지름 측정하기: 석순의 높이와 지름을 측정한다. 줄자를 이용하여 측정하며, 단위 구간 당 가장 큰 석순을 기준으로 잰다.

④ 동굴 벽면 관찰하기: 동굴 벽면을 관찰함으로써 용암동굴과 석회동굴의 특징을 찾아 비교한다. 자세한 관찰을 위해 사진을 촬영한다.

3. 탐사 결과

탐사 결과 정리 시 사진과 관찰 특징은 표로 정리하고, 동굴 내부를 이동하며 관찰한 결과는 거리에 따라 구간을 나누고 해당 구간에서 관찰한 특징을 분류하여 정리한다면, 동굴의 석회동굴화 정도 및 경향성 파악에 도움이 될 것이다.

(1) 용암동굴과 석회동굴의 생성물 비교

동굴 내부는 대부분 밝지 않은 간접 조명을 사용하기에 관찰 및 사진 촬영에 어려움이 있을 수 있다. 따라서 사진을 촬영할 때 '야간 모드'를 사용하거나 ISO 감도(빛에 대한 민감도)를 높여서 촬영해 보자.

표 1 관찰한 종유석과 석순

용암동굴	석회동굴
용암 종유	석회 종유
용암 석순	석회 석순
용암 선반	종유 커튼

협재굴과 쌍용굴 내부에는 용암에 의해 형성된 지형과 석회질에 의한 지형 모두 뚜렷하게 잘 나타나 있었다. 용암지형은 대부분 크고 어두운 색을 띠었으며, 석회지형은 크게 발달한 생성물은 없었지만 밝고 입체감 있는 지형이 대다수였다.

(2) 석순의 개수

이어져 있는 협재굴과 쌍용굴을 연속적으로 탐사했으며, 그래프에 나타난 구간 1~8은 협재굴을, 구간 9~17은 쌍용굴을 나타낸다.

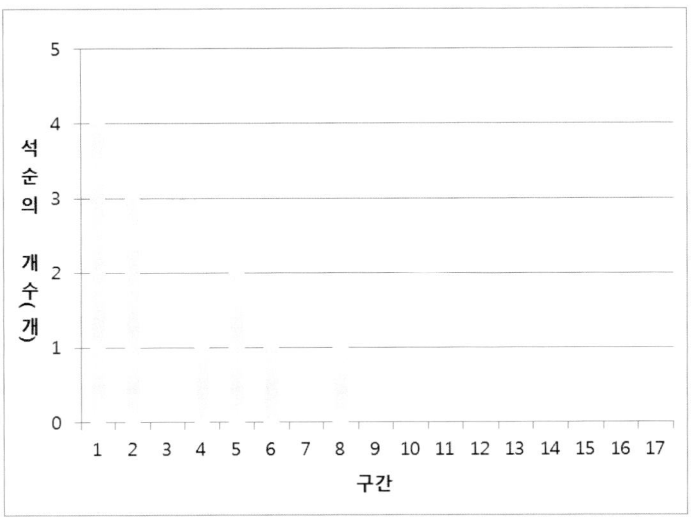

그림 1 구간별 석순의 개수

협재굴에서는 석순이 나타났으나 쌍용굴에서는 석순이 나타나지 않아 석순의 개수와 부피로 용암동굴의 석회동굴화 정도 파악은 협재굴에서만 가능했다.

구간 1에서 4개, 2에서 3개, 4에서 1개, 5에서 2개, 6에서 1개, 8에서 1개의 석순을 관찰할 수 있었으며, 석순의 개수가 일정하지 않은 것은 지하수가 불균등하게 유입된 결과라고 생각된다. 석순의 개수가 많은 구간 1, 2, 5는 다른 지역보다 석회동굴화가 비교적 많이 진행되었다는 것을 알 수 있다. 또한 석순의 개수로 판단할 때 협재굴의 초입이 석회동굴화가 많이 진행되었음을 알 수 있다.

(3) 석순의 높이 및 지름

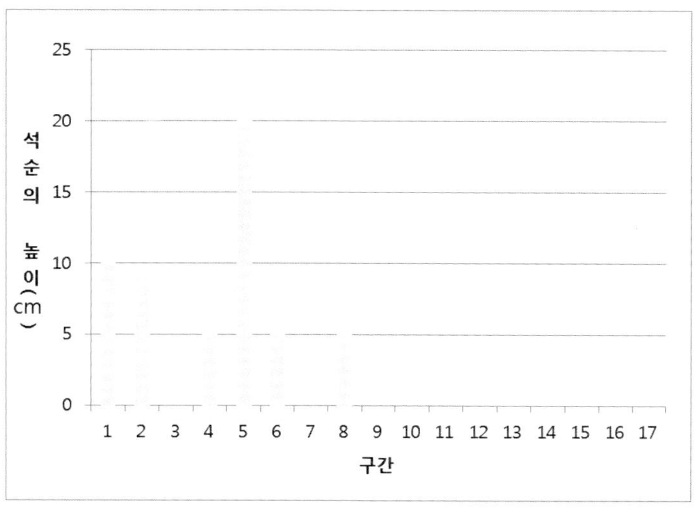

그림 2 구간별 석순의 높이

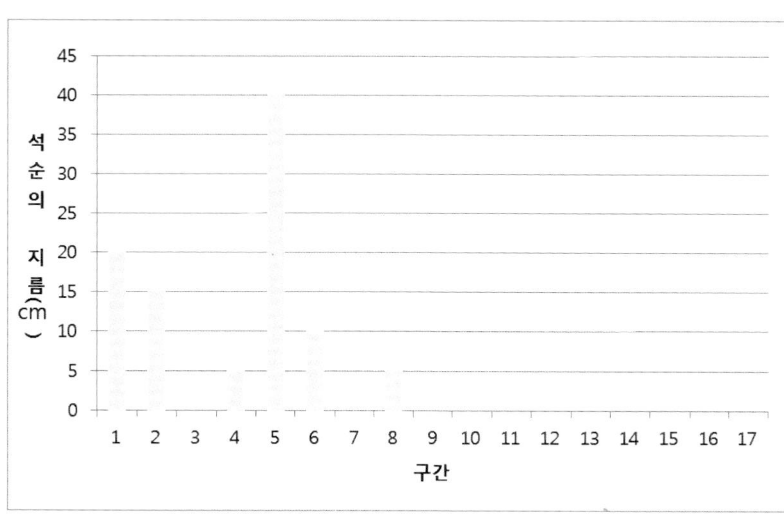

그림 3 구간별 석순의 지름

구간 1, 2, 5에서 특징적인 결과가 나왔으며, 이를 통해 해당 지역이 석회동굴화가 많이 진행되었음을 알 수 있다.

5번 구간에서의 석순의 높이와 지름이 크게 측정되었다면 왜 그런 결과가 나왔는지 이유를 생각해 보자. 본인이 의도한 결과가 아니더라도 특징적인 결과가 관찰되었다면 유의미한 해석이 될 수 있도록 고찰을 해보길 권한다.

(4) 동굴 벽면의 형태

표 2 구간별 벽면의 형태

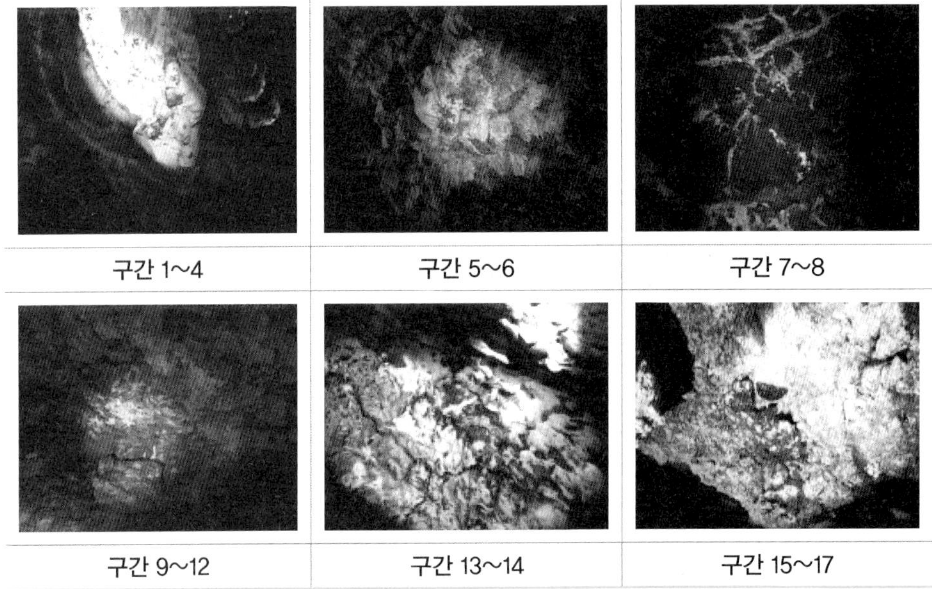

동굴 내 모든 벽면에서 석회질로 뒤덮인 현상을 발견할 수 있었다. 협재굴의 경우 입구에서 가까운 쪽일수록 벽면이 석회질로 많이 뒤덮여 있었으며, 쌍용굴의 경우 입구에서 먼 쪽일수록 벽면이 석회질로 많이 뒤덮여 있었다. 이를 통해 석회동굴화 진행 정도를 파악할 수 있었다.

Ⅲ. 결론

탐사 결과를 바탕으로 탐사를 통해 알 수 있었던 내용에 대해 정리한다. 또한, 탐구의 한계점 및 해당 탐구를 활용할 방안을 작성하도록 한다.

전체적으로 동굴의 전 구역을 관찰한 결과 석회지형과 용암지형이 공존하였다. 이는 용암의 작용으로 만들어진 동굴이 점차 석회동굴화가 진행되고 있음을 의미하며, 시간이 지날수록 석회지형이 증가함을 알 수 있다.

석순의 개수와 부피는 석회동굴화의 진행 시간을 정확하게 파악하는 척도로 사용할 수는 없었지만, 이것을 통해 석회동굴화 진행 정도를 파악할 수 있었으며, 동굴 벽면의 색이 밝고 어두운 정도를 통해서도 석회동굴화 진행 정도를 파악할 수 있었다. 협재굴은 동굴 입구에서 가까운 쪽이, 쌍용굴은 동굴 입구에서 먼 쪽이 석회동굴화가 많이 진행되었음을 알 수 있다.

협재굴과 쌍용굴의 경우 관람로가 설치되어 있기에 관람로 이외의 길은 출입할 수 없었다. 그에 따라 석순의 길이 및 지름을 정밀하게 측정하지 못하였고, 미공개 구간은 측정하지 못한 한계가 있다.

석순의 개수 및 부피 측정, 동굴 벽면 관찰을 통해 우리는 용암동굴에서 석회동굴화가 진행되는 과정을 파악할 수 있었다. 따라서 다른 용암동굴에서도 특징적으로 나타나는 석회질의 분포 파악을 통해 용암동굴의 석회동굴화 양상을 알 수 있을 것이다.

제주도에는 세계에서 유일하게 용암동굴과 석회동굴이 복합된 2차 동굴이 존재한다. 본 탐구는 2차 동굴을 확인하는 탐사로 구성하였는데, 그 이유를 제주도의 자연 환경과 지형적 요인에 근거하여 찾아보는 과정을 추가로 진행하면 더 완성도 있는 탐구가 될 것이다. 또한, 탐구의 목적에 이러한 제주도의 자연적 가치를 알리겠다는 포부를 밝히고 관련 내용을 추가하는 것도 의미가 있으므로 고려해 보자.

연계 교과

과학탐구실험

11. 물티슈의 항균 및 방미 효과 검증

중점 핵심 역량 과학적 탐구 능력 | 과학적 참여와 평생 학습 능력

성취 기준

[과학탐구실험 교육과정 02-06] 과학 관련 현상 및 사회적 이슈에서 과학 탐구 문제를 발견할 수 있다.

참여 인원 3~4명

탐구 기간 4개월

유사 및 확장 주제

본 탐구와 같이 사회적인 이슈에서 과학 탐구 문제를 찾아내어 탐구 주제를 정할 수 있다. 예를 들어 화학물질의 안전성을 검증하는 실험을 설계하거나 기존의 화학물질과 비슷한 성능을 가지면서 그것을 대체할 수 있는 천연 물질의 효과를 알아보는 등의 주제로 탐구보고서를 작성할 수 있다. 또한 과학적으로 접근하여 정책의 문제점을 진단하거나 과학적 데이터를 근거로 정책을 보완할 수 있도록 제언하는 등의 주제로 확장시킬 수 있다.

- 생리대와 기저귀에 사용되는 화학 흡수체의 흡수력과 안전성의 상관 관계 탐구
- 천연 모기향 및 모기 퇴치제 만들기
- 모형을 활용한 장애인 시설 기준의 타당성 검증 및 제언

[과학탐구실험 02-09] 과학의 핵심 개념을 적용하여 실생활 문제를 해결하거나, 탐구에 필요한 도구를 창의적으로 설계하고 제작할 수 있다.
[통합과학 03-02] 일상생활에서 충돌과 관련된 안전사고를 탐색하고 안전장치의 효과성을 충격량과 운동량을 이용하여 평가할 수 있다.

탐구 계획서

1 탐구 계획

본 탐구가 어떠한 문제 인식에서부터 출발하는지 생각해 보고, 이 탐구가 필요한 이유와 이 탐구를 통하여 알고 싶은 것이 무엇인지 기술한다.

1. 탐구의 필요성 및 목적

- 시판되는 대부분의 물티슈가 항균력을 앞세워 홍보하지만 관련 성분 표기에 소극적이다.
- 물티슈의 항균 효과를 검증하고 성분 표시를 보강하여 소비자들의 궁금증을 해소하고자 한다.

2. 탐구 절차

- 실험에 사용할 물티슈를 선정한다.
- 항균 및 방미 효과가 있다고 알려진 시료를 양성 대조군으로 설정한다.
- 물티슈와 대조군의 항균성, 항균도, 방미성을 측정하는 실험을 수행하고 결과를 분석한다.

3. 탐구의 한계점

시간과 비용 등의 제약으로 시판되는 물티슈를 전수조사하지 못하였으므로 모든 물티슈 제품에 확대하여 일반화할 수 없다.

2 자료 탐색

여러 자료 중에서 공신력 있는 사이트와 그 분야의 전문가 의견을 우선한다.

- 강하영. 2003. 피톤치드의 비밀. 역사넷.

- 박헌국 외 1인. 2006. 자몽 종자 추출물의 항균성. 한국식품영양학회지, 19(4), 526−531.
- 윤석한 외 5인. 2003. 오배자 추출 물질을 이용한 면직물의 항균가공. 한국염색가공학회지, 15(6), 27−32.
- 스킨딥 안전 등급(EWG, www.ewg.org) − 화장품 데이터 베이스
- 한국표준정보망(https://www.kssn.net) − 시험 방법
- 한국소비자원(www.kca.go.kr) − 물티슈 안전실태조사 보도자료
- 두산백과

3 개요

탐구보고서를 구성하는 요소를 개략적으로 제시하는 부분으로, 간단하지만 핵심적인 요소들을 체계적으로 기술한다.

1. 서론

(1) 탐구의 필요성 및 목적

(2) 이론적 배경

- 섬유 재료의 항균성, 항균도, 방미성(곰팡이 저항성) 시험 방법
- 천연 항균 물질
- EWG 스킨딥 안전 등급

2. 본론

(1) 탐구 방법

- 탐구 대상: 최다 판매 물티슈 4종
- 탐구 도구: 세균 배양 기계
- 탐구 과정: 물티슈의 항균 및 방미 효과 검증 실험 수행 → 데이터 분석

(2) 탐구 결과

- 물티슈의 항균성, 항균도, 방미성 시험 결과
- 항균 물질의 천연 성분으로의 대체 가능성

3. 결론

물티슈의 항균 및 방미 효과를 검증하고 성분 물질의 안전성을 조사한다. 천연 성분의 항균 및 방미 효과를 검증하여 화학 성분에 대한 대체 가능성을 제안한다.

4 일정표

장소를 섭외하거나 기계를 대여할 수 있는 기간을 고려하여 일정을 세운다.

기간	탐구 내용	세부 활동
4월	· 주제 정하기 · 탐구 계획 수립	· 팀 구성 및 주제 선정 · 탐구 절차 정하기 · 세균 배양 장소 섭외 및 관련 실험 장치 대여 문의
5월	· 자료 탐색 · 탐구 방법 설계	· 섬유 재료의 항균성, 항균도, 방미성 시험 방법 조사 · 천연 항균 물질 및 안전 등급 조사 · 탐구 대상 물티슈 선정 · 실험 장치 사용법 숙지 및 실험 설계
6월	· 탐구 활동 · 결과 정리	· 실험 준비물 구입 · 물티슈의 성능 검증 실험 수행 · 실험 결과 정리(통계, 표, 그래프) 및 결론 도출
7월	· 보고서 작성 · 발표	· 보고서 정리 및 수정, 최종 제출 · 발표 자료 준비, 발표 진행

같은 주제에서 다각도로 탐구하려면 탐구 문제를 여러 개로 나누어 진행하면 된다. 그러나 각각의 탐구 문제가 서로 긴밀한 관련이 없다면 탐구할 가치가 있는 것만을 선택하여 집중적으로 탐구하는 것이 좋다.

Ⅰ. 서론

1. 탐구의 필요성 및 목적

최근 가습기 살균제 피해, 살충제 달걀 파동, 일회용 생리대 부작용 등의 사건으로 생활 속 화학물질에 대한 공포감(Chemical phovia)이 확산되고 있다. 그러나 공산품의 편리함 때문에 우리는 화학물질에 대해 불안해하면서도 사용하게 된다.

우리가 사용하는 물티슈도 마찬가지다. 물티슈는 영 · 유아부터 성인까지 다양한 소비층에서 사용되며, 위생 · 청결 유지에 용이한 특징이 있다. 특히 '인체 청결용 물티슈'나 '구강청결용 물티슈'는 인체에 직접 닿는 제품이므로 더욱더 안전한 성분으로 이루어져 있어야 한다. 그럼에도 불구하고 최근까지 물티슈의

표 1 물티슈의 위해 원인별 신고 건수(한국소비자원, 2014.)

원인	건수	비율(%)
이물	81	38.6
부패 · 변질[1]	71	33.8
피부 접촉[2]	26	12.4
용기[3]	3	1.4
악취	10	4.8
화학물질 관련[4]	15	7.1
기타	4	1.9
합계	210	100

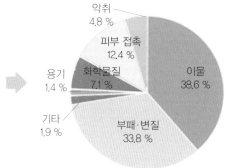

1) 제품에서 곰팡이가 발견된 경우
2) 제품을 피부에 사용 후 부작용이 발생한 경우
3) 용기에 부딪치거나 찔려 상해를 입은 경우
4) 제품에 포함되어 있는 화학물질 관련 상담을 한 경우
※ 표에서 어둡게 표시된 부분은 물티슈에 포함된 화학 성분에 의해 나타난 현상임.

유해성 논란이 끊이지 않았다. 한국소비자원에 따르면 매년 물티슈의 위해 신고가 늘어나고 있다. 특히 물티슈의 화학 성분에 의해 나타나는 부패, 변질, 피부에 나타나는 부작용, 악취 등은 전체 위해 원인의 58.1 %에 해당한다.

따라서 물티슈 성분의 항균 및 방미 효과를 검증할 필요가 있다. 그리고 그 효과를 나타내는 성분이 안전한지의 여부도 판단해야 한다. 만약 그 성분이 안전하지 않다면 같은 효과를 나타내면서 동시에 인체에 덜 유해한 다른 성분으로 대체되어야 할 것이다.

시판되는 대부분의 물티슈는 항균력을 앞세워 홍보하지만 얼마나 항균력이 높은지, 어떠한 성분이 항균 효과를 나타내는지 등의 정보를 표기하는 데에 소극적이다. 게다가 각 성분이 우리 몸에 끼치는 영향을 구체적으로 알리지 않아 소비자들을 불안하게 한다.

본 탐구에서는 물티슈와 천연 항균 물질의 항균 및 방미 효과를 검증하고, 물티슈의 주요 성분이 우리 몸에 끼치는 영향을 조사하여 대체 가능한 천연 물질을 알아보고자 한다. 이 탐구의 결과는 소비자들의 알 권리를 충족시켜 주고 제품을 선택하는 데에 중요한 정보를 제공할 것으로 기대한다.

2. 이론적 배경

탐구에 필요한 정보를 이론적 배경에 정리해 두고 결과를 분석하거나 결론을 도출할 때 근거 자료로 활용하면 논리적인 비약 없이 매끄러운 보고서를 쓸 수 있다.

(1) 섬유 재료의 항균성 시험 방법(KS K 0890, 한국표준협회)

미생물의 성장이 없는 깨끗한 한천 배지에 순수한 1종의 세균을 배양한 후, 배지 표면 위에 시험편을 올려놓는다. 시험편에서 녹아 나온 용액이 배지로 퍼지면서 용액의 작용에 의해 세균 억제선(세균 저지대)이 동심원 모양으로 생긴다. 시험편의 가장자리에서부터 세균 억제선까지의 거리가 멀수록 항균성이 높다고 할 수 있다.

(2) 섬유 재료의 항균도 시험 방법(KS K 0693, 한국표준협회)

항균 가공 제품(물티슈)과 대조편에 같은 세균을 접종하여 배양한 후, 배지에 남은 살아 있는 세균의 수를 측정하여 항균 정도를 비교하는 방법이다. 접종한 세균의 수를 기준으로 배양 후 살아남은 세균의 수를 비교하여 감소율이 클수록 항균도가 높다.

(3) 방미성(곰팡이 저항성) 시험 방법(KS J 3201, 한국표준협회)

항균성 시험 방법과 유사하다. 미생물의 성장이 없는 깨끗한 한천 배지에 순수한 1종의 곰팡이를 배양한 후, 배지 표면 위에 시험편을 올려놓는다. 시험편에서 녹아 나온 용액이 배지로 퍼지면서 용액의 작용에 의해 곰팡이 억제선(곰팡이 저지대)이 동심원 모양으로 생긴다. 시험편의 가장자리에서부터 곰팡이 억제선까지의 거리가 멀수록 방미성이 높다고 할 수 있다.

(4) 천연 항균 물질

① 피톤치드: 1937년 러시아의 생화학자 토킨에 의하여 명명되었으며, 식물이 병원균 · 해충 · 곰팡이에 저항하려고 내뿜거나 분비하는 물질이다(두산백과). 편백류의 메탄올 추출물은 녹농균, 대장균, 황색포도상구균, 길초균에 대한 강한 항균 작용을 나타낼 뿐만 아니라 검정누룩곰팡이, 푸른곰팡이 등에 대하여 강한 생육저해를 보인다(강하영, 2003).

② 자몽 추출물: 자몽은 감귤속(Citrus)에 속하는 그레이프프루트 나무의 열매이며, 추출물은 옅은 노란색으로 신맛, 단맛, 쓴맛이 난다. 자몽 추출물의 성분 중에서 ascorbic acid, ascorbyl palmitate 및 토코페롤 등이 부패성 및 병원성 미생물의 세포벽 및 세포막의 기능을 약화시키고 효소 활성을 저해하므로 항균 효과에 뛰어나다(박헌국 외, 2006).

③ 오배자 추출물: 오배자는 매미목 진딧물과의 오배자면충이 옻나무과의 붉나무(오배자나무)의 잎에 기생하여 만든 벌레혹으로서 속이 비어 있고, 맛

이 매우 신 특징이 있다. 한방에서는 수렴·지혈·해독·항균의 효력이 있다고 하며, 타닌 성분을 50~60 % 함유하고 있어 타닌제를 비롯하여 염모제나 잉크의 원료가 된다(두산백과). 또한 오배자 추출 물질을 이용하여 면직물의 항균 가공을 할 때 사용한다(윤석한 외, 2003).

인용한 문장마다 반드시 출처를 명시해야 한다.

(5) EWG 스킨딥 안전 등급

미국의 비영리 환경 시민단체(Environmental Working Group)에서 화장품 원료의 유해성을 조사하여 고시한 유해 등급이다. 유해 등급은 1~10까지이며, 3단계로 구성되어 있다. 0~2등급은 낮은 위험도, 3~6등급은 중간 위험도, 7~10등급은 높은 위험도를 나타낸다.

스킨딥 등급 표시	유해 등급 구분			정보 등급 구분	
1 Data: None	0-2 낮은 위험도 (Low hazard)	3-6 중간 위험도 (Moderate hazard)	7-10 높은 위험도 (High hazard)	Data: None	전혀 없음
				Data: Limited	조금 있음
				Data: Fair	적당하게 있음
				Data: Good	많이 있음
				Data: Robust	매우 많이 있음

Ⅱ. 본론

1. 탐구 방법

실험에 사용한 도구와 실험 방법을 사진으로 제시하면 실험 상황을 이해하기가 쉽다.

(1) 탐구 대상

우리는 다양한 연령이 자주 사용하면서 피부에 직접 닿거나 흡입하여 인체에 대한 안전성과 효과성의 검증이 필요한 공산품을 중심으로 탐구 대상을 정하기로

표 2 실험군과 대조군

원하는 실험 결과를 얻기 위해 조작을 가하는 집단을 실험군이라고 한다. 본 탐구는 물티슈의 항균 능력을 검증하는 것뿐만 아니라 천연 물질로 대체하는 것을 목표로 한다. 따라서 물티슈와 천연 물질 모두 실험군에 해당하므로, 물티슈는 실험군 Ⅰ, 천연 물질은 실험군 Ⅱ, 증류수는 대조군으로 나누어야 한다.

	A사	B사	C사	D사
실험군 (물티슈)				
	피톤치드	자몽 추출액	오배자 추출액	생리식염수
대조군 (천연 항균 물질)				0.85 % 염화 나트륨 수용액 [NaCl(aq)]

하였다. 그 중에서 최근에 세균과 곰팡이 검출 논란이 있었던 물티슈를 탐구 대상으로 정하여 직접 항균성, 항균도, 방미성을 측정해 보기로 하였다.

물티슈는 시간과 비용의 제약으로 전수조사는 어려웠다. 그래서 통계청 조사 결과를 기준으로 2016년 최다 판매 물티슈 4종을 실험 대상으로 정하였다.

조작 변인을 설정할 때 실험군은 시중에서 판매하는 4종의 물티슈로, 대조군은 항균 효과가 있는 3종의 물질(피톤치드, 자몽 추출액, 오배자 추출액)을 양성 대조군으로, 생리식염수를 음성 대조군으로 정하였다. 그 이유는 물티슈와 천연 항균 물질의 항균성, 항균도, 방미성을 비교하여 물티슈의 성능과 천연 물질의 대체 가능성을 알아보기 위해서이다.

항균성과 항균도를 알아보기 위해서 우리 주변에서 가장 많이 발견되는 대장균(*E. coli* ATCC 25922), 황색포도상구균(*S. aureus* ATCC 6538), 녹농균(*P. aeruginosa* ATCC 27853), 고초균(*B. subtilis* ATCC 6633) 총 4종류를 사용하였다. 그리고 방미성을 알아보기 위해서 우리 주변에서 쉽게 번식하는 흑곰팡이(*Aspergillus niger* ATCC 6275), 푸른곰팡이(*Penicillium funiculosum* ATCC 11797) 총 2종류의 곰팡이를 사용하였다.

학명은 보통 이탤릭체로 쓴다. 그리고 처음에 오는 속명은 언제나 대문자로 시작하며, 그 다음에 오는 종소명은 소문자로만 표기한다.

독자들이 의미를 알 수 있도록 주석을 달아 설명해 줄 필요가 있다.

(2) 탐구 도구

정밀한 실험 결과를 얻기 위해서 고가의 장비가 필요한 경우가 있다. 이러한 경우 각 지역에 있는 과학관, 영재학교, 과학고등학교에서 정밀 측정 장비(전자 현미경, 세균 배양 기계, MBL 등)를 대여하기도 하므로 그 곳에 먼저 문의해 보자.

세균과 곰팡이를 배양할 수 있는 장비를 주변에서 구하기 어려워 대여하기로 하였다.

Clean Bench(무균 상태로 실험하는 장소)에서 실험을 진행하였고, Program Autoclave(배지 및 초자류 멸균 기계)에서 배지와 실험에 사용되는 유리 도구들을 멸균하여 사용하였으며, Digital Incubator(고체 배지 배양 기계)와 Shaking Incubator(액체 배지 배양 기계)에서 세균과 곰팡이를 배양하였다.

표 3 실험에 사용된 장치

Clean Bench (무균 실험 장소)	Program Autoclave (배지와 초자류 멸균)	Digital Incubator (고체 배지 배양)	Shaking Incubator (액체 배지 배양)

(3) 탐구 과정

물티슈의 성능을 검증하기 위하여 항균성, 항균도, 방미성 측정 실험을 수행하고 데이터를 분석하여 비교하기로 하였다.

[실험 준비물]

4종류의 물티슈, 천연 항균 물질(피톤치드, 자몽 추출액, 오배자 추출액), 생리식염수(0.85 % NaCl 수용액), 페트리 접시, 4종의 세균, 2종의 곰팡이, 알코올램프, 비닐백, 유리병, 멸균된 면봉, 한천 배지, 피펫, 핀셋, 자

항균성, 항균도, 방미성 검증 실험은 중고등학생들이나 일반 독자에게 생소한 실험이다. 실험 과정을 사진으로 제시하고 실험에 대해 자세히 안내하려고 노력한 점이 엿보이나, '도말', '배지' 등 다소 어려운 용어들에 대해서는 추가로 설명해 줄 필요가 있다.

(가) 항균성 비교 실험

한국표준협회에서 정한 섬유 제품의 항균성 시험 방법(KS K 0890)으로 실험을 수행하였으며, 시험액의 가장자리에서부터 세균을 억제하는 선까지의 거리(mm)를 측정하였다. 시험액에서 용출된 항균 성분이 세균을 죽이므로 항균 능력이 좋을수록 시험액에서부터 세균이 남아 있는 곳까지의 경계(세균 저지대)가 멀어진다. 따라서 이 거리를 측정하면 항균 효과를 알 수 있다.

[실험 과정]

① 각 물티슈를 5장씩 비닐백에 넣고 압력을 가하여 시험액을 추출한다.

② 4종의 세균을 일정 농도로 만들어 세균 생육 배지(선택 배지, 영양 배지)의 표면에 멸균된 면봉으로 도말한다.

③ 세균이 도말된 배지 표면에 직경 0.5 mm 길이의 구멍을 3개 만든다.

④ 추출된 시험액을 배지 표면의 구멍 속에 각각 0.2 mL씩 넣는다. 그리고 양성 대조군(피톤치드, 자몽 추출액, 오배자 추출액)과 음성 대조군(생리식염수)도 동일한 방법으로 한다.

⑤ 배지를 35±1 ℃에서 48시간 동안 배양한 후 시험액의 가장자리에서부터 세균 저지대까지의 거리를 측정하였다.

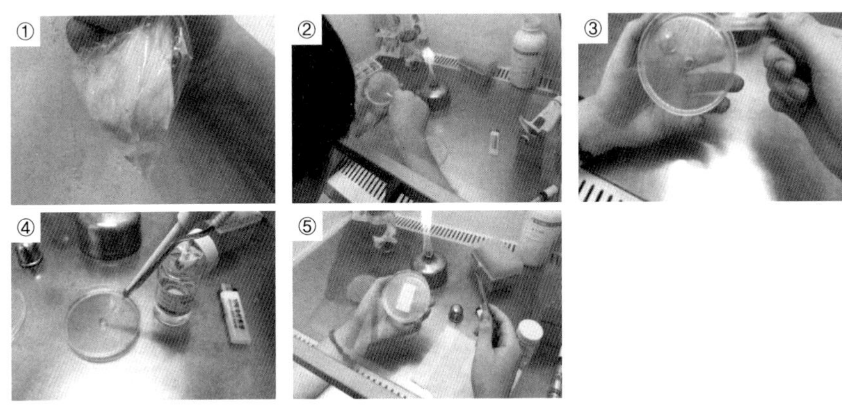

그림 1 항균성 비교 실험 과정

(나) 항균도 비교 실험

섬유 제품의 항균도 시험 방법(KS K 0693)으로 실험을 수행하였으며, 무균 상태의 물티슈 원단에 세균을 배양하여 접종 시의 세균 수와 접종 후의 세균 수를 세어 세균 감소율(%)을 측정하였다. 즉, 접종 및 배양 후에 살아 있는 세균의 수가 적을수록 항균 효과가 좋다고 할 수 있다. 세균의 수는 기계를 통해 정량적으로 측정하였다.

[실험 과정]

① 각 물티슈를 1장(0.4 g)씩 채취하여 유리병에 넣고 멸균한다.

② 일정한 농도의 4종 세균을 각각 미량의 영양분(1/20 Nutrient)에 넣어 접종액을 만들고 각 유리병에 0.2 mL씩 접종한다. 이때 양성 대조군과 음성 대조군에 모두 동일한 방법으로 접종한다.

③ 접종된 물티슈를 24시간 동안 35±1 ℃에서 배양한다.

④ 배양 후 유리병에 10 mL의 멸균된 생리식염수를 넣고 심하게 흔들어서 세균을 추출한다.

⑤ 추출된 액체를 무균 고체 배지에 단계적(1/10, 1/100, 1/1000)으로 희석하여 도말한 후, 배지를 35±1 ℃에서 48시간 동안 배양한 다음 남아 있는 생균 수를 측정한다.

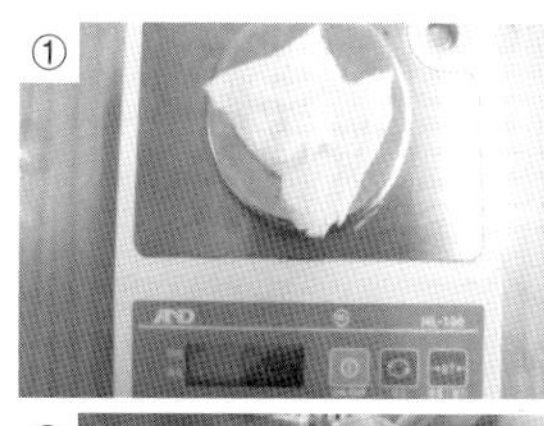

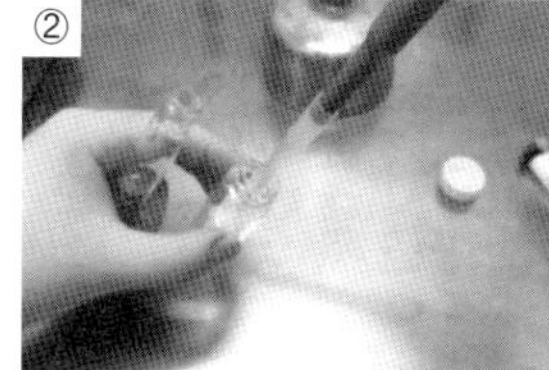

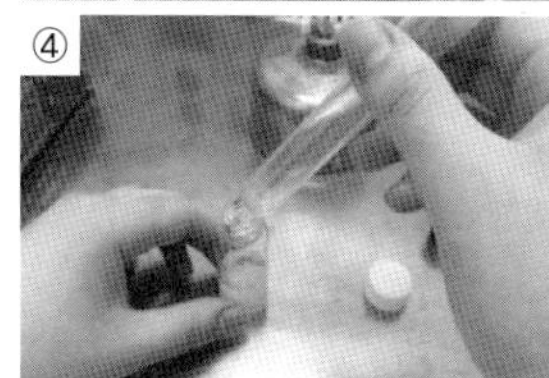

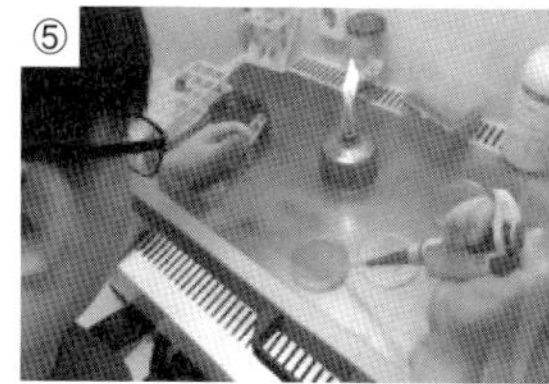

그림 2 항균도 비교 실험 과정

(다) 방미성 비교 실험

공업제품 또는 공업 재료의 방미성 시험 방법(KS J 3201)으로 실험을 수행하였으며, 시험액의 가장자리에서부터 곰팡이를 억제하는 선까지의 거리(mm)를 측정하였다. 시험액에서 용출된 방미 성분이 곰팡이를 죽이므로 방미 능력이 좋을수록 시험액에서부터 곰팡이가 남아 있는 곳까지의 경계(곰팡이 저지대)가 멀어진다. 따라서 이 거리를 측정하면 방미 효과를 알 수 있다.

[실험 과정]

세균 대신 곰팡이를 사용하는 것과 배양 온도를 제외하고는 항균성 비교 실험과 실험 과정이 동일하다. 실험 과정 사진을 아래쪽에 추가할 수 있다.

① 각 물티슈를 5장씩 비닐백에 넣고 압력을 가하여 시험액을 추출한다.

② 2종의 곰팡이를 일정 농도로 만들어 곰팡이 생육 배지의 표면에 멸균된 면봉으로 도말한다.

③ 곰팡이가 도말된 배지 표면에 직경 0.5 mm 길이의 구멍을 3개 만든다.

④ 추출된 시험액을 배지 표면의 구멍 속에 각각 0.2 mL씩 넣는다. 그리고 양성 대조군(피톤치드, 자몽 추출액, 오배자 추출액)과 음성 대조군(생리식염수)도 동일한 방법으로 한다.

⑤ 배지를 25±1 ℃에서 48시간 동안 배양한 후 시험액의 가장자리에서부터 곰팡이 저지대까지의 거리를 측정하였다.

곰팡이를 배양하는 조건(온도, 기간 등)이 세균과 왜 다른지에 대한 설명이 필요하다. 예컨대, 곰팡이의 최적 생육 온도, 세균과 곰팡이의 번식 속도를 비교한 근거를 제시하면 독자들이 이해하는 데에 도움을 줄 수 있다.

2. 탐구 결과

데이터는 표로 정리한 후 그래프로 변환시키면 독자들이 경향성을 파악하기 수월하다. 데이터를 제시할 때는 실험군, 대조군(양성 대조군, 음성 대조군) 순서로 나열하면 비교하기 편하다. 탐구 결과를 분석할 때는 효과성의 유무를 판단하기 위한 기준이 명확해야 하며, 효과가 있는 것과 없는 것 모두에 대한 원인 규명이 필요하다.

(1) 항균성 비교

물티슈 추출액의 항균성 실험 결과는 다음과 같다.

표 4 물티슈 추출액의 항균성 실험 결과 – 거리(mm) 측정, 항균 효과가 있는 것은 어둡게 표시함.

	A사	B사	C사	D사	피톤치드	자몽	오배자
대장균	3	0	0	2	2	0	2
황색포도상구균	4	1	4	5	4	0	2
녹농균	2	0	0	0	0	0	4
고초균	5	1	3	5	6	0	2

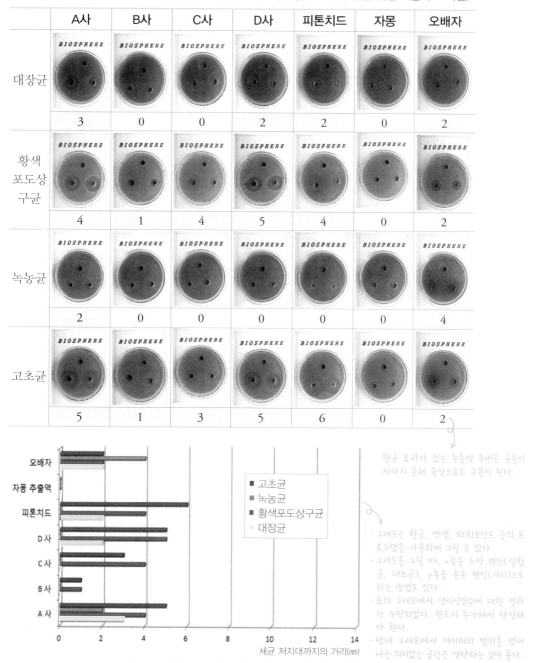

항균 효과가 있는 추출액 주변은 균들이 자라지 못해 육안으로도 구분이 된다.

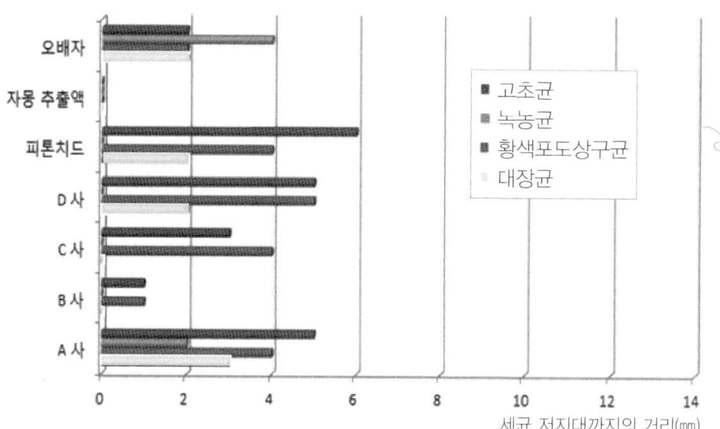

그림 3 추출액의 항균성 비교

- 그래프는 한글, 엑셀, 파워포인트 등의 프로그램을 사용하여 그릴 수 있다.
- 그래프를 그릴 때, x축을 조작 변인(실험군, 대조군), y축을 종속 변인(거리)으로 하는 방법도 있다.
- 표와 그래프에서 생리식염수에 대한 결과가 누락되었다. 반드시 추가해서 작성해야 한다.
- 막대 그래프에서 데이터의 범위를 벗어나는 의미없는 공간은 생략하는 것이 좋다.

추출액의 항균성 실험 결과에서 A사는 4종, B사는 2종, C사는 2종, D사는 3종의 세균에 항균 효과가 있었다. 또한 대장균에 대해서는 A사, 황색포도상구균에 대해서는 D사, 녹농균에 대해서는 A사, 고초균에 대해서는 A사와 D사의 제품이 항균 효과가 좋다고 할 수 있다. 대조군에서 피톤치드는 3종, 오배자 추출액은 4종의 세균에 대해 항균 효과가 있었고, 자몽 추출액은 항균 효과가 나타나지 않았다. 특히, 주목할 점은 피톤치드는 황색포도상구균과 고초균, 오배자 추출물은 녹농균에 가장 큰 항균 효과를 보였다는 것이다.

(2) 항균도 비교

물티슈 원단의 항균도 실험 결과는 다음과 같다. 세균의 감소율이 99 % 이상인 것은 항균도가 높다고 할 수 있다.

사진 자료는 생략하였다. 표 4와 같이 사진을 찍어 제시하면 된다.

표 5 물티슈 원단의 항균도 실험 결과 – 감소율(%) 측정, 항균도가 높은 것은 어둡게 표시함.

	A사	B사	C사	D사	피톤치드	자몽	오배자
대장균	99.9	99.9	31.6	99.9	78.3	26.8	94.8
황색 포도상구균	99.9	99.9	95.2	99.9	99.9	99.9	99.9
녹농균	99.9	99.9	25.6	99.9	99.9	94.6	99.8
고초균	99.9	99.9	32.8	99.9	99.9	99.2	99.9

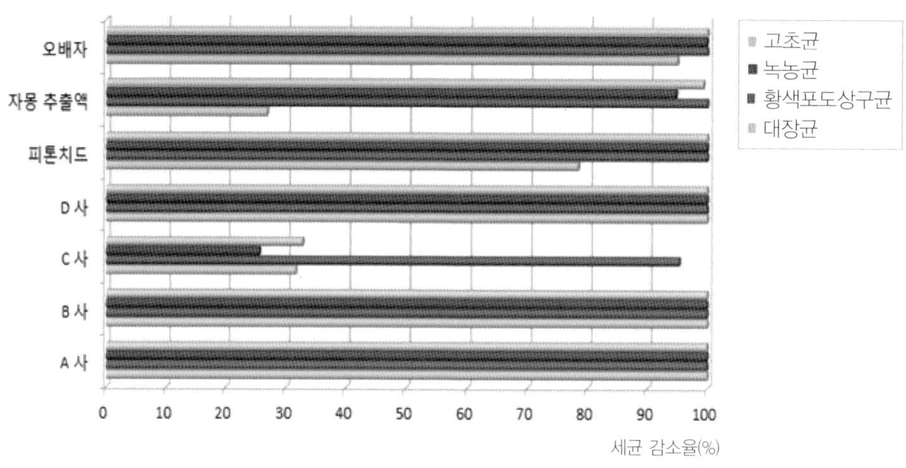

그림 4 원단의 항균도 비교

A사, B사, D사는 모두 4종의 세균에 대해 항균도가 매우 높았다. 또한 황색포도상구균과 고초균에 대해서 A사, B사, D사의 제품이 효과가 있었다. 대조군에서 피톤치드는 3종, 자몽 추출액은 2종, 오배자 추출액은 3종의 세균에 대해 항균도가 높았다.

(3) 방미성 비교

물티슈 추출액의 방미성 실험 결과는 다음과 같다.

사진 자료는 생략하였다. 표 4와 같이 사진을 찍어 제시하면 된다.

표 6 물티슈 추출액의 방미성 실험 결과 – 거리(mm) 측정, 방미 효과가 있는 것은 어둡게 표시함.

	A사	B사	C사	D사	피톤치드	자몽	오배자
흑곰팡이	3	3	2	4	2	2	0
푸른곰팡이	5	1	2	4	3	0	0

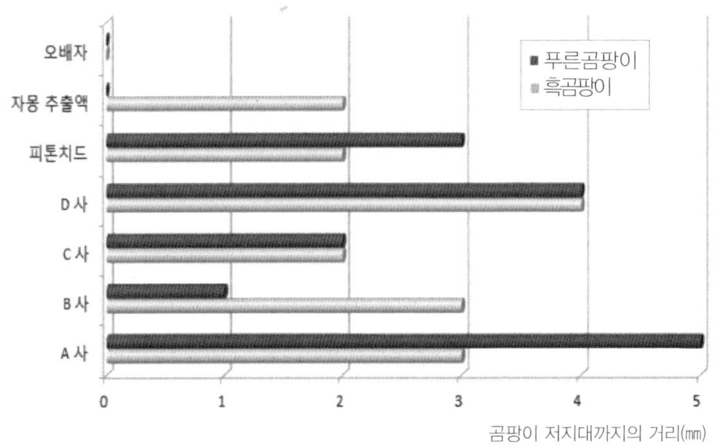

그림 5 추출액의 방미성 비교

추출액의 방미성 실험 결과에서 4종의 물티슈가 모두 2종의 곰팡이를 억제하는 효과가 있음을 알 수 있었다. 그중에서도 흑곰팡이에 대해서는 D사, 푸른곰팡이에 대해서는 A사의 제품이 가장 효과가 좋았다. 대조군에서는 피톤치드가 다른 양성 대조군보다 곰팡이 증식을 억제하는 효과가 있음을 알 수 있었다.

항균성, 항균도, 방미성 실험 결과를 통해 물티슈에서는 A사와 D사의 제품이 세균과 곰팡이 번식을 막는 데에 효과가 있음을 알 수 있다. 두 제품에 공통적으로 포함된 항균 및 방미 성분은 벤잘코늄염화물액이다. 공산품 안전기준에서 허용된 이 물질의 허용치는 500 mg/kg이지만 해당 물티슈에는 함량이 표시되어 있지 않았다. 뿐만 아니라 이 물질은 EWG 스킨딥 안전 등급에 따르면 중간 위험도(4등급)에 해당하며, 유럽 연합 위험 규정에 의하면 R21/22 등급(흡입/피부 접촉 시 위험함)에 해당한다.

표 7 물티슈의 항균 및 방미 성분과 스킨딥 등급

물티슈	항균 및 방미 성분	스킨딥 등급
A사	벤잘코늄염화물액	4
B사	세틸피리디윰클로라이드 소듐하이드로아세테이트 헥실렌글라이콜 소듐벤조에이트	2 1 1 3
C사	소듐벤조에이트 소듐아니세이트 카프릴릴글라이콜	3 1 1
D사	벤잘코늄염화물액	4

각 물티슈의 항균 및 방미 성분과 각각의 스킨딥 등급을 조사하여 표 7에 나타내었다. 표를 보면 스킨딥 등급이 3-4인 중간 위험도를 나타내는 성분 물질이 모든 물티슈에 들어 있다. 따라서 항균 및 방미에 효과가 있더라도 인체에 유해하므로 이 물질들을 천연 물질로 대체하는 것이 바람직하다. 실험 결과로부터 피톤치드와 오배자 추출물이 벤잘코늄염화물과 비슷한 항균 및 방미 효과가 있음을 검증하였다. 그러므로 물티슈의 유해 화학 성분을 천연 성분으로 대체하여 세균과 곰팡이의 번식을 막을 수 있다.

실험 결과를 바탕으로 탐구의 목적을 달성한 과정을 논리적으로 정리한다. 그리고 본 탐구가 가지는 의미 또는 가치를 강조한다.

Ⅲ. 결론

최근까지 물티슈의 항균 및 방미 효과와 안전성에 대한 논란이 끊이지 않았다. 그래서 물티슈의 항균 및 방미 효과를 검증할 필요가 있었고, 더불어 항균 및 방미 효과를 나타내는 천연 물질의 효과를 검증하여 기존의 화학물질을 천연 물질로 대체할 수 있는지의 여부를 실험으로 증명하였다.

그 결과 시중에 판매되는 물티슈의 항균 및 방미 효과는 제품마다 큰 차이가 있었으며, 효과가 큰 제품에는 인체에 유해한 성분이 들어 있었다. 한편 피톤치드와 오배자 추출물도 물티슈에 들어 있는 성분만큼 항균 및 방미에 효과가 있다는 것을 알게 되었다. 생산성 및 경제적 타당성 등의 데이터가 더 필요하겠지만, 본 탐구의 결과에서 알 수 있듯이 성분 물질의 효과만 고려할 때 천연 성분이 화학 성분의 자리를 대체할 수 있다는 가능성을 보여 준다.

뿐만 아니라 본 탐구의 결과는 소비자의 알 권리를 충족시켜 주고, 제품을 구입할 때 정보를 제공해 줄 것으로 기대한다.

연계 교과

통합과학

12. 버려지는 에너지를 전기로 재활용하는 압전 발전 기술의 효용성 검증

중점 핵심 역량 과학적 사고력 | 과학적 참여와 평생 학습 능력

성취 기준

[통합과학 교육과정 09-05] 인류 문명의 지속가능한 발전을 위한 신재생 에너지 기술 개발의 필요성과 파력 발전, 조력 발전, 연료 전지 등을 정성적으로 이해하고, 에너지 문제를 해결하기 위한 현대 과학의 노력과 산물을 예시할 수 있다.

참여 인원 2~3명

탐구 기간 4개월

유사 및 확장 주제

본 탐구와 같이 친환경 에너지를 주제로 '에너지 하베스팅 기술의 효율성 검증 및 제언'의 형태로 탐구를 구성할 수 있다. 예를 들어 본 탐구에서 소개한 압전 효과 외에도 광전 효과, 열전 효과, 전자기 유도 현상 등을 활용한 에너지 하베스팅 기술에 대해 탐구할 수 있다. 나아가 에너지를 효율적으로 사용하는 방법, 쓰레기를 자원으로 재활용하는 방법 등으로 확장하여 탐구할 수 있다.

- 바퀴의 회전으로 전기 에너지를 수확하는 방법
- 체온으로 충전할 수 있는 핸드폰 충전기 만들기
- 전자기 유도 현상을 적용한 간이 발전기 만들기
- 냉각기와 응축기의 온도 차를 이용한 에너지 하베스팅 탐구

[9기술가정 04-13] 신재생 에너지의 활용을 이해하고 신재생 에너지 개발의 중요성을 인식하여, 효율적인 에너지 이용 방안을 제안한다.
[12기술가정 05-07] 발명과 표준에 관련된 체험 활동을 통하여 기술적 문제를 창의적으로 해결한다.

탐구 계획서

1 탐구 계획

'압전 발전'이라는 첨단 기술에 대한 소개와 함께 탐구의 주제로 정하게 된 동기를 생각해 본다. 그리고 이 탐구가 갖는 의미 또는 가치를 기술한다.

1. 탐구의 필요성 및 목적

- 화석 연료 사용으로 인한 환경 오염을 줄이고 화석 연료의 고갈을 대비하기 위해 친환경 에너지가 필요하다.
- 압전 발전은 청정 에너지로서 각광을 받고 있으므로 효용성을 직접 실험하고 계산하여 밝히고자 한다.
- 쓸모없어 버려지는 것들에서도 전기 에너지를 만들 수 있다는 것을 보여주고자 한다.

2. 탐구 절차

- 압전 소자에 추를 낙하시켜 발광 다이오드를 켜는 데 필요한 추의 최소 위치 에너지를 구한다.
- 한 사람의 한 걸음으로 만들 수 있는 전기 에너지를 계산한다.

3. 탐구의 한계점

- 발전의 각 단계에서 손실되는 열에너지를 고려하지 않았으며, 계산하기 복잡한 상황에서는 가정과 근사를 사용하였으므로 실제 발전 효율과는 차이가 있을 수 있다.
- 발전기의 개발, 설치, 유지, 보수 등에 필요한 비용을 고려하지 않았으므로 투입 비용 대비 산출 비용의 효율성을 따져 보아야 상용 가능성을 구체화할 수 있다.

2 자료 탐색

- 김태건, 이현숙, 문경은, 김형주, 이혜진, 손범석, 곽영훈, 김의권. 2015. 생활 속 녹색기술 이야기. 동아사이언스, 136-139.
- 녹색기술센터 탐구보고서. 2016. 2050 저배출 발전 전략의 모색.
- 한국과학기술정보연구원 정보분석연구소 연구보고서. 2013. 압전 에너지 하베스팅 기술동향 및 전망.
- 네이버 지식백과
- 두산백과
- 에듀넷
- 녹색기술센터(http://www.gtck.re.kr)
- 국립중앙과학관(http://www.science.go.kr)
- 한화케미칼 공식블로그(http://www.chemidream.com)
- 네이버 캐스트 - 물리산책(http://terms.naver.com/entry.nhn?docId=3579425&cid=58941&categoryId=58960)

3 개요

1. 서론

(1) 탐구의 필요성 및 목적

(2) 이론적 배경

- 에너지 하베스팅
- 압전 효과
- 압전 발전

2. 본론

(1) 탐구 방법

압전 소자에 추를 낙하시켜 발광 다이오드를 켜는 데 필요한 최소한의 추의 위치 에너지 계산 → 결과를 이용하여 한 사람의 한 걸음으로 발생하는 전기 에너지 계산 → 유동 인구가 많은 장소에 설치 제안

(2) 탐구 결과

- 추의 낙하로 인한 압전 효과 측정
- 한 사람의 한 걸음으로 생산되는 전기 에너지 계산

3. 결론

유동 인구가 많은 장소에 압전 발전기를 설치하면 환경의 파괴 또는 오염 없이 간단한 방법으로 전기를 생산할 수 있다.

4 일정표

기간	탐구 내용	세부 활동
3월	· 주제 정하기 · 탐구 계획 수립	· 팀 구성 및 주제 선정 · 탐구 절차 정하기
4월	· 자료 탐색 · 탐구 방법 설계	· 에너지 하베스팅, 압전 효과, 압전 발전 조사 · 실험 장치 고안
5월	· 탐구 활동 · 결과 정리	· 압전 효과 실험 수행 및 에너지 계산 · 실험 결과 정리 및 결론 도출
6월	· 보고서 작성 · 발표	· 보고서 정리 및 수정, 최종 제출 · 발표 자료 준비, 발표 진행

탐구보고서 쓰기

Ⅰ. 서론

1. 탐구의 필요성 및 목적

에너지 하베스팅의 필요성 및 압전 발전의 중요성을 부각시키고, 탐구 목적을 분명하게 제시한다. 비록 압전 발전에 대한 전문가들의 탐구가 이미 존재하고, 이것이 고도화된 첨단 기술이어서 기술적인 접근이 어려울 수 있으나 학생 수준에서 이 탐구가 가지는 의미를 생각해 보자.

산업이 발전하면서 인간의 삶은 윤택해졌지만 환경 오염과 자원 고갈 등의 또 다른 문제가 발생하였다.

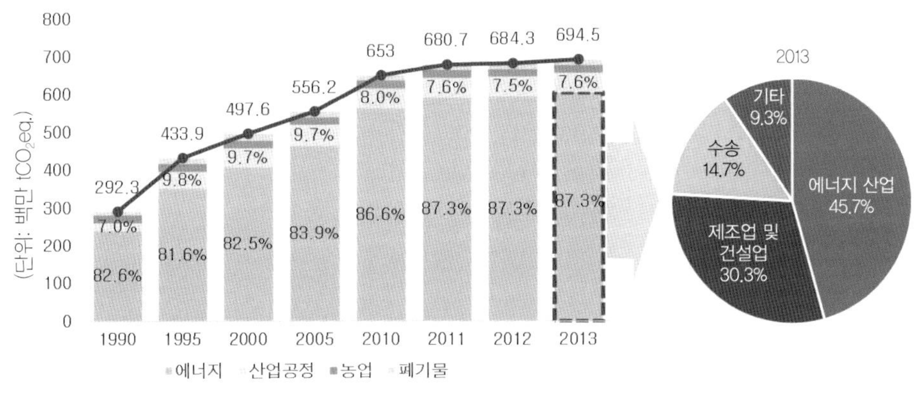

그림 1 국내 온실가스 배출 추이(녹색기술센터 탐구보고서, 2016)

녹색기술센터 탐구보고서(2016)에 따르면 우리나라의 온실가스 총 배출량은 세계 7위, 국민 1인당 온실가스 발생량은 세계 3위를 기록하고 있어 경제 규모에 비해 많은 온실가스를 배출하고 있으며, 그 주요 원인은 발전이라고 한다. 그림 1을 보면 우리나라는 매년 온실가스 배출량이 늘어나고 있으며, 그 중 절반 정도는 에너지 산업에 의한 것임을 알 수 있다. 또한, 그래프의 추이를 살펴보면 앞으로도 산업이 발전하면서 더 많은 전기 에너지를 필요로 할 것이라고 예측할 수 있다.

이에 우리는 환경의 파괴와 오염을 막고, 기존 자원을 덜 쓰면서 폭발적인 에너지 수요를 충족시킬 수 있는 새로운 에너지가 필요하다. 이러한 맥락에서 최근 에너지 하베스팅이 각광을 받고 있다. 에너지 하베스팅(Energy Harvesting)은 일상적으로 버려지거나 사용하지 않은 작은 에너지를 수확하여 사용 가능한 전기 에너지로 전환시키는 기술이다. 에너지 하베스팅은 자연에서 전기 에너지를 직접 획득할 수 있기 때문에 에너지를 안정적으로 공급할 수 있고, 지속 가능성을 유지할 수 있으며, 환경 오염을 줄일 수 있는 친환경 에너지라고 할 수 있다. 에너지 하베스팅 기술을 활용한 발전 방법에는 태양광을 이용한 태양 발전, 기계적 에너지를 이용한 압전 발전, 기계적인 운동과 전자기적 현상을 이용한 전자기 발전, 폐열을 이용한 열전 발전 등이 있다.

최근에는 그중에서도 발전 효율이 높은 압전 발전에 대한 관심이 높아지고 있다. 압전 발전은 압전 특성이 있는 물질에 압력이나 진동을 가하면 전기가 생성되는 압전 효과를 이용하여 전기를 생산하는 기술이다(국립중앙과학관).

표 1 에너지 하베스팅 기술을 활용한 발전 방법의 전력 밀도와 효율 비교

에너지원	전력 밀도(mW/㎤)	효율(%)
태양광(Photovoltaic)	500~5000	5~40
압전(Piezoelectric)	0.001~90	25~60
전자기(Electromagnetic)	0.1~50	30~40
열전(Thermoelectric)	50~500	0.1~10

표 1에서 알 수 있듯이 태양광 발전의 경우 전력 밀도가 높아서 한 번에 생산되는 전기 에너지의 양이 많지만, 흐린 날씨나 실내에서는 사용할 수 없어서 효율이 크지 않다는 특징이 있다. 이에 반해 압전 발전은 다른 발전 방식에 비해 에너지 밀도가 높고 기후에 관계없이 실내외 기계진동을 이용할 수 있으며, 풍력이나 파력 등의 다양한 형태의 기계적 에너지를 전기 에너지로 변환할 수 있

다(한국과학기술정보연구원 정보분석연구소 연구보고서, 2013). 따라서 항상 진동이 있는 곳, 주기적으로 힘이나 압력이 작용하는 곳, 물의 흐름이 있는 곳, 바람이 부는 곳에서 전기 에너지를 쉽게 얻을 수 있다.

우리는 이처럼 청정 에너지로 각광을 받고 있는 압전 발전의 효용성을 직접 실험하고 계산하여 많은 사람에게 알리고 싶었다. 그래서 쓸모없다고 버려지는 것도 전기 에너지를 만들 수 있는 자원이 될 수 있다는 인식의 전환을 꾀하려고 한다. 특히 압전 발전기를 사용하여 우리의 한 걸음으로도 전구의 불을 켤 수 있다는 것을 보여 주고 싶다. 이 탐구를 통하여 압전 발전의 효용성을 많은 사람들에게 알리는 계기가 되었으면 한다.

2. 이론적 배경

에너지 하베스팅의 정의를 설명하고, 에너지 하베스팅 기술 중에서 압전 발전을 주제로 선정한 이유를 알 수 있도록 충분한 자료를 제시한다. 신기술이므로 이에 대한 배경지식이 없는 이들을 위하여 그림이나 사진 등의 자료를 활용하여 이해를 돕도록 하자. 그림, 그래프, 표를 제시할 경우에는 반드시 출처를 구체적으로 명시한다.

(1) 에너지 하베스팅(Energy Harvesting)

에너지 하베스팅이란 태양광 발전처럼 개별 장치들이 태양광, 진동, 열, 바람 등과 같이 자연적인 에너지원으로부터 발생하는 에너지를 모아서 유용한 전기 에너지로 바꾸어 사용할 수 있도록 하는 기술을 말한다(국립중앙과학관).

에너지가 만들어지는 과정 중에서 많은 에너지가 열, 소리, 진동 등의 다른 형태로 버려져서 우리가 쓸 수 있는 에너지는 굉장히 적다(에듀넷). 에너지 하베스팅은 이렇게 일상적으로 버려지거나 사용하지 않은 작은 에너지를 수확하여 사용 가능한 전기 에너지로 변환해 주는 기술로, 신재생 에너지 원천 기술로 각광받고 있다(두산백과).

이 개념은 1954년 미국 벨연구소가 태양전지 기술을 공개할 때 처음 나왔다. 대표적으로 태양광을 수집하는 태양전지, 열을 모으는 열전 소자, 진동이나 기계적 변위를 전기로 전환하는 압전 소자, 전자기파를 수집하는 RF 방식 등이 있다(네이버캐스트 물리산책).

① 진동 에너지 하베스팅: 진동이나 압력을 가해 압전 소자를 발전시키는 방법
진동 에너지
② 열에너지 하베스팅: 산업 현장에서 발생하는 수많은 폐열을 이용하는 방법
열 에너지
③ 중력 에너지 하베스팅: 도로의 과속 방지턱, 횡단보도 일시정지선 등에 공기압력 펌프를 설치하여 차량의 중량을 이용해 공기를 압축시킨 후 압축 공기 발전을 하는 방법
중력 에너지
④ 전자파 에너지 하베스팅: 방송전파나 휴대전화 전파 등의 전자파 에너지를 이용하는 방법
전자파 에너지
⑤ 광에너지 하베스팅: 태양광을 이용하는 방법
광 에너지
⑥ 위치 에너지 하베스팅: 수력 발전소의 방수구 및 화력 발전소 냉각수 방수로에서 발생하는 위치 에너지 차이를 이용하는 방법
위치 에너지
⑦ 신체 에너지 하베스팅: 신체의 움직임을 통해 발생하는 체온, 정전기, 운동 에너지 등을 이용하는 방법
신체 에너지
에너지 하베스팅
그림 2 에너지 하베스팅의 종류(네이버 지식백과)

(2) 압전 효과(Piezoelectric Effect)

압전 효과란 압전 특성이 있는 물질에 압력이나 진동을 가하면 전기가 생기고(압전), 반대로 전기를 가하면 진동이 생기는 현상(역압전)으로써 압전 소재를 매개로 역학적 에너지와 전기적 에너지가 상호 변환되는 현상을 말한다(국립중앙과학관). 이러한 원리를 이용해서 전기를 발생시키는 것을 압전 효과에 의한 에너지 하베스팅이라 한다.

압전 효과는 1880년 프랑스의 자크 퀴리(Jacque Curie)와 피에르 퀴리(Pierre Curie) 형제에 의해 처음 발견되었다(한화케미칼 공식블로그). 그 원리는 유전분극 현상에 의한 전류의 생성으로 설명할 수 있다. 그림 3에서 보듯이 어떤 물질은 물리적으로 누르면 양전하와 음전하가 나누어지는 유전 분극 현상이 일어난다. 이때 표면의 전하 밀도가 변하면서 전기가 흐르게 되며, 이러한 현상을 압전 효과라고 한다.

압전 소재로 많이 사용되는 것은 수정, 로셀염, 지르코늄티탄산납(PZT) 등이 있으며, 폴리머 계열 소자에 대한 개발이 활발하게 진행되고 있다.

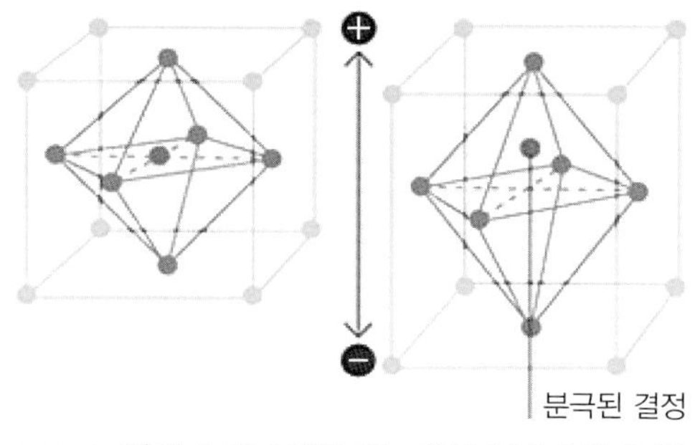

그림 3 압전 효과를 일으키는 유전 분극 현상 모형
(네이버캐스트 물리산책)

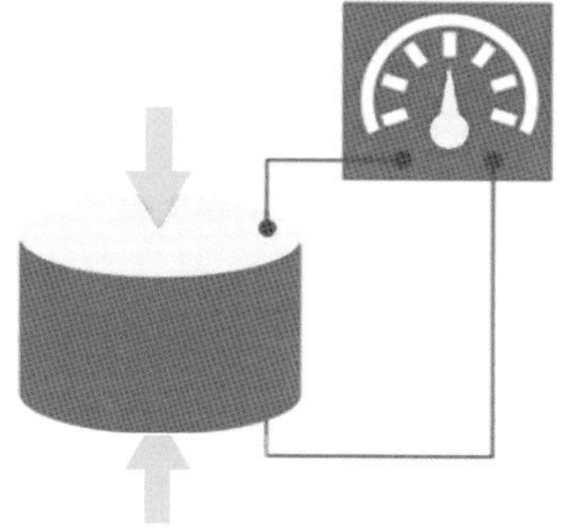

그림 4 압전 효과의 원리(네이버)

가스레인지나 라이터에서 압력을 가하면 전기 스파크를 발생시키는 장치가 압전 효과를 이용하는 대표적인 장치에 해당하며, 마이크로폰, 스피커, 초음파 탐지기, 수정시계 진동자 등도 압전 효과를 이용한 것이다. 이와 반대로 압전 스피커는 전기 신호를 박막의 떨림으로 바꿔 주는 장치다.

라이터의 내부에는 압전 소자와 작은 망치가 들어 있는데, 라이터를 누르면 망치가 압전소자를 때리면서 전류가 생성된다. 이때 생성된 전류가 온도를 높여 가스에 불이 붙는다.

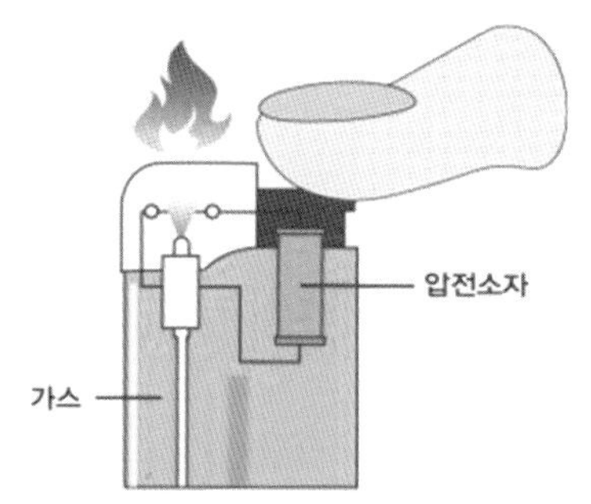

그림 5 압전 효과를 이용한 라이터(네이버)

(3) 압전 발전

압전 효과는 가해진 힘의 세기에 따라 발생하는 전기량이 달라지므로 가해진 힘의 크기가 클수록 많은 전기가 생산될 수 있다. 또한 압전 소자 재료의 유연성, 탄성에 따라서도 전기량이 달라지는데, 재료가 더 유연하고 고탄성일수록 발전할 수 있는 전기량은 더욱 많아질 수 있다(한화케미칼 공식블로그).

압전 효과를 통한 압전 발전은 다음의 세 단계로 진행된다.

① 외부의 기계적 에너지를 압전 소자에 전달하는 단계

② 전달된 기계적 에너지를 압전 소자를 매개로 하여 전기 에너지로 전환하는 단계

③ 전환된 전기 에너지를 전기적인 회로를 통하여 초고용량 축전지(Super-capacitor)나 2차 전지에 모아 두는 단계

압전을 이용한 에너지 하베스팅의 경우 소자의 사이즈에 따라서 크게 대규모(Macro scale)의 압전 발전과, 소규모(Micro scale)의 압전 발전으로 나눌 수 있다. 대규모 압전 발전은 사람의 움직임이나 자동차의 진동 등과 같이 큰 움직임이나 진동으로부터 발전하는 방식이며, 충전을 통해 보조 전원이나 대용량 발전을 하는 데에 적용된다. 소규모 압전 발전은 소량의 진동이나 충격으로부터 발전하는 방식이며, 센서나 소형 전자기기의 전원이나 보조 전원으로 사용된다.

Ⅱ. 본론

1. 탐구 방법

설계된 실험이 탐구 목적에 부합하는지 구체적인 설명이 필요하다. 실험 상황을 독자들이 이해할 수 있도록 활동 사진이나 플로우 차트를 첨부하여 설명하는 것이 좋다.

우리의 목적은 일상생활에서 무의식적으로 딛는 한 걸음으로도 전기를 만들 수 있다는 것을 보여 주는 것이다. 이것을 증명하기 위해서는 기준이 될 만한 데이터를 얻어야 하고, 그러기 위해서는 규정된 실험 세팅이 필요하다.

어떠한 기준에 따른 어떠한 데이터가 필요한지 구체적으로 기술하면 독자들이 이해하는 데에 도움을 줄 수 있다.

그래서 우리는 추를 압전 발전기에 낙하시켜서 발광 다이오드의 점등 여부를 확인하고, 발광 다이오드를 켜는 데 필요한 최소한의 위치 에너지를 구한 다음, 그 데이터를 기준으로 사람이 걸을 때 생산할 수 있는 전기 에너지의 양으로 환산하려고 한다.

실험을 시작하기에 앞서 다음과 같은 도구들을 준비하였다.

[실험 준비물]

압전 발전기, 추, 줄자

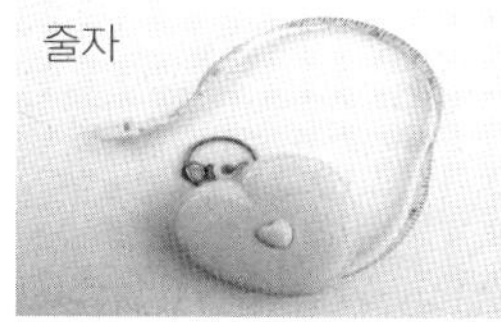

그림 6 실험 준비물

압전 발전기는 압전 소자에 도선과 발광 다이오드가 연결되어 있다. 발광 다이오드는 빨간색 빛을 내며, 제조사마다 약간의 차이가 있으나 빛을 내는 데 필요한 정격 전압은 1.8 V~2.1 V, 정격 전류는 5 mA~20 mA이다. 압전 발전기의 크기가 작으므로 압전 발전기에 낙하시킬 추도 크기가 작은 윗접시 저울용 분동을 사용하였다. 낙하하는 추의 질량은 2 g, 5 g, 10 g으로 늘려 실험하였다. 줄자는 낙하하는 추의 높이를 측정하기 위해 사용하였으며, 낙하 거리를 1 cm, 2 cm, 3 cm로 늘려 실험하였다. 압전 발전기는 매우 작은 진동에도 전기를 생산할 수 있는 예민한 소자로 이루어져 있기 때문에 낙하시키는 물체의 질량과 낙하 거리의 범주를 작게 설정하였다.

실험 준비물 각각을 왜 사용하는지에 대해 설명하여 실험 상황을 이해하는 데 도움을 준다.

우리는 추의 질량과 낙하 거리를 조절하면서 발광 다이오드에 불이 켜지는지 확인하였다. 즉, 추의 위치 에너지는 낙하하면서 운동 에너지로 전환되고, 추가 압전 발전기의 판과 충돌하면서 생기는 힘에 의해 전기 에너지가 생산되며, 전기 에너지에 의해 발광 다이오드의 불이 켜지는 것이다. 그리고 이때 추를 자유 낙하시키므로 추의 초기 속력은 0 m/s로 통제하였다.

발광 다이오드의 정확한 데이터 시트를 찾아봐야 한다. http://www.alldatasheet.co.kr/ 사이트에서 실험에 사용된 부품을 찾아 정확한 제원(기계류의 치수나 무게 따위의 성능과 특성을 나타낸 수적 지표)을 기록해야 한다.

표 2 실험 변인

조작 변인	추의 질량, 추의 낙하 거리
종속 변인	발광 다이오드의 점등 여부
통제 변인	추의 초기 속력(0 m/s) → 자유 낙하

[실험 과정] 실험 장치를 세팅한 모습 또는 실험 장면을 활동 사진으로 보여 주면 더욱 좋을 것이다.

① 질량 2 g의 추를 1 cm 거리에서 낙하시킨 후 압전 발전기의 발광 다이오드에 불이 켜지는지 확인한다.

② 질량 2 g의 추를 2 cm, 3 cm 거리에서 각각 낙하시킨 후 발광 다이오드에 불이 켜지는지 확인한다.

③ 질량을 5 g, 10 g으로 바꾸어 과정 ① ~ ②를 각각 반복한다.

2. 탐구 결과

복잡한 상황을 단순하게 설정하여 실험 결과로부터 새로운 값을 환산하고, 그것을 통해 우리들이 대수롭지 않게 생각한 한 걸음으로 꽤 많은 전기 에너지를 만들 수 있다는 것을 보여 주는 시도가 흥미롭다. 그러나 가정과 근사의 각 단계가 비약적이어서 독자들이 납득할 수 없게 되면 최종적으로 얻어진 결과와 결론의 타당성이 떨어진다. 그러므로 가정과 근사는 최소한으로 사용하되 논리적인 모순이 없는지 확인하면서 결론을 도출해야 한다.

(1) 추의 낙하에 따른 압전 발전의 결과

추를 압전 발전기에 낙하시켰을 때 발생하는 충격은 전기 에너지로 전환되어 발광 다이오드에 불이 켜진다. 추의 위치 에너지가 발광 다이오드의 빛에너지로 전환되는 과정은 다음과 같다.

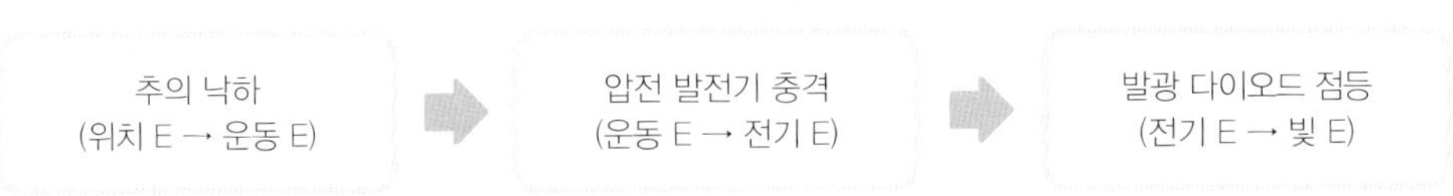

우리는 발광 다이오드에 불을 켜기 위해 필요한 최소한의 위치 에너지를 구하기 위해 실험을 통하여 추의 질량과 낙하 거리에 따른 발광 다이오드의 점등 여부를 확인하였고, 결과는 다음과 같았다.

한 번의 실험 결과는 우연의 가능성이 있다. 신뢰도를 높이기 위해서는 여러 번의 반복 실험을 하여 평균을 제시하는 것이 좋다. 또한 엄밀하게 논한다면, 다이오드에 불을 켜는 데 필요한 최소한의 질량은 2 g, 낙하 거리는 1 cm에서 2 cm 사이의 값이다. 물론 압전 소자의 감도가 예민하여 낙하 거리의 단위 스케일이 작고, 1 cm보다 더 작은 간격으로 나누기 어려울 수 있지만 그런 문제점을 극복하고 더 정확하게 측정해 보기 위한 고민이 필요하다.

표 3 추의 질량과 낙하 거리에 따른 발광 다이오드의 점등 여부

추의 질량	추의 낙하 거리	발광 다이오드의 점등 여부
2 g	1 cm	X
	2 cm	O
	3 cm	O
5 g	1 cm	O
	2 cm	O
	3 cm	O
10 g	1 cm	O
	2 cm	O
	3 cm	O

실험 결과로 볼 때, 추를 낙하시켜 다이오드에 불을 켜기 위해 필요한 최소한의 질량은 2 g, 최소한의 높이는 2 cm였다.

$$\text{추의 위치 에너지(J)} = 9.8 \times \text{추의 질량(kg)} \times \text{추의 낙하 거리(m)}$$
$$= 9.8 \times 0.002\ \text{kg} \times 0.02\ \text{m} = 0.000392\ \text{J}$$

따라서 다이오드에 불을 켜기 위해서는 최소한 0.000392 J의 위치 에너지를 공급해 주어야 한다. 최소한 이 정도의 에너지만 있어도 압전 발전을 사용하여 충분히 다이오드에 불을 켤 수 있다.

발광 다이오드의 정확한 제원을 알아야 소비전력에 필요한 에너지가 정확히 산출되었는지 비교할 수 있다.

(2) 한 사람의 한 걸음으로 만들 수 있는 전기 에너지

(1)의 결과를 바탕으로 한 사람의 한 걸음으로 켤 수 있는 다이오드의 개수를 구해 보기로 하였다. 그러기 위해서는 사람이 걸을 때 힘을 주어 땅을 딛는 것이 아니라 힘을 빼고 걷는다고 생각하여 걸을 때마다 자기 몸무게만큼의 중력이 작용한다고 가정하였다. 또한 평균 몸무게는 통계청 자료를 참고하였고, 평균 걸음 높이는 우리 팀의 걸음 높이의 평균값을 사용하였다.

통계청에 따르면 2014년 기준 전국 남자 고3 학생의 평균 몸무게는 68.5 kg, 여자 고3 학생의 평균 몸무게는 56.8 kg이므로 남녀 고3 학생의 몸무게의 평균값인 62.7 kg을 기준 몸무게로 정하였다.

그리고 우리가 측정한 평균 걸음 높이가 10 cm이므로 한 사람이 한 걸음을 걸을 때의 위치 에너지는 61.45 J이다.

체중계는 무게를 재는 도구이며, 무게의 단위로는 kgf를 써야 한다. 그러나 1 kgf(= 9.8 N)의 중력을 받는 물체의 질량을 1 kg으로 볼 수 있으므로, 체중계는 보통 질량의 단위인 kg을 써놓은 경우가 많다. 엄밀하게는 단위로 kg을 사용하기 때문에 '몸무게'가 아닌 '몸 질량'으로 표현해야 한다.

사람의 위치 에너지 = 9.8 ×몸 질량(kg) ×걸음 높이(m)

= 9.8 ×62.7 kg ×0.1 m ≒ 61.45 J

이와 같은 계산은 사람이 10 cm 공중에서 떨어질 때의 에너지 계산이다. 걸을 때에는 체중이 분산되므로 에너지는 이보다 훨씬 작다. 또한 압전 소자는 단위 면적당 작용하는 힘에 따라 발생하는 전기량이 달라지기 때문에 이를 고려하여 계산해야 더 정확한 결과를 얻을 수 있다.

(1)에서 1개의 다이오드에 불을 켜는 데 최소한 0.000392 J의 위치 에너지가 필요하다고 했기 때문에, 한 사람이 한 걸음으로 켤 수 있는 다이오드의 개수는 156 760개이다.

이런 산술적 계산은 오차를 고려하지 않으면 큰 오류가 발생한다. 붉은색 LED의 소비전력은 보통 0.04 W로, 다이오드에 불을 켜는 데 필요한 에너지가 너무 작게 설정되었다. 반면, 사람의 위치 에너지는 너무 크게 계산되었다. 그 결과 한 사람이 한 걸음으로 켤 수 있는 다이오드의 개수가 너무 많아졌다.

한 사람이 한 걸음으로 켤 수 있는 다이오드의 개수

= 사람의 위치 에너지 ÷ 다이오드 1개의 점등(에 필요한) 에너지

= 61.45 J ÷ 0.000392 J/개 ≒ 156 760개

우리는 일상생활에서 발광 다이오드보다 LED 전구를 더 많이 사용하므로 압전 발전기를 사용했을 때 한 사람의 한 걸음으로 몇 개의 LED 전구를 켤 수 있을지 구해 보기로 하였다. 사람이 걷는 동안 에너지 손실이 없고, 압전 소자를 밟았을 때 나타나는 발전 효율이 최대(60 %)일 때를 가정하여 계산하였다. 걷는 동안 사람의 위치 에너지는 61.45 J이며, 이것이 압전 발전기를 거쳐 전기 에너지로 전환되면 36.87 J이 된다.

압전 소자의 발전 효율을 너무 크게 가정하였다. 압전 소자의 발전 효율은 아직은 매우 낮은 단계이다.

압전 발전으로 생산된 전기 에너지 = 사람의 위치 에너지 × 0.6

= 61.45 J ×0.6 = 36.87 J

이것은 소비전력이 10 W인 LED 전구를 1초 동안 3개 이상 켤 수 있는 에너지이다. 또는 10 W인 LED 전구 1개를 3초 이상 켤 수 있는 에너지이기도 하다.

10 W LED 전구를 1초간 점등하는 데 필요한 전기 에너지
= 전력 × 시간 = 10 W × 1초 = 10 J

압전 발전으로 생산된 전기 에너지로 1초간 켤 수 있는 LED 전구의 수
= 생산된 전기 에너지 ÷ 10 W LED 전구 1개의 초당 점등 에너지
= 36.87 J ÷ 10 J/개 = 3.687개

실험 결과를 통해 보잘 것 없는 우리의 한 걸음으로도 전기를 만들어 낼 수 있다는 것을 알 수 있다. 실제로는 뛰거나 힘을 주어 걸을 때 압전 소자에 가해지는 충격력이 우리가 가정했을 때보다 훨씬 더 크기 때문에 압전 발전을 통하여 더 많은 에너지를 생산할 수 있을 것이다.

Ⅲ. 결론

서론에서 언급한 탐구의 필요성을 얼마나, 어떻게 충족하였는지에 대해 기술한다. 또한, 본 탐구가 갖는 한계를 생각해 보고, 그 한계를 극복할 수 있는 방법도 같이 제언해 보자.

우리는 발광 다이오드가 연결된 압전 발전기에 추를 낙하시켜 추의 기계적 에너지가 전기 에너지를 거쳐 빛에너지로 전환되는 것을 실험을 통해 살펴보았다. 이 과정에서 다이오드에 불을 켜는 데 필요한 최소한의 에너지를 구하고, 그 값을 활용하여 우리의 한 걸음으로 LED 전구 여러 개를 켤 수 있다는 결과를 도출하였다. 이처럼 압전 발전기를 이용하면 의도하지 않아도 우리가 걸을 때마다 전기 에너지를 생산할 수 있다. 이러한 압전 발전기를 유동인구가 많은 지하철역이나 도로, 활동량이 많은 놀이터나 학교 계단 또는 신발 밑창에 설치한다면 많은 전기 에너지를 손쉽게 얻을 수 있을 것이다.

이 탐구는 '압전 발전'이라는 신기술이 얼마나 간편하고 이로운지 계산값으로 보여 준다. 이것은 사람들이 압전 발전에 더욱 관심을 가질 수 있는 흥미로운 소재로서의 역할을 할 것이라 기대한다.

한편 우리는 실험과 계산 과정에서 손실되는 에너지를 고려하지 않았고, 계산하기 복잡한 상황을 가정과 근사를 사용하여 단순하게 계산하였기 때문에 오차가 발생할 수 있다. 또한 압전 발전기의 효율 대비 개발, 설치, 유지, 보수 등에 필요한 비용을 고려하지 않았으므로 투입 비용 대비 산출 비용의 효율성을 따져 보아야 상용화 가능성을 구체화할 수 있을 것이다. 뿐만 아니라 압전 발전 방식 자체의 출력이 들쑥날쑥하고, 특정 주파수대의 에너지만 수집할 수 있다는 기술적인 문제점도 있다.

'압전 발전의 기술적인 문제'로 언급한 부분에 대한 전문가의 의견이나 관련 탐구 자료 등의 근거를 보충하면 설득력을 높일 수 있다.

그러나 압전 발전은 여타의 다른 발전 방식에 비해 친환경적이고, 간편하며, 소형화나 경량화할 수 있을 뿐만 아니라 에너지 하베스팅 기술 중에서 발전 효율이 높다는 장점이 있다. 이미 네덜란드 로테르담에 설치된 '에너지 플로어', 부산 서면역에 설치된 '압전 보도블록', 필립스에서 선보인 '건전지 없는 리모컨', 전기 제품을 가동할 수 있는 '압전 섬유' 등에 활용되고 있다. 그러므로 압전 발전의 에너지 효율을 높이는 기술이 더 발전한다면 우리 생활의 많은 부분에서 압전 발전이 다양하게 활용될 수 있을 것이다.

연계 교과

과학탐구실험

13. 전자기파의 반사 현상을 이용한 와이파이 신호 증폭

중점 핵심 역량 과학적 탐구 능력 | 과학적 문제 해결력

성취 기준

[과학탐구실험 교육과정 02-09] 과학의 핵심 개념을 적용하여 실생활 문제를 해결하거나, 탐구에 필요한 도구를 창의적으로 설계하고 제작할 수 있다.

참여 인원 2~3명

탐구 기간 4개월

유사 및 확장 주제

본 탐구와 같이 전자기파의 성질과 관련된 주제를 선정하거나 탐구의 영역을 파동으로 확장할 수 있다.

- 신호의 감쇄 요인에 대한 탐구
- 교류 회로에서 전자기파의 발생 및 안테나를 통한 수신 과정에 대한 탐구
- 노이즈 캔슬링과 같은 소음 제거 탐구

[물리 II 03-01] 전자기파의 간섭과 회절을 이해하고 이와 관련된 다양한 예를 조사하여 설명할 수 있다.
[물리 II 03-03] 교류 회로에서 전자기파의 발생 및 안테나를 통한 수신 과정을 설명할 수 있다.

탐구 계획서

1 탐구 계획

1. 탐구의 필요성 및 목적

- Wi-Fi가 보편화되었지만 공유기와 수신 장치 사이에 벽과 같은 장애물이 존재하면, 콘크리트를 비롯한 여러 물질들에 의해 Wi-Fi 신호가 감쇄한다.
- 신호의 강도가 약한 곳에서는 Wi-Fi 사용이 제한되기 때문에 손쉽게 신호를 증폭할 수 있는 안테나의 구조에 대해 탐구할 필요가 있다.

2. 탐구 절차

- 반사판의 재질을 다르게 하여 신호의 세기를 비교한다.
- 성능이 우수한 반사판을 설치하고 거리가 먼 방에서 속도를 측정한다.
- 시중에 판매중인 와이파이 증폭기와 신호의 세기를 비교한다.

성능이 우수한 반사판과 와이파이 증폭기의 신호 세기를 비교한 실험에서 시중에서 판매되는 와이파이 증폭기는 대조군, 탐구 과정에서 제작한 반사판은 실험군이 된다.

3. 탐구의 한계점

- 반사판의 성능을 다양한 환경에서 적용해 보지 않았기 때문에 결론 도출에 오류가 있을 수 있다.
- 효율적인 재질의 반사판을 실제 안테나로 구현하기 위해서는 경제성과 타당성 조사가 필요하다.

2 자료 탐색

- 통합논술 개념어 사전. 2007. 한림학사.
- 시사경제용어사전. 2010. 대한민국정부 기획재정부.
- 두산백과
- 구글(http://www.antenna-theory.com/antennas/norm3D1lam.jpg, http://www.radartutorial.eu/06.antennas/pic/parabol3.png, http://sbtech.kr)

3 개요

1. 서론

(1) 탐구의 필요성 및 목적

(2) 이론적 배경

- Wi-Fi
- 안테나와 빔패턴
- 유전율
- 파동의 간섭, 회절, 반사

2. 본론

(1) 탐구의 가설

- 알루미늄판을 원뿔 모양으로 만든 반사판의 성능이 가장 좋을 것이다.
- 우리가 만든 반사판이 와이파이 증폭기보다 성능이 뛰어날 것이다.

(2) 탐구 방법

반사판의 재질에 따른 신호 세기 비교 → 성능이 우수한 반사판을 설치하고 거리가 먼 방에서 속도 측정 → 시중에서 판매중인 와이파이 증폭

기와 신호 비교

(3) 탐구 결과

- 구리, 아연, 알루미늄 반사판의 성능 비교
- 지향성 반사판의 와이파이 신호 증폭 성능

3. 결론

문턱진동수가 낮은 알루미늄이 전파에 의한 전자의 들뜸 현상이 크게 일어나 반사하는 정도가 크고, 지향성 안테나의 모양이 신호 증폭 효과가 크다.

4 일정표

기간	탐구 내용	세부 활동
3월	· 주제 정하기 · 탐구 계획 수립	· 팀 구성 및 주제 선정 · 탐구 절차 정하기
4월	· 자료 탐색 · 탐구 방법 설계	· Wi-Fi, 안테나와 빔패턴, 유전율, 파동의 간섭·회절·반사 조사 · 실험 장소 선정 · 실험 장치 고안
5월	· 탐구 활동 · 결과 정리	· 실험 준비물 구입 · 반사판의 성능 비교 실험 수행 · 실험 결과 정리 및 결론 도출
6월	· 보고서 작성 · 발표	· 보고서 정리 및 수정, 최종 제출 · 발표 자료 준비, 발표 진행

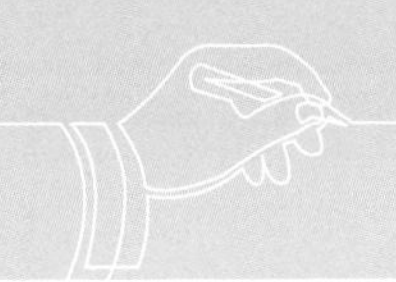

탐구보고서 쓰기

Ⅰ. 서론

생활 속에서 불편한 점을 찾아 이를 개선하기 위한 탐구 주제를 선정하고 이에 대한 필요성을 생각해 보자. 생활 속의 문제를 찾아 탐구하는 습관은 과학적 호기심과 문제 해결 능력을 길러 줄 것이다.

1. 탐구의 필요성 및 목적

Wi-Fi는 전자기기들을 무선랜으로 연결할 수 있게 해주는 기술로, 인터넷을 유선으로 사용할 때의 불편함을 해소하기 위하여 개발되었다. 생활 속에서 Wi-Fi 신호의 세기가 어떤 요인에 따라 약해지며, 어떻게 하면 신호의 세기를 증폭할 수 있는지는 큰 의미가 있다. 특히, Wi-Fi 신호를 내보내는 공유기와 멀어지면 인터넷 속도가 느려지고, 품질적인 면에서도 불편을 겪게 된다. 또한, 공유기와 수신 장치 사이에 벽과 같은 장애물이 존재하면, 콘크리트를 비롯한 여러 물질들에 의해 Wi-Fi 신호가 감쇄한다. 이러한 문제점을 극복하기 위해 Wi-Fi 신호의 세기를 증폭시키는 방법을 모색하고자 한다.

이론적 배경이 너무 길면 지루하여 논문에서 밝히고자 하는 핵심에 집중하기 어렵다. 실험 과정을 이해하고 결과를 해석하는 데 꼭 필요한 자료만 제시하고, 배경 지식이 없는 독자들도 이해할 수 있도록 쉽게 설명한다.

2. 이론적 배경

(1) Wi-Fi

Wi-Fi는 전자기기들이 무선랜(WLAN)에 연결할 수 있게 하는 기술로서, 주로 2.4 GHz(기가헤르츠) 및 5 GHz 무선 대역을 사용한다. 그러므로 Wi-Fi가 사용하는 전자기파는 약 12 cm와 6 cm의 파장을 갖게 된다. 무선랜은 일반적으로 암호로 보호되어 있지만, 대역 내에 위치한 어느 장치라도 무선랜 네트워크의 자원에 접근할 수 있도록 개방도 가능하다.

Wi-Fi 기술을 사용하는 장치에는 개인용 컴퓨터, 스마트폰, 디지털 카메라,

태블릿 컴퓨터, 프린터 등이 포함된다. Wi-Fi 호환 장치들은 WLAN 네트워크와 무선 액세스 포인트를 통해 인터넷에 접속할 수 있다. 액세스 포인트로 실내에서는 약 20 m, 실외에서는 이보다 더 큰 범위에서 Wi-Fi에 접근할 수 있다. 액세스 포인트의 지원 범위는 무선파를 차단하는 벽이 있는 작은 방까지만 가능하고, 여러 액세스 포인트를 겹쳐 사용함으로써 수 km^2로까지 확대할 수 있다.

(2) 안테나와 빔패턴

자료를 인용하는 경우 반드시 인용 문장 끝에 출처를 제시해야 하며, 참고문헌 목록에도 표기 형식에 맞춰 기록한다.

전파 신호를 송신하고 수신하는 것은 안테나를 이용한다. 안테나는 신호를 송·수신할 때 방향성을 가지는데, 이를 안테나의 빔패턴이라고 한다. 다이폴 안테나의 경우, 도넛 모양의 빔패턴을 가져서 안테나와 수직하게 360도 방향으로 신호를 내보내거나 수신한다. 반면, 파라볼라 안테나의 경우는 로브 형태의

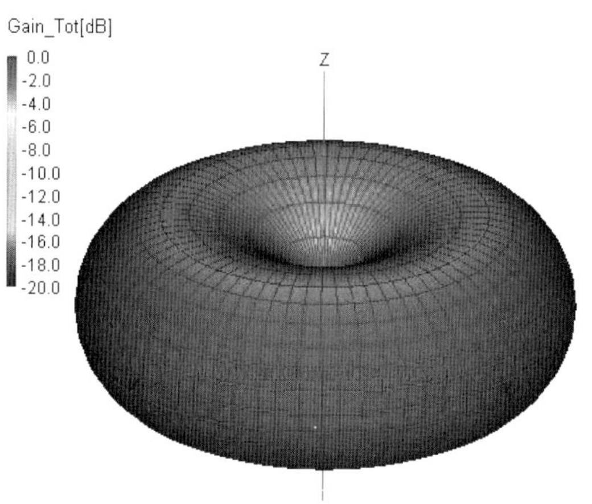

그림 1 다이폴 안테나의 빔패턴
(http://www.antenna-theory.com/antennas/norm3D1lam.jpg)

그림 2 파라볼라 안테나의 접시가 왼쪽에 있을 때, 파라볼라 안테나의 빔패턴
오른쪽 좁은 영역으로만 신호를 송신하고 수신할 수 있다.
(http://www.radartutorial.eu/06.antennas/pic/parabol3.png)

파워패턴을 가져서 지향성(일정한 방향으로 나아가는 성질)이 강하다. 공유기와 스마트폰의 경우 안테나가 내장되어 있어서 눈으로 안테나를 직접 확인할 수는 없지만, 어떤 방향으로 송·수신이 강한지 Wi-Fi 신호의 세기를 방향에 따라 측정하여 빔패턴을 유추할 수 있다.

그림 3 파라볼라 안테나(http://sbtech.kr)
색으로 표시한 화살표는 외부로부터 들어온 전파가 안테나 면에서 반사하여 초점에 모이는 경로를 보여 준다.

앞에서 본 것과 같이 파라볼라 안테나는 지향성이 강하기 때문에 위성통신용으로 사용되어 왔다. 파라볼라 안테나의 면은 쌍곡면이며, 이론적으로 안테나 면에 수직으로 반사된 모든 전파를 쌍곡선의 초점 부위에 모아 준다. 그러므로 흩어진 신호를 매우 작은 영역으로 집적시켜 주는 기능을 한다.

(3) 유전율

유전율을 이론적 배경에 제시한 이유가 명확하게 드러나지 않았다. Wi-Fi 신호와 물질의 유전율의 상관관계를 어떻게 해석할 수 있는지 제시할 필요가 있다.

Wi-Fi 공유기와 네트워크에 연결하고자 하는 전자기기 사이의 물질들은 흔히 부도체 또는 유전체이며, 유전체(Dielectric Material)의 전기적인 특성은 유전율(Permittivity, ε)로 나타낸다. 유전율은 직류(Direct Current, DC) 전류에 대한 전기적 특성을 나타내는 것이 아니라 교류(Alternating Current, AC) 전류, 특히 교류 전자기파의 특성과 직접적인 관련이 있다.

그림 4를 보면, 유전체(부도체)에서의 유전율의 의미를 개념적으로 이해할 수 있다. 평소에 무작위한 방향으로 각자 흩어져 있던 +, − 모멘트 성분은 외부에서 걸린 전자계의 교류 변화에 맞추어 정렬된다. 즉 모멘트 성분들이 전자계의 변화 방향에 맞추어 재정렬함으로써, 부도체이면서도 건너편으로 전자기파의 진행을 가능하게 하는 것이다. 이러한 외부의 전자계의 변화에 대해 물질 내부의 모멘트가 얼마나 민감하게 잘 반응하여 움직이느냐의 정도를 유전율이라고

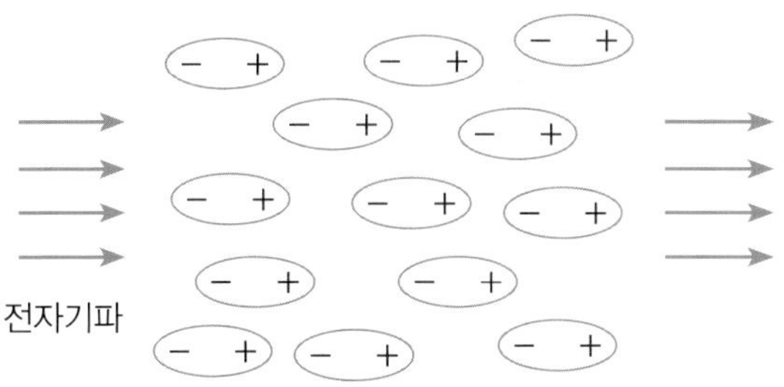

그림 4 유전체 내부에서 전자기파에 의해 전기 모멘트가 나열되는 것을 개념적으로 나타내고 있다.

표현할 수 있다.

유전율이 높다는 것은 기본적으로 전기 에너지가 잘 전달된다는 것과 비슷하게 이해할 수 있다. 하지만 이것은 AC냐 DC냐에 따라 그 의미가 다른데, DC 개념에서 보면 미세한 입자 전류로서 에너지가 좀 더 잘 흐른다는 것을 의미한다. 하지만 AC 개념에서 보면 전자파의 파장이 더 짧아져서 진행을 방해하는 것처럼 보인다. 예를 들어 유전율이 낮은 흙에서는 전기가 잘 흐르지 않고 전자파는 잘 투과하지만, 수분에 젖어 유전율이 상승된 토양의 경우에는 점차 전기가 흐르기 시작하며 전자파는 잘 투과되지 않는다. 아래 표 1은 몇 가지 물질에 대한 유전율을 보여 주고 있다. 여기서 비유전율이란 진공의 유전율을 기준치 1로 잡았을 때의 유전율의 상댓값을 말한다.

표 1 다양한 물질의 유전율 — 유전율에 영향을 주는 조건, 즉 온도와 전자기파의 주파수를 표에 제시하여 보다 명확한 데이터가 되도록 해야 하며, 자료의 출처를 밝혀야 한다.

유전체	비유전율 ε_r	유전체	비유전율 ε_r
진공	1.00	유리	3.5~10
공기	1.00058	물(증류수)	80
종이	1.2~1.6	산화티탄	100
폴리에틸렌	2.3	로셀염	100~1000
변압기 유	2.2~2.4	티탄산바륨 자기	1000~3000
고무	2.0~3.5	콘크리트	6.25
운모	6.7	벽돌	4.4

유전율은 사용하는 전자기파의 주파수와 물질의 온도에 따라 약간씩의 변화가 있지만, 이 실험에서 사용하는 Wi-Fi 신호의 불안정성 등을 고려한 측정 오차가 사용하는 주파수나 물질의 온도에 따른 유전율의 변화보다 실험에 더 큰 영향을 준다. → 온도에 따른 유전율의 변화를 고려하지 않아도 되는 근거가 필요하다.

(4) 파동의 간섭

보강 간섭은 중첩되는 두 파동의 위상이 같을 경우, 즉 마루와 마루 또는 골과 골이 중첩될 때 합성파의 진폭이 커지는 경우이며, 상쇄 간섭은 두 파동의 위상이 반대일 경우로 마루와 골 또는 골과 마루가 중첩되어 합성파의 진폭이 최소가 되는 경우이다.

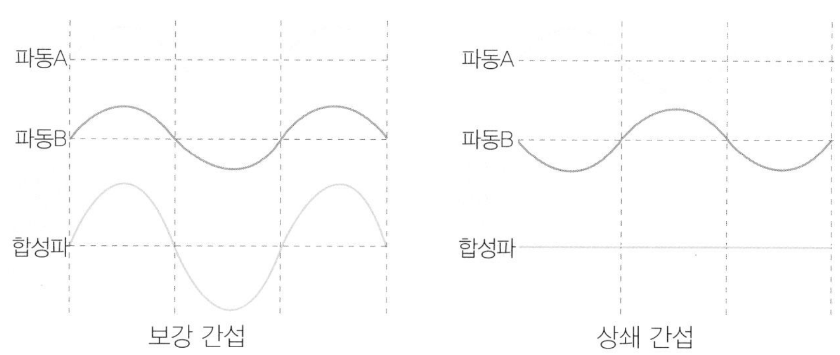

그림 5 파동의 간섭(통합논술 개념어 사전, 2007)
진폭과 파장이 같은 두 파동이 서로 간섭을 일으킬 때, 두 파원으로부터의 거리 차(경로 차)가 반 파장($\frac{\lambda}{2}$)의 짝수배가 되는 곳에서는 보강 간섭, 반 파장($\frac{\lambda}{2}$)의 홀수배가 되는 곳에서는 상쇄 간섭이 일어난다.

(5) 파동의 회절 → 독자들이 쉽게 이해할 수 있도록 그림 자료를 활용하면 좋다.

파동이 진행하다가 장애물이나 좁은 틈을 만나게 되면 소멸되지 않고 그 반대편으로 전달되는 현상을 파동의 회절이라고 한다. 즉 파동이 장애물이나 틈의 모서리에서 휘어져 진행하는 것이다. 이러한 파동의 회절은 호이겐스의 원리로 설명 가능하며, 회절은 동일 매질에서의 진행이므로 파장의 변화가 없다.

파동에서의 회절은 파장이 길수록, 틈(슬릿) 사이의 간격이 좁을수록, 틈의 끝이 날카로울수록 잘 일어난다.

(6) 파동의 반사 → 독자들이 쉽게 이해할 수 있도록 그림 자료를 활용하면 좋다.

한 매질에서 파동이 진행하다가 성질이 다른 매질에 부딪쳐 되돌아 나오는 현상을 파동의 반사라고 한다. 이때 부딪치기 전후 매질의 성질에 의해서 위상이 바뀌기도 한다. 입사파와 법선이 이루는 입사각과 반사파와 법선이 이루는 반사각은 항상 같은데, 이를 반사의 법칙이라고 한다. 반사의 종류에는 고정단 반사와 자유단 반사가 있다. 소한 매질에서 밀한 매질로의 반사인 고정단 반사에서는 위상이 180° 바뀌지만, 밀한 매질에서 소한 매질로의 반사인 자유단 반사에서는 위상이 바뀌지 않는다.

Ⅱ. 본론

1. 탐구의 가설

→ 가설은 구체적으로 설정해야 한다. 탐구의 방향과 결과의 해석이 달라질 수 있기 때문이다. 현재 제시한 가설에서는 '성능'의 정의가 불분명하다. 성능의 정의를 이 실험에서의 측정값과 연결지어 구체적으로 제시한다.

알루미늄판을 원뿔 모양으로 제작한 반사판의 성능이 가장 좋을 것이며, 이 알루미늄 반사판은 와이파이 증폭기보다 가정에서 사용하기에 성능이 뛰어날 것이다.

2. 탐구 방법

→ 실험 설계 및 수행 과정에서 탐구자는 무엇을 탐구하고자 하는지 초점을 잃어버리면 안 된다. 설계 과정에서 탐구자는 와이파이 신호의 세기, 즉 증폭의 정도를 알아보고자 하였으므로, 인터넷 속도를 측정하는 것은 의미가 없다. 속도와 증폭은 엄연히 구분되어야 한다.

우리는 전자기파의 반사 현상을 이용하면 와이파이 신호가 얼마나 증폭되는지 알아보기 위해 반사판의 재질과 형태를 달리하여 인터넷 속도와 와이파이 신호의 세기를 측정하고, 시판되고 있는 와이파이 증폭기와 우리가 제작한 반사판의 성능을 비교해 보려고 한다. 이에 다음과 같이 4가지 실험으로 나누어 탐구를 수행하였다.

[실험 준비물]

- 구리판, 아연판, 알루미늄판 각각 20 cm × 30 cm 2장, 와이파이 증폭기, 줄자, 가위, 스마트폰
- 측정에 사용한 스마트폰: 갤럭시S6
- 측정에 사용한 애플리케이션: 벤치비 속도 측정(구글 플레이스토어)

이 탐구에서는 스마트폰 앱으로 신호를 측정하는데, 이 앱의 데이터 신뢰성은 어느 정도이며, 오차의 범위는 어떠한지 생각해 보면 더욱 좋을 것이다.

[도면–반사판과 실험 장소]

본 탐구에서는 지향성 형태의 원뿔대 모양이 평면 거울과 같은 반사판에 비해 증폭의 효과가 클 것이라 생각하고 두 가지 모형만을 비교하였지만, 다른 형태를 추가하여 여러 가지 구조를 비교하는 것이 좋다. 또한 이 실험과 같이 조건의 제한을 두는 경우에는 그 이유를 구체적으로 제시하면 더욱 설득력을 얻을 수 있다.

① 반사판 1

그림 6 반사판 1의 설계도(30 cm × 15 cm의 직사각형 모양)

② 반사판 2

그림 7 반사판 2의 설계도(모선의 길이가 10 cm이고 중심각이 100도인 원뿔대 모양)

③ 실험 장소(집의 구조)

집의 구조에서 공유기로부터 실험 3의 방까지의 반경이나 벽의 재질 등의 구체적인 자료를 제시하면 훨씬 이해하기 쉬울 것이다. 또한, 실험 3은 신호가 가장 약한 방이라고만 언급되어 있는데, 실험 1, 2와 비교하여 얼마나 약한지 데이터로 제시하면 좋다.

그림 8 실험 장소 평면도

[실험 1] 반사판의 재료로 구리판, 아연판, 알루미늄판을 선택한 이유를 제시하여 보자. 탐구에서 가설 설정과 그에 따른 실험 설계 과정은 매우 중요하므로 독자들이 탐구의 목적과 의의를 충분히 이해할 수 있도록 필요한 설명을 덧붙이면 좋다.

① 구리판, 아연판, 알루미늄판으로 각각 반사판 1을 제작한 후, 그림 9와 같이 반원 형태로 구부려 공유기 안테나 뒤쪽에 설치한다.

② 공유기로부터 직선 거리로 3 m 떨어진 지점에서 각각의 반사판에 대해 스마트폰 앱을 이용하여 와이파이 속도와 신호의 세기를 측정한다.

그림 9 반사판 1을 이용한 실험 장치

[실험 2]

① 구리판, 아연판, 알루미늄판으로 반사판 2를 제작한 후, 그림 10과 같이 공유기 안테나에 설치한다.

② 공유기로부터 직선 거리로 3 m 떨어진 지점에서 각각의 반사판에 대해 스마트폰 앱을 이용하여 와이파이 속도와 신호의 세기를 측정한다.

③ 실험 1의 결과와 비교한다.

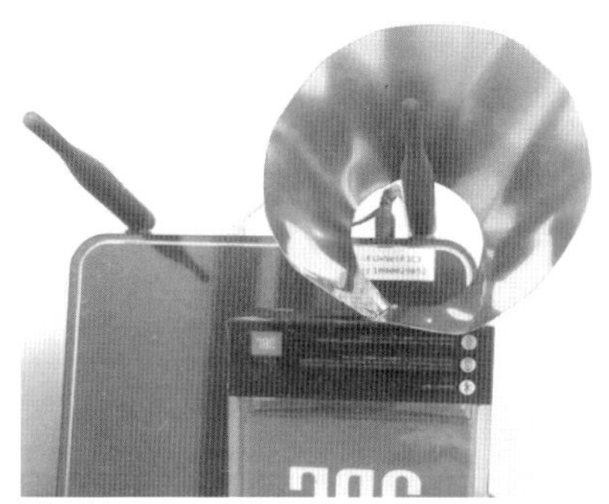

그림 10 반사판 2를 이용한 실험 장치

[실험 3]

① 실험 1, 2를 통해 얻은 가장 증폭이 잘 되는 반사판을 공유기에 설치한다.

② 거리가 먼 방에서 와이파이 속도와 신호의 세기를 측정한다.

[실험 4]

① 실험 3과 같은 방에 시중에 판매되는 와이파이 증폭기를 설치한 다음 와이파이 속도와 신호의 세기를 측정한다.

② 실험 3의 결과와 비교한다.

3. 탐구 결과

본 탐구에서는 인터넷 속도와 신호의 세기를 측정하였는데, 인터넷 속도는 여러 가지 다른 변인에 따라 달라진다. 예를 들어 사용자의 데이터 사용량이 많은 시간에는 속도가 느릴 것이다. 탐구에서는 변인 통제가 매우 중요하며, 잘 통제된 실험에서 정확한 결론을 얻을 수 있음을 명심해야 한다.

표 2 실험 1(반사판 1을 사용할 때)의 결과

실험 결과를 차트 툴을 이용하여 그래프 형태로 제시해 보자. 이렇게 하면 한 눈에 비교하기 쉽다.

	반사판이 없을 때	반사판을 사용할 때		
		아연판	구리판	알루미늄판
결과 사진	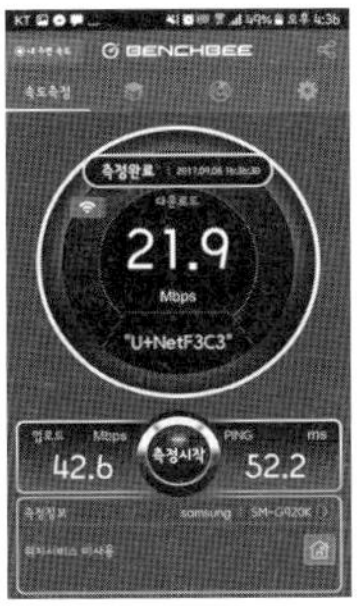	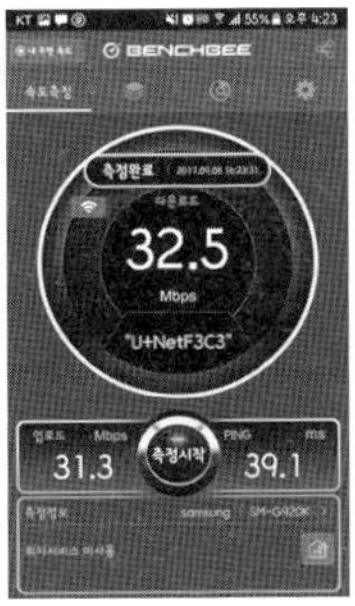	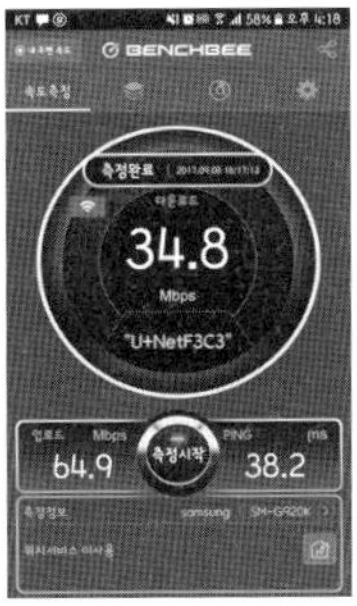	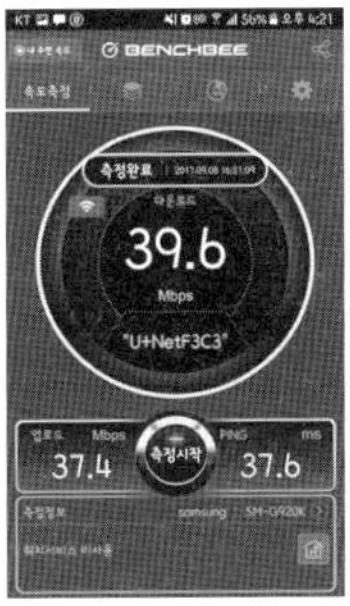
인터넷 속도 (Mbps)	21.9	32.5	34.8	39.6
신호의 세기	52.2	39.1	38.2	37.6

실험 결괏값은 가능한 여러 번 측정하여 평균값을 이용하면 보다 신뢰할 수 있는 데이터를 얻을 수 있다.

표 3 실험 2(반사판 2를 사용할 때)의 결과

	반사판이 없을 때	반사판을 사용할 때		
		아연판	구리판	알루미늄판
결과 사진	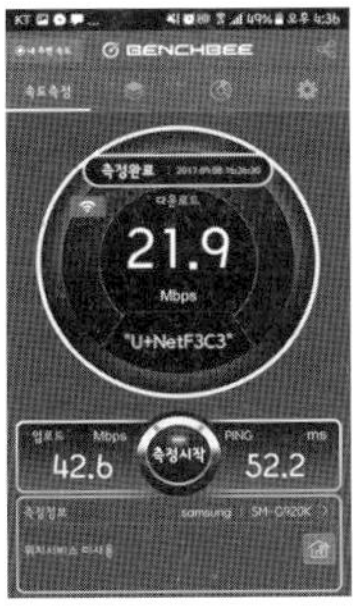	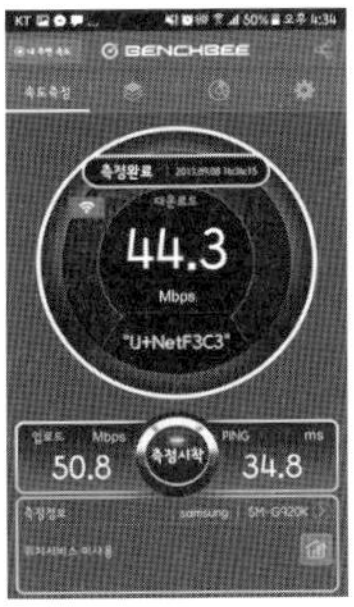	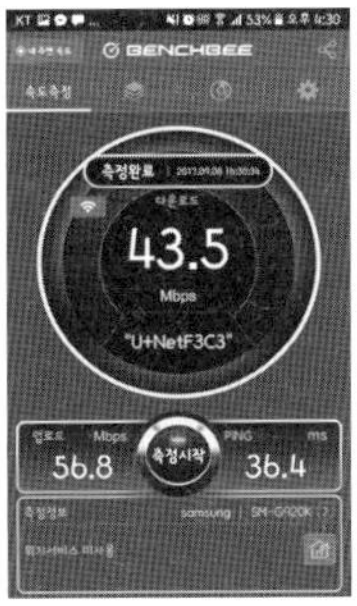	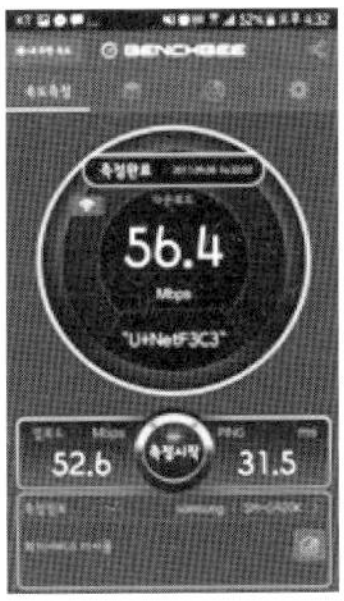
인터넷 속도 (Mbps)	21.9	44.3	43.5	56.4
신호의 세기	52.2	34.8	36.4	31.5

표 4 실험 3, 4의 결과 비교

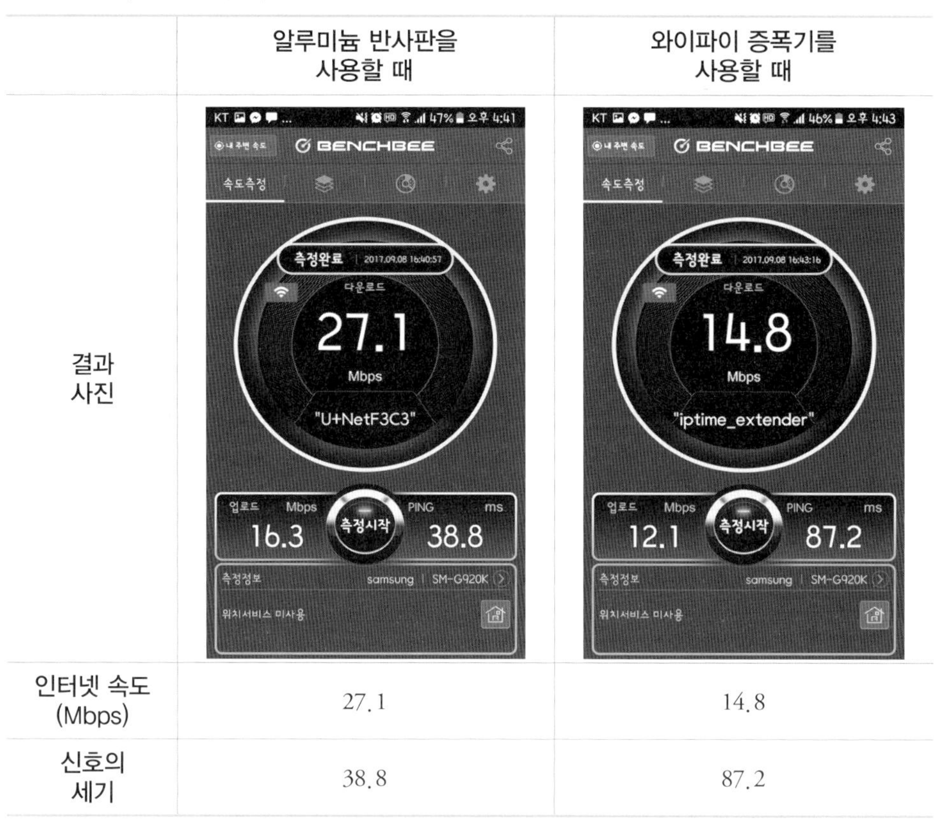

	알루미늄 반사판을 사용할 때	와이파이 증폭기를 사용할 때
결과 사진		
인터넷 속도 (Mbps)	27.1	14.8
신호의 세기	38.8	87.2

생활 속 불편함을 찾아 개선하고자 하는 탐구 활동은 발명과도 연관되어 있어서 매우 중요한 의미를 가진다. 이런 탐구 활동은 일회성으로 끝나는 것이 아니라 지속적으로 성능을 발달시키는 방향으로 연구가 가능하다.

Ⅲ. 결론

문턱진동수와 전자의 들뜸 현상 등은 결론에서 처음 나오는 용어이다. 이와 관련된 자료를 '이론적 배경'에 포함시켜 설명할 필요가 있다.

문턱진동수가 낮은 금속일수록 전파에 의한 전자의 들뜸 현상이 더 크게 일어나 반사하는 정도가 커진다. 따라서 실험 1, 2의 결과 모두 알루미늄판의 성능이 가장 뛰어났다. 실험 1의 반사판보다 실험 2의 반사판의 성능이 좋았던 이유는 실험 1은 안테나의 뒤쪽에 반사판을 설치하여 뒤로 송신되는 전파를 반사시켰지만, 실험 2는 안테나에서 나오는 모드 전파를 한 방향으로 모아서 송신했기 때문이다. 또한 실험 1과 달리 실험 2는 안테나의 방향을 앞쪽으로 바꾸고, 한 방향으로 전파가 나가도록 조정하였다. 이는 위성안테나의 원리를 이용한 것이다. 실험 3에서는 증폭시킨 전파가 먼 방까지 도달한다는 것을 알 수 있었고, 실험 4에서는 시중에 판매하는 증폭기보다 반사판의 성능이 더 좋게 측정되었다. 그러나 표 4에서 결과 사진을 보면, 오른쪽 아래에 있는 PING 수치의 차이가 크다는 것을 알 수 있다. 이 수치는 신호의 세기를 의미하는데, 시중의 증폭기는 이 세기를 증폭시켜 멀리서도 와이파이 신호를 끊기지 않고 이용할 수 있게 해주지만, 속도는 빨라지지 않는다는 것을 의미한다. 또한 모든 실험에서 PING 수치는 반사판을 사용할 때 줄어들었는데, 이는 전파를 한 방향으로 집중시켜 전파의 직진성은 강화되었지만, 회절성은 약해져 신호가 많이 도달하지 못했기 때문이다. 하지만 이 차이는 집이나 대중교통에서 와이파이를 이용할 때 큰 차이가 아니기 때문에 반사판을 사용할 때 빠른 인터넷을 이용할 수 있다.

→ 본 탐구에서는 연구자가 인터넷 속도에만 초점을 맞추어 데이터를 해석하는 오류를 범하고 있다. 인터넷 속도는 분명히 다른 변인에 따라 달라진다. 본 탐구는 Wi-Fi 신호 증폭에 관한 것이므로, 신호의 세기를 측정하고 그에 대한 해석이 이루어져야 목적이 달성되었을 것이다. 이와 같이 연구 목적을 달성하지 못한 경우에는 그 원인을 분석하고, 다시 가설을 설정하여 탐구를 수행하도록 한다.

★ 가설과 맞지 않는 데이터를 얻은 경우

- 먼저 그 원인을 분석하고, 다시 가설을 설정하여 탐구를 수행한다. 이때 자료 조사를 꼼꼼히 하고, 관련 내용을 숙지한 후 가설을 세운다.
- 데이터 중에서 일부만 골라 성급하게 결론을 내리는 것은 금물이다. 탐구 결과는 균형적인 시각으로 해석해야 하며, 만약 탐구 결과 중에서 취사선택한 부분이 있다면 무엇을 근거로 그러한 결정을 내렸는지 밝혀야 논리적인 비약을 피할 수 있다.
- 해석할 수 없는 데이터가 나오더라도 절대 실망하지는 말자! 오히려 또 다른 발견의 시작일 수 있다.

3부

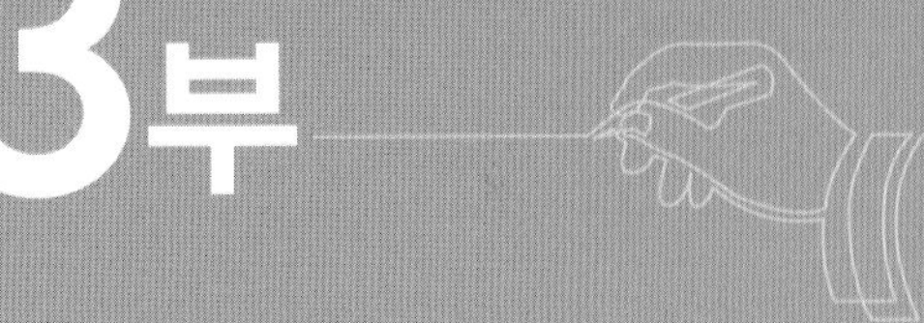

과학탐구보고서를 쓰고 난 후

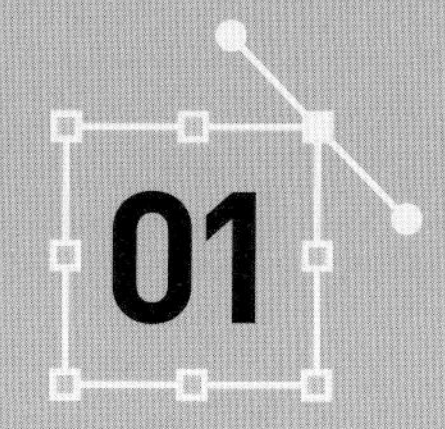

01 정리 및 발표하기

1 정리 및 고쳐 쓰기

과학탐구보고서 쓰기를 마쳤다고 모든 작업이 끝난 것은 아니다. 이것은 1차 완성본에 해당하는 것으로, 이제 마무리 작업에 해당하는 정리하여 고쳐 쓰는 작업을 해야 한다.

마무리 작업에는 정리하기 과정과 고쳐 쓰기 과정이 포함되는데, 정리하기 과정에는 참고한 자료들을 정리하고, 과학탐구보고서 활동일지 및 기타 자료들을 정리하는 것이 포함된다. 이때 탐구 과정에 사용된 원데이터부터 결론을 도출하기까지의 과정 데이터 모두를 정리해 놓아야 하며, 탐구 일지 및 계획서 등의 자료도 따로 보관해 놓도록 한다. 고쳐 쓰기는 완성된 탐구보고서를 재점검하는 과정으로, 보고서 형식을 잘 따르고 있는지, 목차와 본문의 표기는 일치하는지, 탐구 과정 및 결과 부분의 문제점이나 부족한 부분은 없는지, 누락된 그림이나 표는 없는지, 참고문헌 목록에 넣지 않은 자료는 없는지, 활동사진 및 기타 첨부 자료를 모두 포함하였는지 등을 꼼꼼히 점검해야 한다.

과학탐구보고서 1차 완성 후 수정·점검할 부분

구분	내용	수정 및 점검 여부
형식	표지부터 본문, 참고문헌까지 보고서의 형식을 잘 갖추고 있는가?	
	활동사진, 설문지 등의 탐구 과정 및 결과 자료 등 빠뜨린 자료는 없는가?	
내용	탐구 주제에 맞게 내용 전개가 이루어졌는가?	
	논리적이고 합리적으로 쓰였는가?	
	내용의 오해를 불러일으키거나 문제가 될 부분은 없는가?	
	불필요한 부분이나 반복된 부분은 없는가?	
	저작권법에 위배되는 내용은 없는가?	
표현 표기	잘못된 문장 또는 표현은 없는가?	
	문장 중 오타는 없는가?	
	그림과 표의 표기가 잘못된 부분은 없는가?	

과학탐구보고서 발표하기

과학탐구보고서를 제출하고 나면 심사과정이 남아 있는데, 이때 대부분의 학교에서 평가 방법의 하나로 발표 대회를 연다. 발표 방식은 학교마다 다를 수 있으며, 보통은 프레젠테이션을 많이 활용하고, 보고서 원본을 바탕으로 작성한 초록 내용으로 발표를 진행하기도 한다. 발표시 평가 항목은 다음과 같다.

과학탐구보고서 발표시 평가 항목

평가 항목	평가 내용	점수 및 의견
자료 준비	성실하게 자료를 준비하였는가?	
내용 전달	청중의 주의를 끌고, 탐구 주제를 명확히 밝혔는가?	
	탐구 내용을 설득력 있고 이해하기 쉽게 전달하였는가?	
	내용 전개가 적절하였는가?	
	마무리를 분명하게 하였는가?	
발표 태도	자세가 바르고 자연스러운가?	
	시선 처리가 자연스럽고 청중의 반응을 잘 살폈는가?	
	발음이 정확하고, 말의 속도와 크기가 적절하였는가?	
질의응답	논리정연하고 명확하게 답변하였는가?	
발표 시간	정해진 시간 안에 끝마쳤는가?	

이와 같이 과학탐구보고서 발표하기에서는 발표 내용뿐만 아니라 발표 태도, 내용 전달력이 중요 평가 기준이 된다. 특히, 탐구 목적부터 탐구 문제 및 탐구 방법, 탐구 결과 등을 논리정연하면서도 다른 학생들이 이해하기 쉽게 설명하는 것이 중요하다.

발표 후에는 질의응답 시간이 주어지는데, 이때 자신의 탐구 주제에 대한 어떠한 질문에도 정확하고 논리정연하게 답할 수 있도록 탐구 내용을 완벽하게 이해하고 있어야 하며, 사전에 예상 질문을 작성하여 철저히 준비하도록 한다. 이렇게 하더라도 전혀 예상하지 못한 질문이 나오거나 심사위원 또는 질문자의 지적이 있을 수 있다. 이 때에는 바른 태도로 성의껏 답변하도록 하며, 반론 제기가 어려울 경우 상대의 의견을 인정하고 수정하겠다는 의지를 보여 주도록 한다.

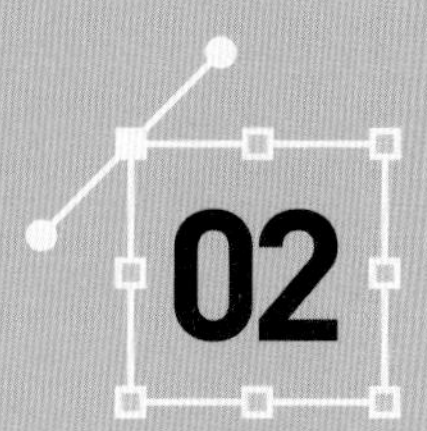

02 평가하기

보고서 작성 후에는 다음과 같은 평가 기준에 따라 평가를 받게 된다. 평가 방식에는 자기 평가, 상호 평가, 지도 교사 평가 등이 있으며, 심사 과정을 거치면서 여러 번의 수정 요청 사항을 토대로 보고서를 수정하는 작업을 거쳐 보고서의 완성도를 높이게 된다.

고등학교 과정에서는 탐구 방법론이나 그 과정 자체가 비교적 단순하고, 전문성이 부족할 수 있으므로, 일반 보고서의 평가 기준보다 독창성과 학문적 가치, 완성도 기준을 조금 낮게 설정한다.

고등학교 수준에서는 탐구 주제에 대한 학생의 지적 호기심과 흥미를 토대로 한 동기가 주요 평가 기준이 된다. 앞에서도 이야기하였지만, 학생 수준을 넘어서는 탐구 주제나 과정으로 진행하는 경우에는 결과의 오류를 범할 수 있으며, 탐구 과정 자체에서도 문제가 생길 수 있다. 자신의 호기심과 열정을 표현할 수 있는 정도면 충분하다. 또한, 탐구 결과보다는 축적된 탐구 과정에서 나타나는 창의적 사고와 협업 능력 및 성실성도 중요한 평가 요소이다. 여기에 자료 검색 및 분석 능력, 논리적 표현 능력 등이 요구된다.

일반적인 과학탐구보고서 심사 기준표 예시

과학탐구보고서 심사 기준 예(기준: 50점 만점)

구분	평가 항목	점수
탐구 과정	• 이론적 접근 – 관련 이론 및 선행 연구의 탐구 주제와의 관련성 (자료 출처, 참고도서 등 제시 여부) – 탐구 주제의 구체성 및 명료성 • 실험 내용 및 탐구 과정 – 탐구 문제의 독창성 및 검증 가능성 – 탐구 방법(실험 및 조사 설계) – 탐구 문제 또는 가설 검증과의 적합성 – 탐구 방법 및 과정의 적정성	25
탐구 결과	• 자류 분석 및 정리 – 수집 자료의 적정성 – 자료 해석의 정확성 • 탐구 결과 및 결론 – 탐구 과정과 결론의 논리적 일관성 – 탐구 결과 및 결론의 타당성 – 탐구 결론 도출의 적정성	15
완성도	• 탐구 과정 및 결과의 가치 및 제한점 인식 • 새로운 아이디어 및 새로운 탐구 과정 관련 제안	5
탐구 수행 태도	• 자발성 및 주도성 • 성실성	5
총합계		50

과학탐구보고서 요약 발표 심사 기준 예(기준: 50점 만점)

구분	평가 요소(점수)	점수
발표 적정성	• 발표력(논리성 및 명확성) – 탐구 동기 – 탐구 문제 – 탐구 방법 및 수행 – 탐구 결과 및 결론	15
	• 내용 전달의 명료성 – 청중의 이해도를 고려한 설득력 있고 명료한 설명	15
소계		30
질의응답 및 태도	• 보고서 전체에 대한 이해도 및 숙지 여부 • 보고서 내용과 관련한 답변의 명확성 • 보고서 내용의 취약점 및 개선안에 관한 수용 여부 • 바른 자세, 논리성 및 적극성	20
소계		20
총계		50

Tip 과학탐구보고서의 학생부종합전형 평가

과학탐구보고서 기록은 학생부종합전형에서 학교생활기록부 내에 창의적 체험활동, 교과학습발달상황(과목별 세부능력 및 특기사항), 행동특성 및 종합 의견란에 기재된다.

새 교육과정에 따라 통합과학, 과학탐구실험 과목에서 '탐구보고서' 작성이 필수인데, 과정중심평가로 이루어지므로, 보고서를 꾸준히 작성하고 기록하는 과정을 통해 학생부종합전형을 준비할 수 있어야 한다. 창의적 체험활동 항목에 탐구보고서나 소논문의 제목과 과정, 결론이 나타나 있으면 좋은 평가로 이어질 수 있다.

특히, 과학 분야를 전공하는 학생의 경우 학생부종합전형의 평가 기준인 '전공적합성'을 만족시킬 수 있다. 또한, 탐구 활동 및 탐구보고서를 작성하는 과정에서 어떤 발전을 이루었는지가 중요한 평가 요소이므로, 과정에 대한 소감과 후기를 기록해 두어 활용하도록 한다.

부록

부록 1 과학탐구보고서 우수 사례

부록 2 연구 윤리, 참고문헌 표기 방법

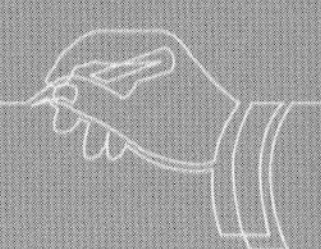

개미의 페로몬을 통한 집단지성 연구

성문고등학교 과학실험반

유동기 · 정인성 · 진수민 · 윤지우 · 김성희 · 함정은

방종현 · 이시은 · 이서인 · 강영선 · 차혜규

지도 교사

이철구

본 과학탐구보고서는 상당히 짜임새 있게 구성된 우수 사례이다. 보통 청소년 대상 논문대회나 학술대회에서 본선에 진출하기 위해서는 이런 수준에 근접해야 하며, 좋은 성적을 거두려면 참신하면서도 논문의 구조에 맞춰 잘 정리된 완성도 있는 결과물이 중요하다.

독자들은 초록을 읽고 논문을 읽을지를 결정한다. 따라서 연구의 필요성과 목적을 강하게 어필하고, 논문의 핵심적인 내용을 간략하고 명확하게 기술한다. 또한, 독자들이 이해하기 쉽게 쉬운 단어를 선택하여 간결하게 표현한다.

초록

동식물들이 먹이를 찾는 데 있어서 먹이 자원에 대한 정보는 개체별로 수집되어 서식지에 함께 사는 개체들과 공유된다. 이 과정에서 먹이의 가치에 따라 화학물질이 조절, 분비되어 신호를 보내는데, 이러한 특징이 개미가 먹이를 찾는 과정에서 발견되는 집단지성과 연관되어 다수의 실험들이 이루어졌다. Yoshiyuki 외 1인의 실험(Yoshiyuki Nakamichi 외 1인, 2009)에서는 일반 개미가 페로몬이 억제된 개미보다 찾는 먹이의 양이 더 많았는데, 이것은 보다 효과적으로 음식을 찾는 데 기능한 페로몬을 가진 개미가 진화하게 되었음을 의미한다.

페로몬의 종류에는 여러 가지가 있는데, 이 실험에서 다루게 될 페로몬은 길잡이페로몬으로 사회성 곤충의 경우 먹이를 찾고 다른 개체를 유인하거나 새로운 서식지로 이동할 때 사용된다. 축적된 페로몬을 통해 개미들은 서식지에서 먹이로 가는 최단 거리를 형성한다. 실험에서 쓰이는 일본왕개미는 여왕개미 한 마리를 중심으로 여러 일개미가 함께 군체를 이루고 사는 사회성 곤충이다.

실험의 목표는 개미의 의사소통의 매개체인 페로몬의 농도에 따른 집단지성의 성립을 알아보는 것으로, 이를 위한 첫 번째 실험은 단순 최단 거리 형성 관찰 실험이다. 이는 개미에 대한 이해를 목적으로 하는 실험으로, 이후에 행해지는 실험들의 초석이 될 뿐만 아니라 개미들이 실제로 최단 거리를 찾아내는가에 대한 확인 작업이다. 두 번째 실험은 경로 폐쇄 실험으로, 개미들이 형성하는 집단지성에 기존의 길이 아닌 새로운 최단 거리를 개척하는 동적 능력이 있는지를 확인한다. 우리는 이에 대해 개미들이 두 번째로 짧은 먹이 운반 경로를 형성할 것이라고 예상한다. 세 번째 실험은 경로 개방 실험으로, 최단 거리의 길이 개방되었을 때 개미들이 기존의 길을 포기하고 최단 거리를 선택할 것인지를 확인한다. 이에 따른 예상 결과로 개미들이 새로운 최단 거리를 선택할 것이고, 이때 Free Beneficial 개미(이하 FB개미)의 존재를 가정할 수 있다. 마지막 실험은 FB개미의 역할 분석 실험이다. 네 가지 실험이 모두 성공하였을 때, 우리는 개미의 집단지성의 성립이 페로몬의 농도에 의한 것이라는 가설을 밝힐 수 있다.

– 2 –

실험의 목표 및 이에 따른 실험 순서와 예상 결과를 논리적으로 매끄럽게 작성하였다. 그러나 실제 실험 결과와 결론을 빠뜨린 것은 아쉽다. 결과 및 결론도 요약하여 제시하면 독자들이 이 탐구에 대해 보다 이해하기 쉬울 것이다.

목차

목차를 살펴보면 논문의 구조를 한눈에 파악할 수 있다. 목차는 논문을 본격적으로 집필하기 전에 작성하는 개요의 역할을 한다.

I. 연구 동기 및 목적 ········ 4

II. 문헌 조사

1. 개미
   - (1)개미 ········ 4
   - (2) 형태적 특징 ········ 5
   - (3) 먹이의 운반 ········ 5
   - (4) 사육 방법 ········ 6
   - (5) 일본왕개미 ········ 6
2. 페로몬
   - (1) 페로몬의 종류와 기능 ········ 7
   - (2) 개미의 먹이 찾기 ········ 9
   - (3) 개미들의 페로몬 이용 ········ 11
   - (4) 개미의 진화 ········ 12
3. 집단지성
   - (1) 개미 집단 알고리즘의 동적인 성질 ········ 13
   - (2) 하노이 탑 ········ 13
4. 길잡이페로몬(trail pheromone)의 합성
   - (1) 일본왕개미의 길잡이페로몬 합성 ········ 14

III. 실험 설계

1. 시약 및 재료 ········ 15
2. 개미 미로 ········ 15
3. 단순 최단 거리 형성 실험 ········ 17
4. FB개미의 역할 분석 실험 ········ 18
5. 페로몬에 대한 이끌림 실험 ········ 18

IV. 실험 결과 및 분석

1. 단순 최단 거리 형성 실험 ········ 20
2. FB개미의 역할 분석 실험 ········ 21
3. 페로몬에 대한 이끌림 실험
   - (1) 첫 번째 페로몬 합성 ········ 22
   - (2) 1차 실험 결과 ········ 23
   - (3) 두 번째 페로몬 합성 ········ 24
   - (4) 2차 실험 결과 ········ 25
   - (5) 페로몬 합성 오차 ········ 26

V. 결론 ········ 27

VI. 참고문헌 ········ 28

'서론-본론-결론'의 3단계로 탐구보고서를 구성하는 방법 이외에 '연구 동기 및 목적-문헌 조사('이론적 배경'에 해당됨)-실험 설계-실험 결과 및 분석-결론-참고문헌' 순서로 구성하기도 한다.

그림과 표의 목차도 따로 정리하여 제시하는 것이 좋다.

I. 연구 동기 및 목적

집단지성은 다수의 개체들이 서로 협력하거나 경쟁을 하면서 얻게 된 집단의 지적 능력으로, 개체의 지적 능력을 넘어서는 힘을 발휘한다고 한다. 이 집단지성은 인간에게만 국한된 것이 아니고 동식물까지도 연구 대상에 포함된다는 말을 듣고, 어떤 동식물이 뚜렷한 집단지성을 보이는지 검색했다. 그 과정에서 '개미가 하노이 탑을 푼다.'라는 내용의 기사를 접하였다. 실제로 그 내용은 개미가 하노이 탑을 푸는 것이 아니라 하노이 탑을 푸는 해법을 찾는다는 것으로, 하노이 탑을 푸는 과정에서 거치는 단계가 적을수록 이동 거리도 짧아진다는 점을 이용해서 설계한 실험을 통해 개미들이 먹이를 찾아 이동하는 최단 거리를 찾게 한 것이다. 즉 개미들의 먹이에 대한 최단 경로 찾기는 페로몬의 누적에 의한 것이며, 이 페로몬에 의해 집단지성을 가지게 된다는 내용이었다. 우리는 개미가 의사소통의 도구인 페로몬을 통해 집단지성을 가지게 된다는 사실에 관심을 갖게 되어 좀 더 심화적인 탐구를 하고자 실험을 계획하게 되었다.

'개미의 페로몬을 통한 집단지성 연구'라는 주제가 매우 흥미롭다. 독자들은 제목을 보고 내용을 가늠하고, 어떤 탐구일까? 궁금해 하기 때문에 '제목'에서 탐구 내용이나 방법이 드러날 수 있도록 표현하는 것이 중요하다.

II. 문헌 조사

본 탐구와 관련된 핵심적인 부분만 깊이 있게 조사하여 제시한다. 이때 관련 배경 지식이 없는 사람들도 읽고 이해할 수 있도록 친절하게 기술한다.

1. 개미

(1) 개미

학명이 Formicidae로 벌목 개미과에 속하는 동물을 통틀어 이르는 말이다. 10 000종 이상이 극도로 추운 곳을 제외한 전 세계에 존재하며 크기와 색이 종에 따라 다양하다. 개미의 크기는 같은 종 중에서도 계급이나 개체에 따라 차이가 있다. 일반적으로 소형종이 많으며, 작은뿔개미와 같이 1 mm에도 달하지 않는 것부터 13 mm에 달하는 검은왕개미 등이 있다.

그림 1 개미의 구조(두산백과, 2015)

– 4 –

(2) 형태적 특징

일반적으로 머리 · 가슴 · 배의 세 부분이 뚜렷이 구별되어 있다. 머리는 크고 여러 형으로 되어 있으며, 큰 턱이 잘 발달되어 튼튼하며 식성에 따라 약간 다르다. 더듬이는 4~13마디이며, 제1마디가 길고 다른 것은 무릎 모양으로 굴곡하며, 수컷은 보통 암컷보다 1마디가 많다. 겹눈과 3개의 홑눈은 수컷은 잘 발달되었으나 암컷, 특히 일개미는 보통 작거나 퇴화되었다.

개미의 계급은 수캐미 · 여왕개미 · 일개미의 3종류가 있다. 수캐미는 가장 변화가 적고 날개가 있어 배벌[土蜂]과 같은 특징이 남아 있다. 보통은 여왕개미보다 작고 단명하며 미수정란에서 발생하므로 체세포 염색체는 반수이다. 여왕개미는 암컷으로 대형이며, 생식기관이 잘 발달되었고, 배가 크다. 일개미는 암컷이지만 날개가 없으며 생식기관 발달이 나쁘다. 그러나 종에 따라서는 소수이지만 일개미도 산란을 한다.

일개미는 더 분화되어 소형 · 중형 · 대형, 병정개미의 4형이 인정되지만 종에 따라서는 그 일부만이 있고, 또 소수의 기생성 개미에는 일개미가 없다. 병정개미는 대형으로 특히 머리와 큰 턱이 발달되어 외적을 방어하거나 딱딱한 먹이를 잘게 부수는 역할을 하고 망보는 역할도 한다. 개미의 행동에는 미량의 냄새 물질이 관계하는데, 족적물질(배 끝에 있는 샘에서 분비됨)은 먹이까지의 길을 동료들에게 알리며, 경보물질(큰턱샘에서 분비됨)은 엷으면 동료를 끌어 모으고 짙으면 산산히 흩어져 도망치게 한다. 여왕물질은 꿀벌의 경우처럼 일개미의 난소발달을 억제하는 역할을 한다. 개미는 봄부터 초여름까지 대형의 애벌레를 기르는데, 그것들은 수컷과 여왕이 된다(두산백과, 네이버 지식백과에서 재인용).

본 탐구보고서는 이와 같이 꼼꼼하게 출처를 밝힌 점이 돋보인다. 탐구자가 다른 사람의 자료를 인용하는 경우에는 반드시 출처를 밝혀야 하며, 이때 참고문헌 표기 양식에 맞춰 기입하는 것은 기본이다. 탐구보고서나 소논문을 작성할 때 출처를 명시하는 것이 습관이 되도록 하면 좋을 것이다.

(3) 먹이의 운반

① 고체성 먹이를 단독으로 입에 물고 수송

② 고체성 먹이를 동료와 협동작전으로 통째로 수송

③ 고체성 먹이를 절단하여 개별적으로 수송

④ 갈무리주머니를 통해 액체성 먹이를 수송

- **갈무리주머니란**: 개미의 입을 통해 들어온 액화된 물질을 소화시키지 않은 상태로 오랫동안 저장할 수 있는 기관이다. 개미는 액체나 고체성 먹이를 단독으로 수송하는 경우가 대부분인데 가끔 협동으로 수송하는 경우도 있다. 이런 경우에는 최초 먹이 발견자가 페로몬을 분비하며 동료들을 부른다. 또한, 갈무리 주머니를

통해 수송할 때에는 보관량에 한계가 있기 때문에 나누어 준 후 또다시 먹이수송을 반복한다. 이런 경우는 통로가 만들어져 모든 일개미들이 쉽게 이동할 수 있도록 한다(비바생물원, 2015).

(4) 사육 방법

개미의 사육 상자는 수조를 이용하여 도망가지 않도록 제작하거나 공기가 잘 통하도록 철망을 이용하여 제작하며, 이때 직사광선이 직접 들어오는 곳은 피해서 놓아둔다. 사육 상자 내에는 산란용 상수리나뭇가지를 넣어 주는데, 굵은 것은 바닥에 깔고 그 위에 중간 또는 가는 가지를 넣어 주면 대개 굵은 가지에 산란한다. 1주일에 2번 정도 가지를 교체하되 산란용가지는 비닐에 넣어 플라스틱 통에 보관하거나 병에 넣은 다음 망으로 뚜껑을 만들어 온도 변화가 거의 없는 장소에 둔다. 이때 너무 건조하지 않도록 가끔 물을 뿌려 준다(농업유전자원정보센터).

(5) 일본왕개미

일본왕개미(Camponotus japonicus)는 우리나라에서 서식하는 개미 중 가장 큰 종이다. 일개미의 경우 몸은 전체적으로 검은색이며 다리와 턱 끝은 진한 갈색을 띠기도 한다. 가슴에서 전신복절까지의 윤곽선이 둥글며 가슴 부분에는 15개 정도의 털이 있다. 배자루마디와 배도 검은색이며 배의 윗면에는 황금색의 털이 있어 다른 개미와 쉽게 구별할 수 있다. 일개미의 크기는 7~12 mm 정도이다. 일개미들은 크기에 따라 분화되는데, 소형 개미와 중형 개미, 대형 개미(병정개미)로 구분된다.

일개미들은 3월에서 10월 말까지 볼 수 있으며 어른벌레로 땅속에서 겨울을 보낸다. 주로 낮에 활동하고 더운 여름철에는 밤에도 활동한다. 집은 주로 돌 아래와 공터의 땅 아래에 지으며 간혹 썩은 나무에도 짓는다. 인가 주변의 정원과 산, 들의 건조한 풀밭에 많다. 여러 가지 꽃에서 꿀을 빨고 감로를 먹기 위해서 진딧물에 잘 모여 있으며 작은 생물들을 먹이로 사냥한다. 여왕개미 한 마리를 중심으로 여러 일개미가 함께 군체를 이루고 사는 사회성 곤충으로 한 집에 천 마리 이상의 개미들이 성숙한 군체도 발견된다.

인가 주변에 흔히 서식하여 집에서 기르는 화초와 농작물에 진딧물을 길러 화초를 해친다. 직접 사람을 공격하지는 않으나 개미 집을 건드리면 사람을 물기도 한다.(두산백과, 네이버 지식백과에서 재인용)

– 6 –

2. 페로몬

탐구에 필요한 정보를 문헌 조사를 통해 정리하는 것은 탐구 결과 분석이나 결론 도출의 근거 자료로 활용이 가능하고 배경 지식이 없는 독자에게 도움을 줄 수 있으나, 연구에 필요한 내용 이외의 내용까지 담는다면 독자에게 내용의 혼선이나 피로감을 줄 수 있다. 따라서 연구에 필요한 내용만 간추린다면 더 좋은 이론적 배경이 될 것이다.

한 개체에서 합성된 물질이 몸 외부로 방출될 경우 이들을 외분비물질이라 하고, 외분비물질을 합성하는 샘을 외분비샘이라 한다.

외분비샘에서 방출되는 물질들과 체외로 방출되는 생리대사의 부산물들을 생물상호작용화합물(semiochemical) 또는 단순히 외분비물질(ecomone)이라 하는데, 여기에는 독소와 통신화합물(infochemical)들이 포함된다. 통신화합물은 같은 종의 개체들 간에 활용되는 페로몬(pheromone)과 다른 종에 속하는 개체들 간에 이용되는 이종간통신화합물(allelochemical)로 분류된다. 페로몬은 다시 통신기능에 따라서 분류되고, 이종간통신화합물인 경우에는 생산자와 수신자 중 누구에게 유리한가에 따라서 방어물질(allomone), 시노몬(synomone), 카이로몬(kairomone) 등으로 세분된다(부경생 외 3인, 2005).

(1) 페로몬의 종류와 기능

페로몬은 대부분의 경우 극소량이 분비되어 통신 목적으로 이용되는데, 최근 곤충들의 여러 가지 행동을 자세히 분석할 수 있게 되어 페로몬을 이용하는 그들의 통신 방법

표 1 곤충에서 발견되는 페로몬의 종류(부경생 외 3인, 2005)

페로몬의 종류	수신자의 반응	발견되는 곤충의 종류
생리변화페로몬		
· 성숙페로몬	발육 과정의 동시화(촉진/억제)	메뚜기목, 딱정벌레목
· 여왕물질	난소 발육의 억제	흰개미목, 벌목(사회성)
· 계급분화페로몬	계급 결정 또는 행동 변화	흰개미목, 벌목(사회성)
행동유기페로몬		
· 성페로몬	암수의 유인과 성행동 유기	광범위
· 집합페로몬	암수 모두의 군집 형성	톡토기목, 바퀴목, 매미목, 노린재목, 파리목, 벌목, 딱정벌레목
· 경보페로몬	경고(경계, 유인, 공격)	흰개미목, 노린재목, 매미목, 벌목, 응애류
· 길잡이페로몬	개체들의 모집과 이주	흰개미목, 나비목, 벌목
· 분산페로몬	개체나 산란의 분산	메뚜기목, 매미목, 파리목, 딱정벌레목, 나비목, 벌목
· 교미자극페로몬	교미 행동의 자극	나비목
· 교미억제페로몬	교미한 암컷에의 수컷 접근 억제	파리목

도 조금씩 알게 되었다. 그 결과 페로몬 자극에 대한 곤충의 반응은 중추신경계를 통한 직접적인 행동 반응과 생식 및 내분비계의 변화에 따라 늦게 나타나는 반응 두 가지로 나눠볼 수 있다. 따라서 이와 같은 페로몬을 각각 생리변화페로몬(primer pheromone)과 행동유기페로몬(releaser pheromone)이라 한다(표 1 참고, 부경생 외 3인, 2005).

① 생리변화페로몬

곤충의 생리를 변화시키는 페로몬은 주로 사회성 곤충에서 발견되지만 사회생활을 하지 않으면서 큰 집단을 이루는 종류들에서도 발견된다. 이 페로몬은 집단 구성원들의 발육 단계를 같게 만드는 결과를 가져오는데, 결국 성숙 과정을 촉진시키거나 지연시키는 영향 때문이므로 그 집단 내의 각 개체가 비교적 같은 시기에 성적 성숙을 달성하게 되어 번식에 크게 유리하다. 생리변화페로몬은 특히 사회성 곤충에서 계급구조를 유지하는 데 매우 중요하다. 여왕벌의 큰턱샘에서 분비되는 여왕물질과 흰개미의 억제페로몬 등이 그 예이다(부경생 외 3인, 2005).

② 행동유기페로몬

행동에 직접 영향을 주는 페로몬은 여러 가지 곤충류에서 발견된다(표 1). 또한 유기되는 행동도 생식행동, 집합행동, 방어행동, 먹이위치를 알리는 행동, 분산행동 등 다양하며 그에 따라 페로몬 이름도 각각 성페로몬, 집합페로몬, 경보페로몬, 길잡이페로몬, 분산페로몬 등으로 불린다(부경생 외 3인, 2005).

성페로몬은 같은 곤충종 간에 상대성의 개체를 유인하기 위해 몸 외부로 분비하는 화학물질로(그린아그로텍), 암컷이 분비하는 경우가 있고, 수컷이 분비할 수도 있으며, 암수 개체 모두 분비할 수도 있다(부경생 외 3인, 2005).

집합페로몬은 파리목, 딱정벌레목, 노린재목, 벌목, 나비목 등 300여 종의 여러 가지 곤충류에서 보고되었으며(Wertheim 등, 2005), 먹이나 좋은 서식지 발견 시에 자주 이용되는데, 집단을 이루면 번식과 방어에도 유리하다(부경생 외 3인, 2005). 집합페로몬이 성페로몬의 기능을 겸하기도 하며 반대로 성페로몬이 집합페로몬으로 작용하기도 한다. 이처럼 특정 통신물질이 한 가지 이상의 기능을 수행하는 경우가 자연계에서는 매우 흔하다(부경생 외 3인, 2005).

– 8 –

경보페로몬은 사회생활이나 집단 생활을 하는 곤충이 천적의 침입을 받으면 위험을 동료에게 알려주기 위해 분비하는 물질로(그린아그로텍), 사회성 곤충에서 잘 발달하지만 어느 정도 군서 생활을 하는 노린재목 곤충들 및 뿔매미과 등도 활용한다(부경생 외 3인, 2005). 휘발성이 매우 강하며 짧은 시간 내에 군집 내에 빠르게 전파되고 빠르게 사라진다(그린아그로텍).

길잡이페로몬은 먹이를 찾은 후 그곳까지 가는 길에 뿌려 다른 동료 개체가 먹이를 쉽게 찾을 수 있도록 하는 화합물로, 사회성 곤충류에서 발견되며, 일부 개미종에서는 한 집단이 모두 다른 곳으로 이주할 때에도 길잡이페로몬을 이용하여 길을 잃어버리지 않도록 한다(부경생 외 3인, 2005; 그린아그로텍).

분산페로몬은 같은 종 개체들의 과밀 현상을 막기 위해 분비되는 물질로 때로는 산란억제페로몬 또는 (기주)표지페로몬이라 하며, 보통 촉각이나 다리 부절에 있는 접촉화학감각기로 탐지되고, 성충과 유충 모두에서 발견된다(부경생 외 3인, 2005).

전반적으로 문헌 조사 과정에서 참고문헌을 그대로 인용한 점은 아쉽다. 개미의 먹이 찾기 부분은 이 탐구에서 핵심이 되는 이론적인 배경이다. 이 부분만이라도 인용을 줄이고, 여러 가지 참고자료를 토대로 하여 정리하려고 노력하였다면 더욱 값진 논문이 되었을 것이다.

(2) 개미의 먹이 찾기

길(trail)의 형성은 한 곤충이 같은 집단의 다른 곤충들이 따라올 수 있는 길을 향기나 냄새의 흔적으로 표시하는 외부 활동으로 정의한다(Sudd, 1959). 길은 먹이를 찾는 정찰개미로부터 형성된다. 정찰 개미는 먹이를 찾아 집으로 돌아오는 길에 화학 물질을 분비한 후, 집 내부와 외부에서 더듬이 접촉, 역행, 당기기, 냄새 분비 등 다양한 방법으로 다른 개미들을 끌어당겨 필요한 노동력을 보충하는데, 이는 대부분의 길 찾기의 화학적 과정에서 필수적인 행동이다. 이때 보충된 일개미들은 먹이까지의 길을 따라간다. 먹이가 소모된 빈 공간에서 돌아오는 일개미들은 더 이상 길을 형성하는 물질을 다시 바르지 않기 때문에 길에 있던 화학물질은 증발한다. 집단의 먹이 길 과정은 그림 2에서 설명한다(E. David Morgan, 2008).

개미들이 길을 따라가는 데 냄새가 반드시 필요하다는 것은, 길 위에 손가락을 올려놓는 행동이 먹이를 찾아가던 개미들이 일시적으로 길을 헤매도록 만든다(Bonnet, 1779)는 간단한 실험으로 증명되었다. Forel(1886, 1908)은 개미들이 냄새를 따라가기 위해 더듬이를 이용한다고 주장했다. Eidmann(1927)은 Myrmica를 실험군으로 사용하여 한 일개미가 약간의 설탕 용액을 발견하고 집으로 돌아간 후, 다수의 개미가 먹이를 발견한 개

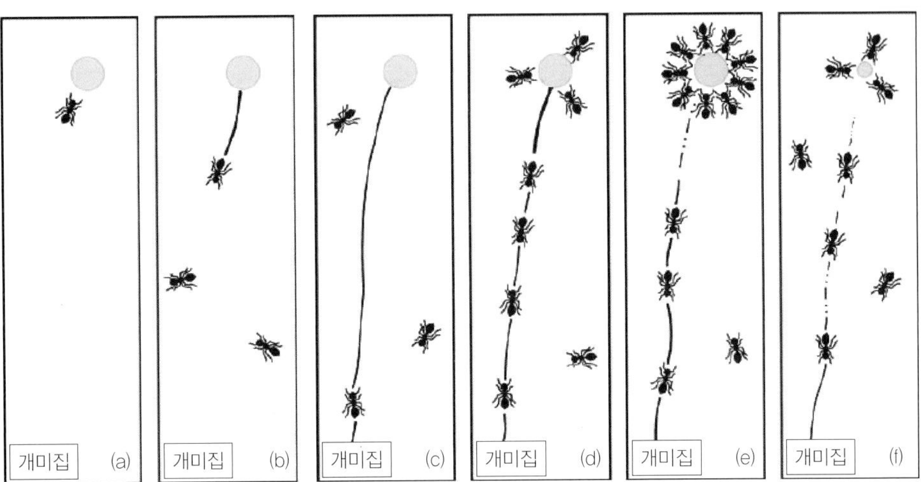

그림 2 먹이길의 생애. (a) 일개미가 무작위로 돌아다니면서 먹이를 찾는다. (b) 먹이를 찾은 일개미가 집으로 돌아오면서 화학길을 형성한다. (c) 집 내부에서, 다른 일개미들은 외부로 나오도록 자극받아 길을 따라간다. (d) 많은 일개미들이 계속해서 분비액으로 길을 덧칠한다. (e) 먹이가 완전히 차지되어 먹이 획득에 실패한 개미들은 더 이상 길을 강화하지 않는다. (f) 먹이가 모두 소비되면, 개미들은 분비액을 남기지 않는다. 선의 굵기는 냄새의 강도를 나타내고, 점선은 길이 증발하면서 냄새가 약해지고 있는 것을 나타낸다. 냄새길은 그 길을 이용하는 일개미들의 수와 이용 가능한 먹이의 양에 비례한다(E. David Morgan, 2008) (Billen, 2006; Netherlands Entomological Society의 승인으로 편집).

미가 집으로 돌아올 때 사용한 길과 섬세한 꺾임까지 똑같은 길을 사용한다는 것을 보였다. Santschi(1911, 1930)는 Tapinoma nigerrimum을 이용해서 먹이를 찾아낸 개미가 자신의 배를 바닥 가까이에 문지른다는 것을 발견했다. 그는 개미 집 주변을 확대경으로 관찰해서 그 개미가 남긴 작은 방울로 된 길을 발견했고, 그것은 개미가 바닥에 배를 문지를 때 항문샘으로부터 분비된 무언가가 퇴적된 것이라고 주장했다(E. David Morgan, 2008).

적은 수의 일개미들이 있는 군집에서는 일렬로 이동하는 방법이 자주 이용된다(Moglich et al., 1974; Holldobler & Wilson, 1990: 273; Richardson et al., 2007). 우선, 먹이를 발견한 첫 번째 정찰 개미가 집으로 돌아오면서 길을 남기고, 다른 일개미를 보충한다. 그 정찰 개미는 자신이 남긴 냄새길을 따라가고, 반면에 보충된 일개미는 먹이에 도달할 때까지 정찰 개미와의 더듬이 접촉으로 길을 따라간다. 두 개미는 먹이를 먹고 집으로 돌아가면서 길을 남기며, 둘 다 반복되는 여정에서 각각 한 마리의 개미를 더 보

– 10 –

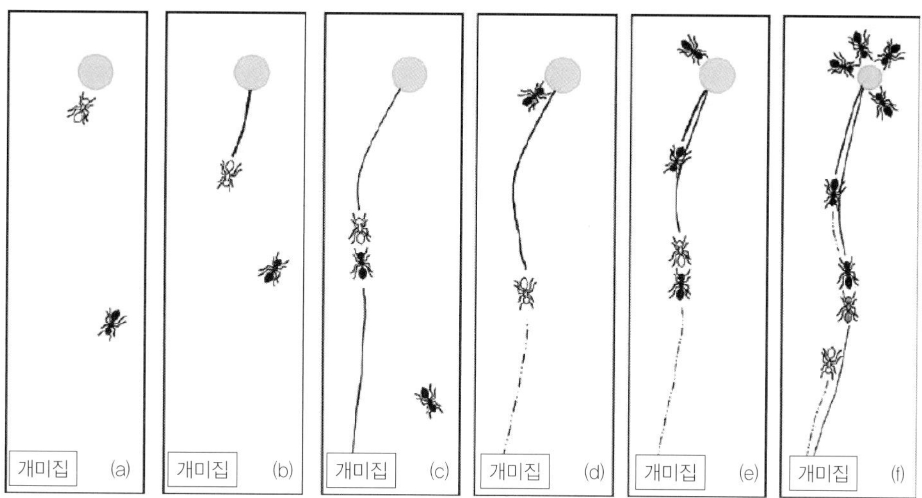

그림 3 개미의 일렬 이동. (a, b) 무작위로 돌아다니던 정찰 개미가 먹이를 찾은 후 길을 남기면서 집으로 돌아온다. (c) 정찰 개미가 더듬이 접촉으로 음식의 냄새를 따라오는 다른 일개미를 보충한다. (d) 두 개미는 집으로 돌아오면서 냄새길을 남긴다. (e, f) 집으로 돌아오는 각각의 일개미들은 한 마리를 더 보충할 수 있다. 처음 먹이를 찾아낸 개미는 흰색이며, 보충된 개미들은 검정색으로 표시했다. 점선은 오래되어 증발하고 있는 길을 나타낸다(E. David Morgan, 2008) (Billen, 2006; Netherlands Entomological Society의 승인으로 편집).

충할 수 있다(E. David Morgan, 2008).

이와 같이 선행 연구 또는 참고문헌을 통한 인용문을 수집하고 정리할 때는 반드시 해당 인용문의 참고문헌을 함께 정리해 두어야 한다.

이처럼 먹이를 찾은 개미들은 그들이 가는 길에 화합물을 분비하여 다른 동료들이 쉽게 먹이를 찾을 수 있도록 해 준다. 그렇기 때문에 길잡이페로몬은 경보페로몬과는 정반대로 비교적 휘발성이 적어야 한다. 그러나 길잡이페로몬의 지속 시간은 페로몬 성분 자체의 특성 이외에 이들을 분비하는 개체 수, 분비되는 기질의 특성 및 바람과 온도 등의 환경 조건 등에 따라 다르며, 계속 분비되지 않는 한 오래 지속되는 경우는 드물다(부경생 외 3인, 2005).

(3) 개미들의 페로몬 이용

개미는 페로몬으로 의사소통을 한다. 개미 군집은 같은 환경에서 다양한 종류의 페로몬을 분비할 수 있다. 페로몬은 서로 영향을 주지 않는다. 각각의 개미 군집은 페로몬을 땅에 떨어트리고, 떨어진 페로몬은 점진적으로 증발하고 공기 속으로 확산된다. 개미 군집들은 확산된 페로몬만을 인지할 수 있다(Yoshiyuki Nakamichi 외 1인, 2009). 개미

– 11 –

들이 목적지를 향해 나아가는 동안 개미들은 페로몬을 외분비샘에서 조합하여 분비하고, 이후에 지나가는 개미들은 그 경로에 쌓여 있는 페로몬 정보를 이용해 다음 경로를 선택하는 원리를 이용한다. 탐색과정을 거치는 동안 개미들은 갱신 규칙에 따라 방문한 각 간선에 페로몬 양을 변경하게 된다. 모든 개미들이 탐색과정을 마치면 갱신 규칙에 따라 다시 한 번 페로몬 양을 변경하게 된다. 각 개미들은 짧은 간선을 선택하려는 휴리스틱 정보와 많은 양의 페로몬을 가진 간선을 선택하려는 페로몬 정보에 따라 탐색경로를 완성하게 된다. 즉, 개미들은 먹이를 찾아 이동할 때 자신이 이동한 경로 위에 페로몬을 분비하게 되며, 다음 개미는 페로몬 흔적(pheromone trail)을 이용하여 다음 이동 경로를 선택하게 된다. 이때 자주 이용되는 경로는 페로몬이 축적되고, 이용되지 않은 경로는 페로몬이 감소하게 된다. 음식이 고갈되면 일개미들은 페로몬을 남기지 않고 그냥 돌아오게 되고, 남겨져 있는 페로몬은 증발한다. 이렇게 축적된 페로몬 정보를 바탕으로 구성된 경로는 최적의 경로일 확률이 높기 때문에 이를 해로 산출하게 된다.

(4) 개미의 진화

Yoshiyuki 외 1인의 실험에 의하면 일반적인 개미가 페로몬이 억제된 개미보다 더 많은 음식을 얻는다는 것을 보여 준다. 실험에서는 일반 개미가 페로몬이 억제된 개미보다 찾는 먹이의 양이 더 많았는데, 이것은 음식을 찾는 데 효과적으로 기능했던 적절한 페로몬 소통의 출현을 의미한다(Yoshiyuki Nakamichi 외 1인, 2009). 결국 보다 효과적으로 음식을 찾는 데 기능하는 페로몬을 가진 개미가 진화하게 되었다.

3. 집단지성

집단지성이라는 개념에 대한 설명이나 개미의 페로몬과 집단지성의 관계에 대한 이론적 배경이 부족하다.

복잡한 개미의 지성은 개미의 개인적인 행동과 관련이 깊다. 이러한 연관성은 동물 집단의 단기적인 집단적 행동을 이해하는 가장 빠른 길이다. 가장 많이 관찰된 사회적 교감은 유전(allelomimesis)과 연관된 것으로 알려져 있다. Allelomimesis는 사전적 의미로는 촉매 작용을 의미하는데, 내가 다른 이들이 하는 것처럼 행동을 하면, 다른 이들도 나처럼 행동하고, 우리 모두 다 같은 행동을 하게 된다는 것이다. 사회성 곤충의 먹이 찾기는 또 다른 전형적인 예시인데, 한 먹이 탐색 개체가 중요한 음식 원천을 찾으

– 12 –

면 서식지에서 비활동성 개체가 무리에 합류한다. J. L. Deneubourg 외 1인의 실험은 과거와 다른 환경적 조건이 있다면, 촉매와 같은 과정을 통해서 동일한 경로 페로몬을 분비하고 따라다니는 행동이 다른 패턴과 결정들을 이끌어 낸다는 것을 보여 준다(J. L. Deneubourg, S. Goss, 1989).

(1) 개미 집단 알고리즘의 동적인 성질

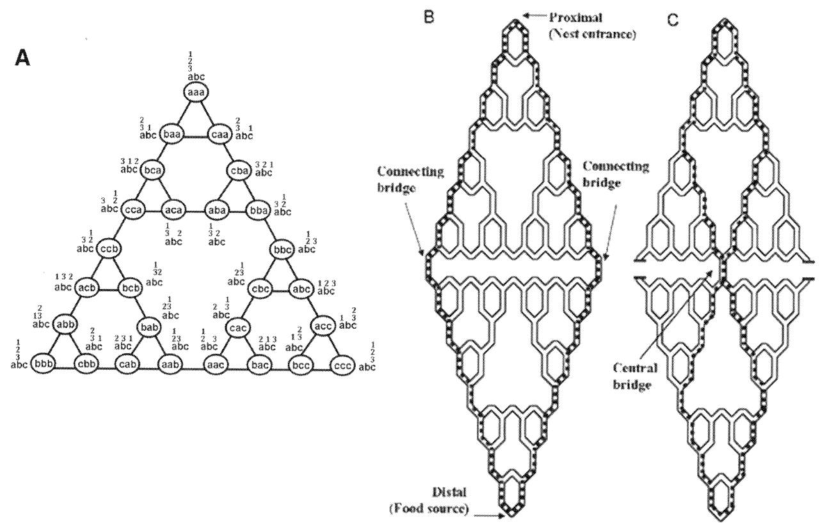

그림 4 하노이 탑을 풀이하는 형태로 만들어진, 즉 먹이 공급원에 도달하는 최단 경로가 되도록 구성된 미로에서 개미에게 최단 경로를 찾게 하기 위한 구상도. (A) 세 개의 봉과 세 개의 디스크로 된 하노이 탑에서 가능한 이동 (B) 하노이 탑 미로 (C) 원래의 하노이 탑 미로를 해결하고 난 뒤 수정된(modified) 하노이 탑 미로. 점선은 둥지와 먹이 공급원 사이의 최단 경로를 나타낸다(Madeleine Beekman, David Sumpter 외, 2010).

(2) 하노이 탑

하노이 탑이란 3개의 수직기둥과 이 기둥에 꽂을 수 있도록 중앙에 구멍이 있는 다양한 크기의 원판 1벌로 구성된 퍼즐 게임이다. 1883년 프랑스의 수학자 Edouard Lucas에 의해 개발되었으며, 고리를 한 번에 한 개씩 움직이고, 이때 큰 고리가 밑으로 가게 쌓아 올려야 한다.

하노이 탑의 원리는 다음과 같은 식을 통해 나타낼 수 있다. $a_n = 2^n - 1$

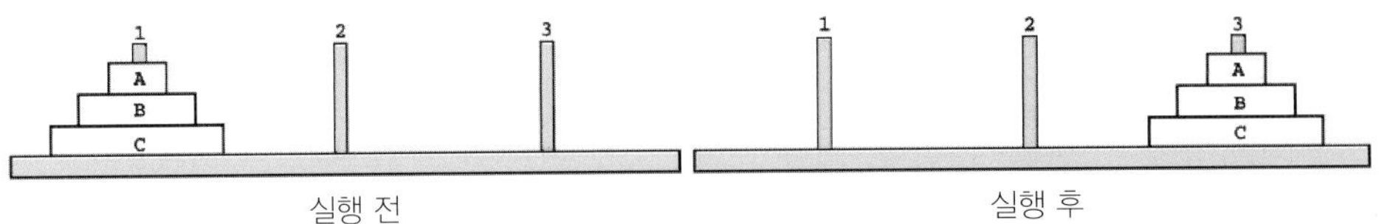

그림 5 하노이 탑을 실행하기 전의 모습과 실행을 끝낸 마지막 모습이다(Craig A. Knoblock, 1990). 이 하노이 탑을 풀기 위해서는 $2^3 - 1 = 7$회의 실행이 필요하다.

4. 길잡이페로몬(trail pheromone)의 합성

(1) 일본왕개미의 길잡이페로몬 합성

'HS-SPME GC/MS법을 이용한 일본왕개미의 길잡이페로몬 성분 분석'(박경은 외 3인, 2012)에 따르면, 일본왕개미에게 먹이 자극을 가한 후 검출된 페로몬의 3가지 성분을 크로마토그램을 바탕으로 하여 피크 넓이로 각각 정량화한 결과는 다음과 같았다.

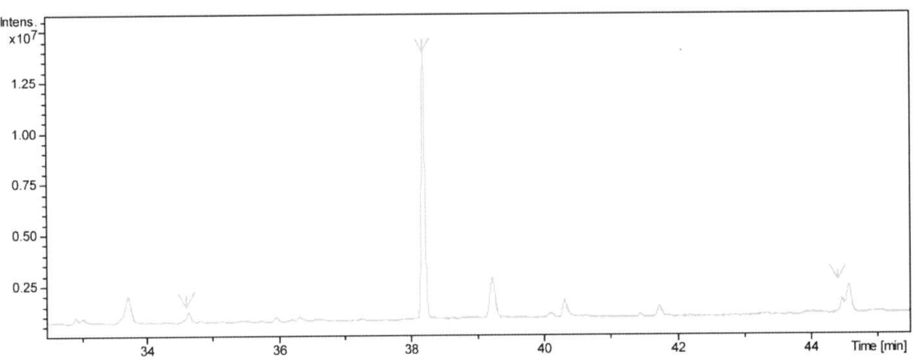

그림 6 먹이 자극을 가한 후 검출된 페로몬의 3가지 성분의 크로마토그램(n=20)이다(박경은 외 3인, 2012).

표 2 개미에 의해 검출된 페로몬의 정량(n=20) (박경은 외 3인, 2012)

화합물	평균 농도(mg/L)	표준편차
n-Decane	0.016	0.015
n-Undecane	0.019	0.018
n-Tridecane	0.010	0.010

III. 실험 설계

실험을 단계적으로 나누어 설계한 것은 매우 좋은 방법이다. 이 탐구와 같이 복잡한 실험의 경우, 실험의 목적을 분명히 밝히고 단계를 나눈 다음, 사진이나 구조도 등을 활용하여 설명하면 좋다.

1. 시약 및 재료

실험에 필요한 n-Decane, n-Undecane, n-Tridecane은 sigma-aldrich에서 주문 배송했으며, 일본왕개미 군체 및 사육장과 미로는 비바생물원에서 주문 제작을 통해 구했다.

2. 개미 미로

미로의 구조를 다각도로 제시하여 공간 구조를 이해하는 데에 도움을 주도록 한다.

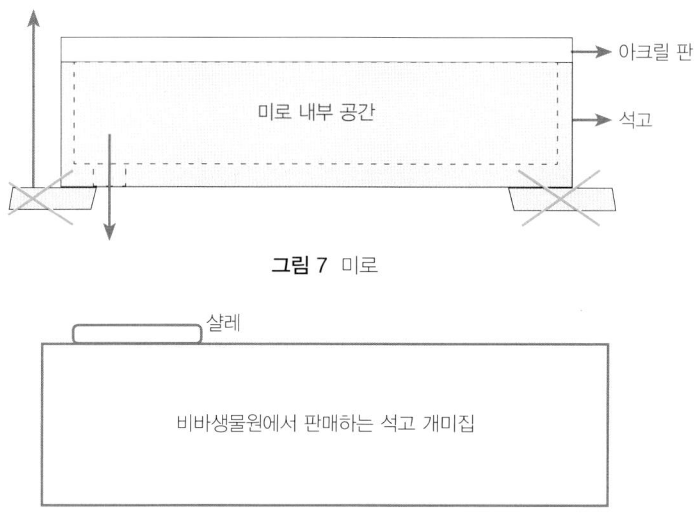

그림 7 미로

그림 8 비바생물원에서 판매하는 석고 개미집의 모형도

밑줄 친 부분은 생략해도 무방하며, '개미집의 모형도'라고만 해도 된다. 이 그림의 형태가 옆에서 본 모습이라면 그런 정보를 추가로 제시하여 이해를 돕도록 하자.

기존에 실행했던 연구의 실패는 개미들이 먹이를 탐색하는 활동 장소를 제한하지 못한 것이 원인이었다. 따라서 사육장에서 먹이를 수송하는 개미들이 미로로만 올라올 수 있게 사육장에 구멍을 뚫어 사육장 샬레의 구멍과 미로 밑바닥의 구멍을 관으로 연결한다. 미로에서 개미들이 경로를 이탈하거나 탈출함을 방지하기 위해 아크릴 판으로 천장을 덮는다. 통풍을 위해서 아크릴 판에 미세한 구멍을 여러 개 뚫는다. 페로몬을 미로의 바닥에 바르는 작업을 해야 하므로 아크릴 판은 탈부착이 가능해야 한다.

그림 9는 미로를 위에서 바라본 모습이다. 최단 경로 형성을 위해 길 폭이 같고 길이

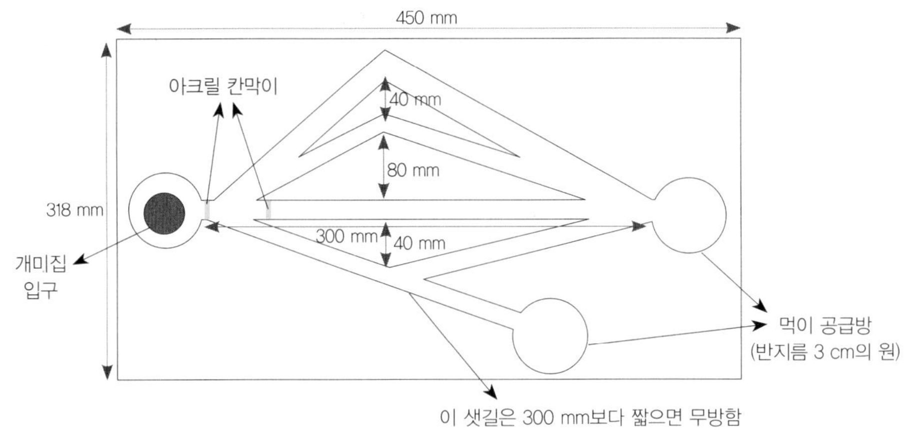

그림 9 미로를 위에서 바라본 모습

가 각각 다른 총 4갈래의 길을 설계했다. 각 길들은 액상 먹이를 공급하는 방으로 이어진다. 또한 자유롭게 돌아다니는 개미들(Free Beneficial ants, 이하 FB개미)의 역할을 밝히는 실험을 위해서 추가적인 길을 설계한다. 미로에 진입하는 개미들의 통제를 위해서 색으로 표시된 부분에 제거할 수 있는 아크릴 칸막이를 설치한다.

그림 9와 같이 미로 길 폭은 300 mm로 통일하고 경로의 길이에 차이를 둔다. 그림에서 검은 원은 사육장에서 미로로 연결되는 통로의 단면이고, 칸막이로 차단된 방은 실험 준비를 위해 개미들의 진입을 막아두는 일종의 대기실 역할을 하는 방이다. 미로의 가로, 세로, 높이의 규격은 그림 10과 같다.

'개미집 입구에서부터 먹이 공급방까지의 거리는 300 mm이며, 경로에 따라 이동 거리를 다르게 하였다.'와 같이 수정하면 표현이 더 정확해진다.

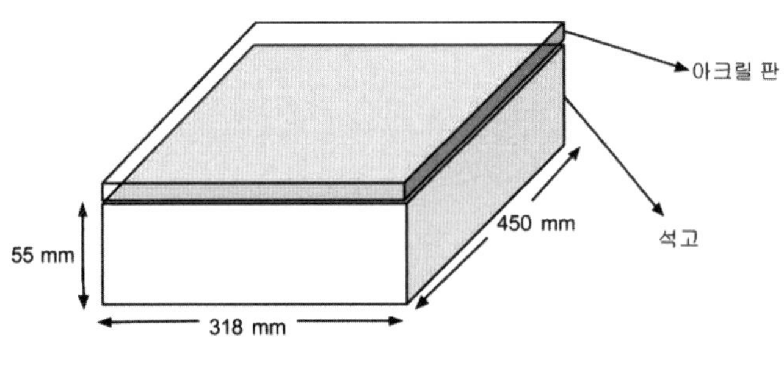

그림 10 미로의 입체도 및 규격

– 16 –

3. 단순 최단 거리 형성 실험

선행 연구들을 말하는 것인지, 아니면 1, 2번의 실험을 말하는 것인지 불분명하다. 따라서 논문을 작성한 후에는 논리적으로 전개가 매끄러운지, 독자들을 이해시키기에 부족한 부분은 없는지 검토하고 고쳐 쓰는 단계를 거쳐야 한다.

(1) 실험 목적

앞서 실행했던 연구에서는 개미에 대한 기본적인 이해가 부족한 상태로 실험을 진행하였기 때문에 정확한 실험 설계를 할 수 없었다. 개미에 대한 이해를 목적으로 하는 이 실험은 이후에 행해지는 실험들의 초석이 될 것이다. 또한 개미들이 실제로 어떻게 최단 거리를 찾는지에 대한 기초적인 확인 또한 가능하다.

(2) 실험 방법

실험 방법 ②가 너무 길게 서술되었다. 먹이 공급 – 개미 유입 – 동영상 녹화 및 분석으로 과정을 나누어 정리하면 좋을 것이다.

① 동일한 규격의 미로와 개미 사육장을 2개씩 준비한다.

② 미로와 개미 사육장을 연결한 뒤 연결된 두 개의 미로의 먹이 공급방 중 원으로 표시한 곳에 액상 먹이를 공급한다. 그 후 개미들을 미로로 유입되게 한다. 단, 하나의 미로는 모든 길을 개방한 상태로 실험을 진행하고, 다른 미로는 최단 거리를 칸막이로 폐쇄한 뒤 실험을 진행한다. 이하 전자의 실험을 실험 1로, 후자의 실험을 실험 2로 정의한다. 이 두 실험은 동영상으로 녹화 및 분석한다.

개방 미로와 폐쇄 미로, 두 가지 미로를 한꺼번에 보여 주면서 비교하면 좋을 것이다. 즉 실험 1과 실험 2를 비교하는 사진이나 그림 자료를 추가한다.

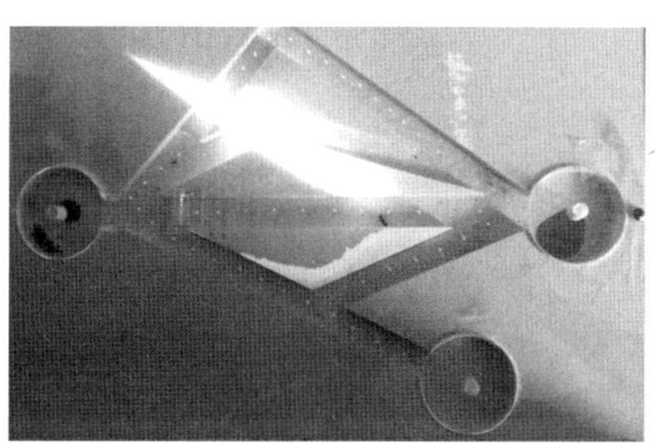

사진을 찍을 때는 보여 주고자 하는 부분이 선명하게 보이도록 해야 한다. 유리 기구나 아크릴 판 등은 투명하므로 반사에 주의해야 하는데, 여러 각도에서 빛을 잘 조절하면서 촬영하도록 하며, 여러 장의 사진을 찍은 후 선택하여 사용한다.

그림 11 같은 규격의 미로 2개를 준비하여 먹이 공급방에 액상 먹이를 공급한 후 개미들의 행동을 관찰한다. 한 미로는 최단 경로가 개방되어 있고, 나머지 미로는 최단 경로가 폐쇄되어 있다.

(3) 실험 가설

개미들은 최단 거리를 찾을 것이다. 실험 1에서는 대기실 역할을 하는 방과 먹이 공급방을 연결하는 가장 짧은 경로가 형성될 것이고, 실험 2에서는 두 번째로 짧은 경로가 형성될 것이다.

– 17 –

4. FB개미의 역할 분석 실험

(1) 실험 목적

우리는 이전의 선행 연구 중 Argentine ants solve the Towers of Hanoi(Chris R. Reid 외 3인, 2010)에서 보여진 새로운 먹이 수송 루트를 형성하는 개미 집단 알고리즘의 동적인 성질이 자유롭게 돌아다니는 개미들, 즉 FB개미(Free Beneficial ants)의 존재로부터 기인한다고 보고, 이것을 증명하기 위한 실험을 고안하기로 하였다. 이 실험의 목적은 FB개미의 존재를 단순 규명하는 데에 있다.

(2) 실험 방법

① 미로에서 최하단부에 있는 길과 통하는 먹이방에 액상 먹이를 투여한다.

② 개미들은 먹이의 양에 따라서 페로몬 분비를 달리하므로 기존의 먹이방의 먹이는 고갈되지 않게 꾸준하게 공급하고 하단부의 먹이방에는 먹이의 양을 늘린다.

(3) 실험 가설

FB개미들은 먹이와의 거리가 짧기 때문에 더 매력적인 먹이가 위치한 하단부 먹이방을 정찰한 뒤 새로운 먹이를 탐색할 것이다.

5. 페로몬에 대한 이끌림 실험

(1) 실험 목적

이 실험은 개미들이 최단 거리를 형성하는 개미 집단 알고리즘과 그에서 파생된 FB개미에 의한 개미 집단 알고리즘의 동적인 성질은 모두 기본적으로는 개미들의 페로몬에 대한 이동의 경향성이 집단적으로 발현되며, 그것이 진화의 과정을 거치며 선택적으로 다듬어져 형성되었다는 것을 입증하는 것을 목표로 한다.

실험 목적이 너무 길게 서술되어 의미 전달이 명확하게 되지 않는 문제점이 있다. 문장을 끊어 서술하고, 주어와 목적어, 술어의 호응 관계를 잘 맞춰 문장을 완성해 보자.

– 18 –

(2) 실험 방법

① 실험에 사용할 길잡이페로몬을 합성한다. 이때 성분비는 다음과 같이 한다.

표 3 일본왕개미의 길잡이페로몬 주성분에 대한 각각의 농도와 밀도

화합물(n=20)	농도(mg/L)	밀도(g/cm^3)
n-Decane	0.016	0.73
n-Undecane	0.019	0.74
n-Tridecane	0.010	0.76

n-Decane, n-undecane, n-tridecane은 각각 약 0.016, 0.019, 0.010 mg/L의 표준 용액과 농도가 상응하였다는 것을 알 수 있다. 따라서 이 실험에서 사용하는 길잡이페로몬 역시 이 결과의 성분비에 따라 합성할 것이다. 농도는 서울대 약학과에서 발표한 〈HS-SPME GC/MS법을 이용한 일본왕개미의 길잡이페로몬 성분 분석, 2012, 박경은 외 3인〉의 분석 결과(Mean)를 참고하였으며, 밀도는 화학물질안전관리정보시스템(KIS Chem)에서 참고하였다.

전문 분석 기관에 의뢰하여 데이터 해석의 신뢰성을 높일 수도 있다.

② 개미 사육장에서 미로로 연결되는 통로는 일단 막아둔다.

③ 통로를 막아둔 채로 미리 만들어 놓은 서로 다른 농도의 길잡이페로몬 용액을 미로의 샛길을 포함한 길들에 여러 갈래로 도포한다. 이때 경로의 길이와 페로몬 용액의 농도 사이에는 절대 상관관계 및 인과관계가 있어서는 안 된다(실험의 효과를 극명하게 파악하기 위해 두 가지 농도의 용액만을 사용할 수도 있다).

④ 막아두었던 개미 사육장의 통로를 열고 관찰카메라를 통해 개미들의 이동을 관찰한다.

(3) 실험 가설

단시간에는 경로의 길고 짧음과 관계없이 페로몬의 농도가 높은 쪽으로 개미들이 경로를 형성할 것이다. 또한 앞에서 관찰된 개미들의 집단지성이 페로몬의 축적에 의한 것임을 알 수 있을 것이다.

Ⅳ. 실험 결과 및 분석

1. 단순 최단 거리 형성 실험

실험 결과 그림의 순서가 반복 실험의 결과를 나타내는 것인지, 시간에 따른 움직임의 변화를 나타내는 것인지를 추가로 설명한다면 독자들이 결과 해석을 하는 데 도움을 줄 수 있을 것이다.

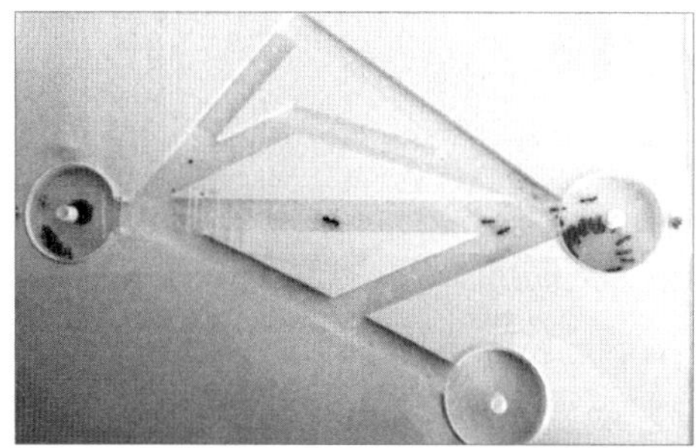

그림 12 개방 미로 1. 개미들이 액상 먹이를 최단 경로를 이용해 개미 사육장으로 운반하고 있다.

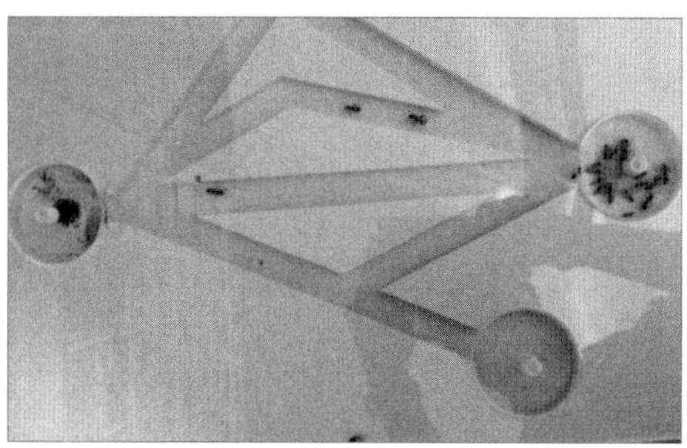

그림 13 폐쇄 미로 1. 한 개미가 막혀 있는 최단 경로로 가고 있고, 두 마리의 개미는 폐쇄 상태에서의 최단 경로를 사용하여 먹이를 운반하고 있다.

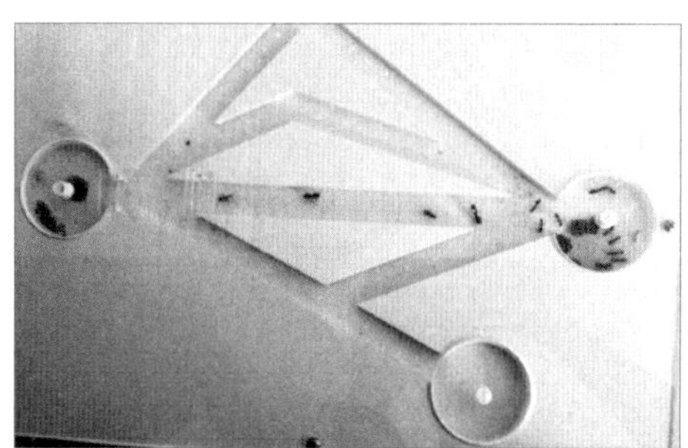

그림 14 개방 미로 2. 개미들이 최단 경로를 통과하면서 페로몬을 분비해 다른 개미들도 페로몬 길을 따라 먹이를 운반한다.

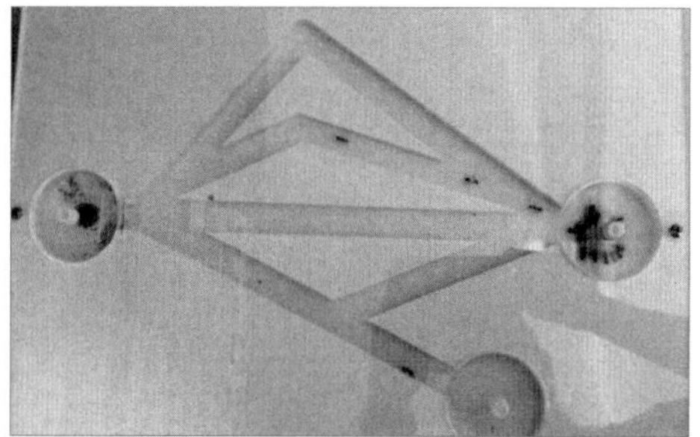

그림 15 폐쇄 미로 2. 폐쇄 상태에서의 최단 경로를 이용해 먹이를 운반하고 있다.

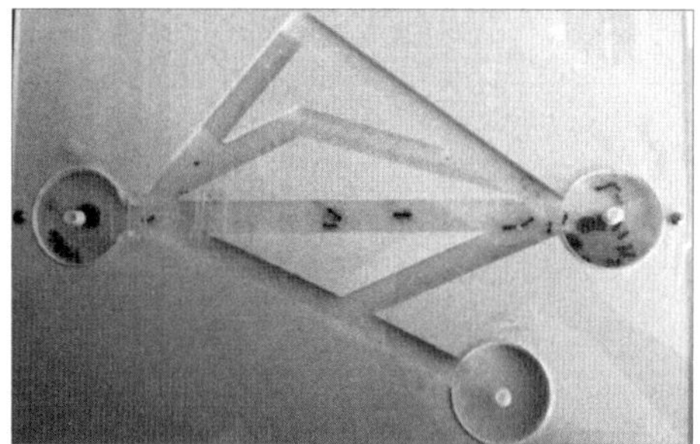

그림 16 개방 미로 3.

실험 결과 사진을 정리할 때, 개방 미로와 폐쇄 미로를 분리하여 표나 플로우 차트로 만들어서 보여 주면 시간에 따른 변화를 한눈에 파악하기 수월할 것이다.

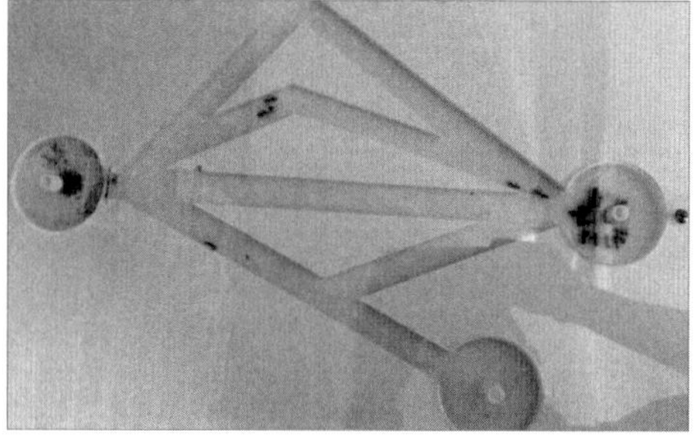

그림 17 폐쇄 미로 3. 이전에 개미들이 가던 길이 아닌 다른 길에 위치한 개미를 발견할 수 있다.

– 20 –

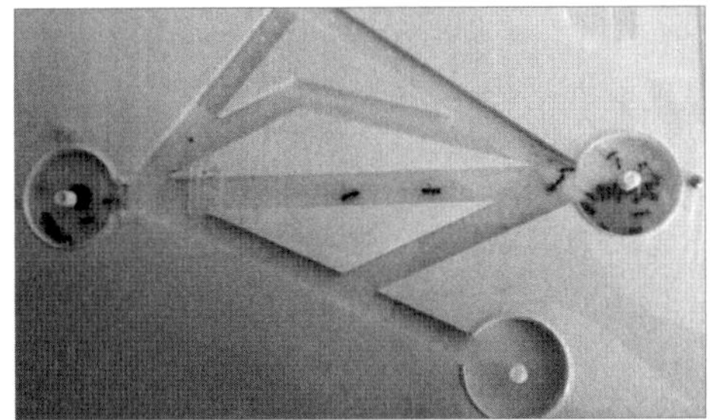

그림 18 개방 미로 4.

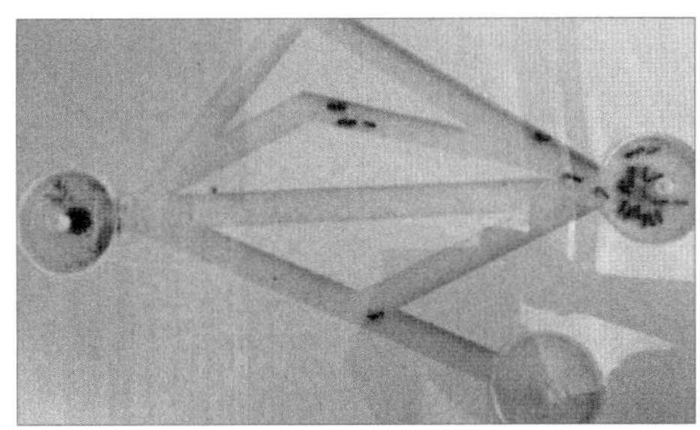

그림 19 폐쇄 미로 4. 폐쇄 상태에서의 최단 경로를 이용하여 개미들이 먹이를 운반하고, 한 개미가 다른 길을 이용하는 것을 포착할 수 있다.

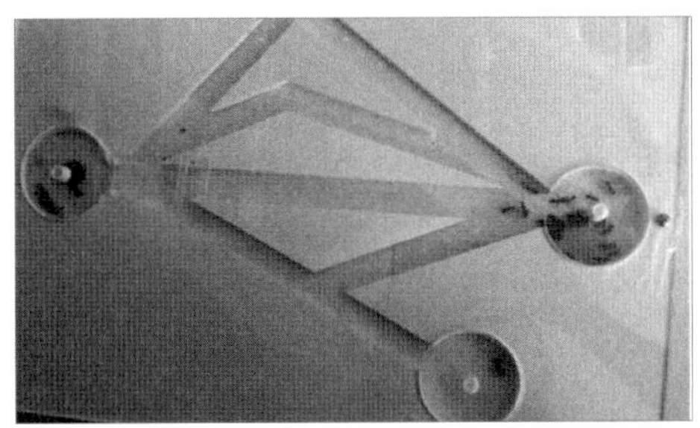

그림 20 개방 미로 5.

그림 21 폐쇄 미로 5.

실험 결과 개미들은 최단 경로를 찾는 것을 확인할 수 있었다. 가장 짧은 길이 개방된 미로에서는 먹이 공급방과 개미 사육장의 연결 통로 중 가장 짧은 길에서 경로가 형성되고, 가장 짧은 길을 폐쇄한 미로에서는 두 번째로 짧은 길에서 경로가 형성된다.

2. FB개미의 역할 분석 실험

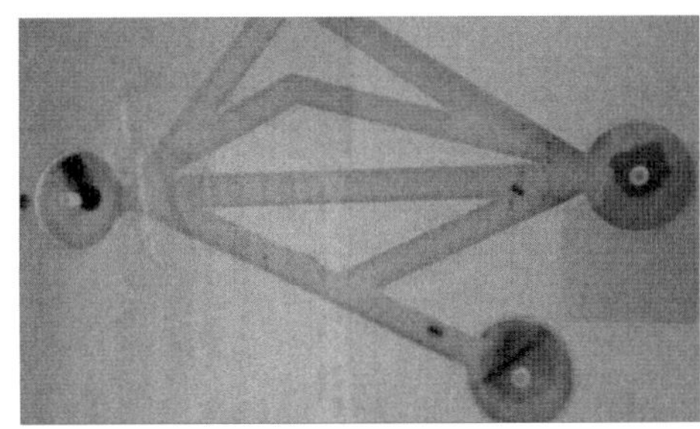

그림 22 실험 중 관찰된 '새로운 먹이 공급원'을 향해 가는 수송개미의 모습. 다수의 개미들이 먹이를 이송해 가기 전에, 즉 루트가 형성되기 전 찍은 사진이다.

그림 23 최단 거리 형성 실험 도중 형성된 odor way를 따라가지 않는 개미(원으로 표시).

독자들이 용어에 대해 궁금해 할 수 있다. 이게 무엇일까?하는 의문이 생기지 않게 용어를 고를 때에도 주의를 기울인다. 이론적 배경에서는 '냄새길'이라고 표현하였는데, 탐구보고서 전체에서 용어를 통일하는 것이 좋다.

– 21 –

즉 기존에 형성된 루트를 따라가지 않거나, 페로몬의 증가하는 경향성에 영향을 적게 받으며 새로운 길을 찾는 역할을 하는 FB개미의 존재가 본 실험과 더불어 최단 거리 형성 실험에서 역시 관찰되었다고 할 수 있다.

기존에 형성된 루트를 따라가지 않는 개미를 발견한 것만으로 해당 개미가 새로운 길을 찾는 역할을 하는 것으로 단정 짓기에는 논리적 비약이 있을 수 있다.

3. 페로몬에 대한 이끌림 실험

연구를 수행하다 보면 무수히 많은 시행착오를 겪는다. 그 과정을 논문에 모두 실을 필요는 없다. 내용을 요약하거나 핵심적인 부분만 간추려 제시한다.

(1) 첫 번째 페로몬 합성

표 4 Camponotus japonicus의 길잡이페로몬 주성분에 대한 평균 농도와 밀도

화합물(n=20)	[1]평균 농도(mg/L)	밀도(g/cm^3)
n-Decane	0.016	0.73
n-Undecane	0.019	0.74
n-Tridecane	0.010	0.76

1) 표준 용액의 농도와 관련이 있다.

페로몬 합성 시 마이크로피펫을 사용하기 때문에 질량비가 아닌 부피비가 필요하다. 따라서 평균 농도와 밀도를 이용한다. 그리고 세 화합물의 성분비는 16 : 19 : 10이므로 계산상 편의를 위해 가장 간단한 n-Tridecane을 100 μL 기준으로 한 후 다른 성분들의 부피를 구한다.

〈n-Tridecane〉 $0.76\ g/mL = 7.6 \times 10^{-4}\ g/\mu L = 7.6 \times 10^{-2}\ g/100\ \mu L$

그러므로 n-Tridecane은 100 μL의 부피를 가질 때 0.076 g의 질량을 가진다. 그리고 평균 농도의 비가 n-Undecane : n-Tridecane = 19 : 10이므로 이 비를 이용하여 n-Tridecane이 0.076 g의 질량을 가질 때의 n-Undecane의 질량을 구하면 0.144 g이 된다.

〈n−Undecane〉 $\dfrac{0.076\ g \times 19}{10} ≒ 0.144\ g$

이 질량을 n-Undecane의 밀도 0.74 g/cm^3를 이용하여 부피로 변환하면

$0.74\ g/cm^3 = 0.74\ g/mL = 7.4 \times 10^{-4}\ g/\mu L$이므로

n-Undecane 0.144 g은 $\dfrac{0.144\ g}{7.4 \times 10^{-4}\ g/\mu L} ≒ 195\ \mu L$ 의 부피를 가진다.

위와 같은 방법으로 필요한 n-Decane의 부피를 구하면 166.58 μL이다.

$$\langle \text{n-Decane} \rangle \ \frac{0.076\ \text{g} \times 16}{10} \fallingdotseq 0.122\ \text{g},\ \frac{0.122\ \text{g}}{7.3 \times 10^{-4}\ \text{g}/\mu\text{L}} \fallingdotseq 167\ \mu\text{L}$$

따라서 n-Decane 167 μL, n-Undecane 195 μL, n-Tridecane 100 μL를 혼합했을 때 길잡이페로몬의 성분비를 만족시킨다. 위의 페로몬 성분들을 혼합한 것을 '페로몬 100'이라 하고, 이것을 증류수로 10배, 100배, 1000배로 희석한 것을 각각 '페로몬 10', '페로몬 1', '페로몬 0.1'로 정의한다.

(2) 1차 실험 결과

페로몬 10, 1, 0.1을 준비한 후 각각 1번, 2번, 3번 길에 한 번씩 동시에 바른 다음 개미집과 연결된 통로를 열고 개미들의 움직임을 관찰한다. 개미들은 가장 높은 농도의 페로몬에 반응할 것으로 예상되기 때문에 '최단 거리'가 아닌 '페로몬의 농도가 가장 높은 길'을 선택하는 것을 확인하기 위해서 페로몬 10을 1번 길에 발랐으며, 이 길을 선택하는 개미의 수가 가장 많을 것으로 예상했다.

실험 결과, 예상과 달리 개미들은 농도가 높은 다른 페로몬보다 농도가 가장 낮은 페로몬 0.1에 더 큰 반응을 보였다.

개미들의 이러한 행동을 분석할 때, 처음에는 페로몬 10과 1은 개미들에게 자극이 너무 강해 선택하지 않았다고 생각했으나 아예 페로몬을 바르지 않은 4번 길을 선택하지 않은 것으로 보아 이 가정은 옳지 않다고 판단하였다. 실제 원인으로는 Camponotus japonicus의 길잡이페로몬의 농도가 셋 중 페로몬 0.1과 가장 유사하였기 때문이었을 것으로 추측된다.

가설이 옳지 않음을 논리적인 과정을 통해 과학적으로 추론하고, 원인을 분석하기 위해 다양한 각도에서 사고하려는 노력이 엿보인다. 다만 이렇게 추측하기에는 근거가 부족하므로 확인 실험이 필요하다. '페로몬 0.1'을 3번이 아닌 다른 길에 바른 후, 개미들이 '페로몬 0.1'을 바른 길로만 이동한다면 이와 같이 결론지을 수 있다.

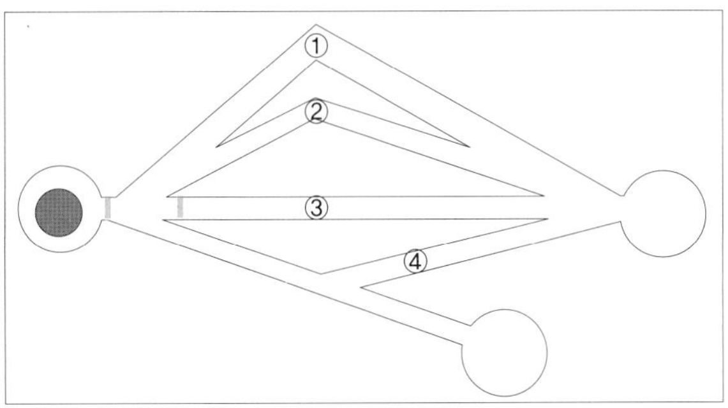

그림 24 미로를 위에서 바라본 모양. 검은 원은 개미집 입구를 나타낸 것이며, 색으로 표시한 선은 칸막이를 나타낸 것이다. 비어 있는 동그라미 두 칸은 모두 먹이를 공급하는 방이다.

– 23 –

또한 실험 실패 원인 분석 중, 개미들은 항상 거의 같은 농도의 페로몬을 길에 분비하기 때문에 각 길의 페로몬 농도가 크게 다르지 않다는 것을 알았다. 이를 바탕으로 미로를 물로 세척한 뒤 개미들이 가장 선호했던 페로몬 0.1을 개미들이 길에 페로몬을 덧칠하는 것과 동일한 방식으로 한 번, 두 번, 세 번씩 서로 다른 세 개의 길에 발라 개미의 행동을 관찰하는 실험을 진행하였다. 그러나 예상된 결과를 얻지 못하였다.

예상하지 못한 결과가 나왔을 때 실험의 실패 원인을 논리적으로 분석하고, 이를 통해 2차 실험을 실시하는 올바른 탐구 과정을 보이고 있다. 이와 같이 원인을 분석하고 문제를 해결할 수 있는 방법을 찾는 과정은 과학적으로 큰 의미가 있다.

(3) 두 번째 페로몬 합성

첫 번째 길잡이페로몬 합성 시 페로몬 내에 존재하는 성분의 농도를 무시하고 각 성분 사이의 비율만 고려하였기 때문에 실험에서 오차가 발생하였다. 이번에는 각 성분들 사이의 비뿐만 아니라 실제 페로몬 내 존재 함량도 함께 고려하여 오차를 없애는 것을 목표로 한다.

실험은 마이크로피펫을 이용하기 때문에 질량을 부피로 변환할 수단으로 밀도를 사용한다. 밀도 단위의 cm^3는 mL와 같으므로 편의상 후자를 사용한다.

n-Decane은 페로몬 내에서 1 L당 0.016 mg이 존재한다.

$0.016\ mg = 1.6\times10^{-2}\ mg = 1.6\times10^{-5}\ g$

이 질량을 n-Decane의 밀도 0.73 g/cm^3를 이용하여 부피로 변환한다.

$$\langle \text{n-Decane} \rangle\ \frac{1.6\times10^{-5}\ g}{7.3\times10^{-1}\ g/mL} \fallingdotseq 2.2\times10^{-5}\ mL = 2.2\times10^{-2}\ \mu L$$

즉 1 L당 0.022 μL가 존재함을 의미한다.

같은 방법으로 n-Undecane과 n-Tridecane의 존재량을 계산하면,

$$\langle \text{n-Undecane} \rangle\ \frac{1.9\times10^{-5}\ g}{7.4\times10^{-1}\ g/mL} \fallingdotseq 2.6\times10^{-5}\ mL = 2.6\times10^{-2}\ \mu L$$

$$\langle \text{n-Tridecane} \rangle\ \frac{1.0\times10^{-5}\ g}{7.6\times10^{-1}\ g/mL} \fallingdotseq 1.3\times10^{-5}\ mL = 1.3\times10^{-2}\ \mu L$$

그러나 보유하고 있는 마이크로피펫은 최소 단위가 0.1 μL이고, 페로몬의 총량 1 L는 실험에 사용하기에는 너무 방대한 양이므로 직접 성분들을 혼합하는 것은 불가능하다고 판단하였다. 따라서 1 L 대신 100 mL를 제조하되, 필요한 페로몬 성분의 양은 모두 10배씩 줄어들므로 n-Decane, n-Undecane, n-Tridecane은 각각 필요량이 $2.2\times10^{-3}\ \mu L$,

$2.6 \times 10^{-3}\ \mu L$, $1.3 \times 10^{-3}\ \mu L$가 된다. 또한 본래는 각각의 성분들을 독립적으로 100 mL씩 제조해야 하나, 성분들이 극히 미량인 점을 감안하여 오차를 무시하고 100 mL에 세 가지 성분을 동시에 혼합한다.

남은 문제는 마이크로피펫이 측정할 수 있는 최소 부피보다 적은 양을 우리가 필요로 하는 부분인데, 이것은 n-Decane 2.2 μL, n-Undecane 2.6 μL, n-Tridecane 1.3 μL를 혼합한 6.1 μL의 혼합 용액을 두 배씩 희석하여 결과적으로 1024배 희석하는 방법을 이용하여 해결하였다. 구체적인 방법은 다음과 같다. 96홈판을 준비하고 실험 중 사용한 칸을 혼동하는 상황을 예방하기 위해서 첫 번째 칸(A1)에 혼합 용액 6.1 μL와 증류수 6.1 μL를 골고루 섞은 뒤, 두 번째 칸(A2)에 앞의 희석 용액 총량 12.2 μL 중 6.1 μL를 옮겨 담고 여기에 다시 증류수 6.1 μL를 섞는 것을 10번 반복한다.

본래는 1000배로 희석해야 하나 위에서 필요한 페로몬의 양을 계산할 때 반올림을 하여 근삿값을 구한 점, 그리고 각각의 성분들을 독립적으로 혼합하지 않고 한 번에 혼합한 점으로 페로몬 농도가 약간 높아진 것을 고려하고, 또한 실험의 편의를 위해 1000배가 아닌 1024배로 희석하였다.

위의 결과 희석 용액 12.2 μL가 만들어지는데, 전부 부피 플라스크에 담을 경우 남아 있는 용액이 오차를 만들어낼 경우를 고려하여 6.1 μL를 부피 플라스크에 옮긴 후 증류수로 100 mL를 맞춘다.

화학적으로 흔적이 남지 않을 만큼 페로몬의 완전한 제거가 이루어졌는지 알 수 없다. 단순히 닦고 건조했다고 해서 페로몬이 완전히 제거되었다고 확신할 수 없다. 개미는 ppm 단위의 미량도 감지할 수 있지 않을까? 반문해 보아야 할 것이다.

(4) 2차 실험 결과

초기 예상 결과는 개미들은 페로몬이 가장 많이 누적된 1번 길을 이용해서 먹이를 운반한다는 것이었다. 그러나 실험 결과 개미들은 2번 길을 이용하였다.

실험 이후 추가로 실행한 몇 가지 실험들에서도 2번 길을 가장 많이 선택한 것으로 보아 개미의 페로몬이 잘 제거되지 않았기 때문으로 추측하여, 깨끗이 닦고 자연 건조한 후 다시 시도해 보았으나 결과는 동일했다. 개미들이 이러한 행동을 보이는 이유로는 앞서 여러 차례 실행한 실험에서 분비된 페로몬이 유독 2번 길에 집중적으로 쌓였던 것으로 추정되는데, 최단 거리 형성 실험에서 3번 길을 막은 다음 실험을 진행한 결과, 개미들이 3번 길은 없는 길이라고 인식하게 되어 그 다음으로 짧은 길을 이용하게 된 것으로 추측된다.

(5) 페로몬 합성 오차

합성 페로몬으로 해결할 수 없는 근본적인 한계점에 대해 생각할 수 있으며, 자연적인 페로몬을 순수하게 추출하여 동일한 실험을 시도할 수 있다.

첫 번째 페로몬 합성 과정에서 오류를 발견한 후, 두 번째 페로몬 합성 실험을 할 때에는 실험 조건이 허락하는 한도 내에서 n-Decane, n-Undecane, n-Tridecane을 각각 약 0.016, 0.019, 0.010 mg/L의 표준 용액 농도와 최대한 상응하도록 했다. 그러나 개미들은 합성된 페로몬에 큰 반응을 보이지 않았다. 합성한 페로몬을 백지 위에 면봉으로 직선 모양과 원 모양을 그린 후, 그 주변에 실험에 사용하는 개미 한 마리를 올려놓았으나 개미는 잠시 멈칫하는 듯하다가 이내 멋대로 움직이기 시작했다. 다른 개미를 이용하여 페로몬 바로 위에 올려놓기도 했으나 마찬가지로 별로 반응을 보이지 않았다.

문장 내 인용의 경우 (저자명, 발행연도) 형식으로 표기한다. 동일 연구자가 같은 주제로 연구를 수행하는 경우 제목이 같거나 비슷할 수 있으므로 발행연도는 필수적으로 기재해야 한다.

〈HS-SPME GC/MS법을 이용한 일본왕개미의 길잡이페로몬 성분 분석(박경은 외 3인)〉에 의하면, 검출된 페로몬의 표준편차가 n-Decane, n-Undecane, n-Tridecane 각각 0.015, 0.018, 0.010으로 재현성이 뛰어나게 좋다고 할 수는 없음을 밝혔다. 또한 일본왕개미 각 개체의 길잡이페로몬에서 n-Decane, n-Undecane이 검출되지 않은 개체는 없으나, n-Tridecane은 검출되지 않은 개체의 수가 2로 가장 많았다(HS-SPME GC/MS법을 이용한 일본왕개미의 길잡이페로몬 성분 분석, 박경은 외 3인)는 검출 결과로 보아 자신의 군집 내에서 사용한 적이 없는 새로운 페로몬을 정확히 인지하지 못했을 가능성도 있으며, 페로몬 검출 시 위의 세 가지 성분 이외의 성분을 고려하지 않아 생긴 문제일 수도 있고, 혹은 실험에 사용한 페로몬의 양이 본래 개미들이 사용하는 양과 크게 달랐기 때문일 가능성도 있다.

문장 내에 인용된 경우에는 제목 없이 (저자명, 발행연도) 형식으로 표기하면 된다.

실험의 오차를 밝히기 위해 다양한 가능성을 모두 고려하여 논리적으로 분석하려고 노력한 점이 훌륭하다. 이러한 과학적 탐구 자세는 매우 중요하며, 과학을 발전시키는 원동력이 될 수 있다.

– 26 –

Ⅴ. 결론

페로몬 양의 누적에 따른 농도 증가가 최적의 경로를 찾는 원인이 되었다. 가설의 설정과 검증을 통한 적절한 결론이 도출되었는지 생각해 보자.

이 실험을 통해 개미들이 개미 집단 알고리즘에 의해 먹이를 수송하는 최단 경로를 찾는다는 사실을 재확인 하였으며, 추가로 고체 먹이에 대한 수송에서는 액체 먹이와는 달리 일련의 경로를 형성하지는 않지만 역시 최단 거리로 먹이를 수송한다는 사실이 밝혀졌다.

이 자료를 제시한 이유가 무엇인지 좀 더 구체적으로 밝히는 게 좋다. 또한, 어떤 연구에서 밝혀졌는지 참고문헌을 제시할 필요가 있다.

FB개미의 역할 분석 실험에서는 예상한 바와 같이 기존의 길에 비교적 적게 구애받은 수송개미가 발견되었으며, 이러한 FB개미들의 존재는 앞선 선행 연구(Argentine ants solve the Towers of Hanoi, Chris R. Reid 외 3인, 2010)에서와 같이 개미 집단 알고리즘의 유동적인 성격에 기여하는 것으로 추측된다. 다만 이 FB개미의 구체적인 역할과 working algorithm에 대해서는 추가적인 연구가 필요하다.

페로몬 실험은 기존의 많은 실험 예시가 있음에도 불구하고 예상한 바와 같은 결과를 얻을 수 없었다. 이는 기존 선행 연구에서 제시된 일본왕개미의 길잡이페로몬의 조성 비율에 문제가 있거나 실험 환경에 문제가 있었다고 생각한다.

탐구의 한계점을 해결하기 위한 방안도 함께 제시하면 좋을 것이다.

실험에 대한 결론이 너무 간략하게 요약되어 아쉽다. 개미의 페로몬을 통한 집단지성 연구라는 제목에 맞게 '길잡이페로몬', '집단지성'등의 용어를 사용하여 좀 더 자세하고 구체적으로 제시할 필요가 있다.

– 27 –

Ⅵ. 참고 문헌

그린아그로텍. 2015. www.sptrap.co.kr

농업유전자원정보센터, 2010. '곤충자원 유형 및 종류'.

두산백과. 네이버 지식백과에서 재인용

두산백과. 2015. EnCyber.com. doopedia & doopedia.co.kr

비바생물원. 2015. Biobiba Ant Kingdom의 '개미의 먹이 활동'. http://biobiba.co.kr

박경은, 이동규, 권성원, 이미영. 2012. HS-SPME GC/MS법을 이용한 일본왕개미의 길잡이페로몬 성분 분석. ANALYTICAL SCIENCE & TECHNOLOGY Vol. 25, No. 5, 292-299.

부경생, 김용균, 박계청, 최만연. 2005. 곤충의 호르몬과 생리학. 서울대학교출판부.

홍명덕, 유영훈, 조근식. 2010. 차량 경로 스케줄링 문제 해결을 위한 개미 군집 최적화 휴리스틱. http://www.researchgate.net/publication/264130994

화학물질안전관리정보시스템KISChem(Korea Information System for Chemical Safety Management). kischem.nier.go.kr

Bonnet, C., 1779. Observation LXIII. Sur un procédédes Fourmis. OE uvres d'Histoire Naturelle et de Phil sophie, Vol. 1, pp. 535 - 536. Imprimerie de Samuel Fauche, France.

Craig A. Knoblock. 1994. Abstracting the Tower of Hanoi. Artificial Intelligence Volume 68, Issue 2.

E. David Morgan. 2009. Trail pheromones of ants. Physiological Entomology 34, 1 - 17.

Hölldobler, B. & Wilson, E.O., 1990. The Ants. Springer, Germany.

J. L. Deneubourg, S. Goss. 1989. Collective patterns and decision-making. Ethology Ecology & Evolution, Volume 1, Issue 4.

Möglich, M., Maschwitz, U. & Hölldobler, B., 1974. Tandem calling: a new kind of signal in ant communication. Science, 186, 1046 - 1047.

Richardson, T.O , Houston, A.I. & Franks, N.R. 2007. Teaching with evaluation in ants. Current Biology, 17, 1520 - 1526.

Sudd, J. H., 1959. Interction between ants on a scent trail. Nature, 183, 1588.

Wertheim, B., E.A., Van Bealen, M. Dicke, & L.E.M. Vet. 2005 Annu. Rev. Entomol. 50: 321-346.

Yoshiyuki Nakamichi, Takaya Arita. 2009. AN EVOLUTIONARY SIMULATION OF THE ORIGIN OF PHEROMONE COMMUNICATION. Food Exploitation by Social Insects. CRC Press.

총평

본 탐구보고서는 연구 동기 및 목적–자료 조사–실험 설계–실험 결과 및 분석–결론의 흐름을 따라 논리적으로 매끄럽게 전개되어 있고, 논문의 체계가 잘 잡혀 있다. 또한 출처 표시나 목차 정리, 참고문헌 표기 등 논문의 기본적인 요소도 잘 갖추고 있다.

고등학생 논문의 수준으로 보기 힘들 정도로 뛰어난 탐구 설계 능력을 보여 주었고, 미로를 만들고 세 가지 실험을 수행하고 개미를 관찰하는 과정에서 많은 노력을 기울인 것을 확인할 수 있다. 특히, 페로몬에 대한 이끌림 실험의 경우 실험이 실패한 원인을 찾아보고 2차 실험을 진행하는 등 훌륭한 과학적 탐구 자세를 보여 주었다.

개미가 페로몬을 이용하여 길을 찾는다는 연구 주제는 창의적이고도 흥미롭다. 그리고 연구 절차가 체계적이며 연구 문제를 다각도로 접근하였고, 결과를 균형 있게 분석하려고 노력하였다. 그러나 이론적 배경이 지나치게 길고 어렵게 기술되어 독자들이 읽기 지루하고 논점이 흐려질 수 있다. 또한, 제목에서 개미의 페로몬과 집단지성을 연구하겠다고 밝혔으나 그 부분이 이론적 배경에 명확히 드러나지 않았다.

본 탐구보고서에서는 이 탐구를 통해 알아보고자 한 내용을 여러 개의 가설로 나누고, 각 가설에 따른 실험 결과를 정리하여 짜임새 있게 구조화한 점이 돋보인다. 그리고 가설을 증명하는 과정에서 논리에 맞게 설명하고 추론한 점도 훌륭하다. 일부 논리의 비약이 있으나 과학적인 근거를 약간 추가하면 논리적으로 더욱 탄탄한 탐구보고서를 완성할 수 있을 것이다.

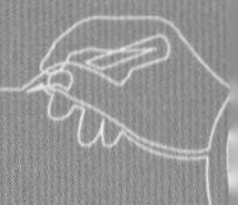

부록 2 연구 윤리, 참고문헌 표기 방법

연구 윤리

연구 윤리는 연구를 수행할 때 지켜야 할 원칙이나 행동 양식을 말한다. 연구 윤리는 연구자가 진실하고 책임감 있게 연구를 수행해 나가는 기본 요소로, 연구 과정이나 내용을 조작하지 않아야 하며, 연구 결과가 사회적 문제를 일으킬 가능성을 고려해야 한다. 또한, 연구 대상자에게 지켜야 할 윤리를 고려해야 한다.

우리나라에서는 2005년에 황우석 전 서울대학교 교수 연구팀의 줄기세포 논문 조작 사건을 겪은 후 연구 윤리의 중요성을 깨닫고 2007년에 처음 "연구 윤리 확보를 위한 지침"을 마련하였다. 이후 지속적인 수정 보완을 거쳐, 2015년에 연구자의 연구부정행위를 예방하고 책무성을 강화하기 위한 개정 지침을 마련하였다.

연구부정행위의 범위

연구부정행위는 주로 연구 개발 과제의 제안, 수행, 결과 보고 및 발표 등에서 이루어지며, 유형으로는 위조, 변조, 표절, 부당한 논문 저자 표시, 본인 또는 타인의 부정행위 의혹 조사를 고의로 방해하거나 제보자에게 위해를 가하는 행위, 그 밖에 인문 · 사회 및 과학기술 분야 등 각 학문 분야에서 통상적으로 용인되는 범위를 심각하게 벗어난 행위, 부당한 중복 게재 등이 있다.

각 항목에 대한 지침은 다음과 같다.

1. 위조: 존재하지 않는 연구 원자료 또는 연구 자료, 연구 결과 등을 허위로 만들거나 기록 또는 보고하는 행위

❷ 변조: 연구 재료·장치 및 도구·과정 등을 인위적으로 조작하거나 연구 원자료 또는 연구 자료를 임의로 변형·삭제함으로써 연구 내용 또는 결과를 왜곡하는 행위

❸ 표절: 다음과 같이 일반적 지식이 아닌 타인의 독창적인 아이디어 또는 창작물을 적절한 출처 표시 없이 활용함으로써, 제3자에게 자신의 창작물인 것처럼 인식하게 하는 행위

- 타인의 연구 내용 전부 또는 일부를 출처를 표시하지 않고 그대로 활용하는 경우
- 타인의 저작물의 단어·문장구조를 일부 변형하여 사용하면서 출처를 표시하지 않은 경우
- 타인의 독창적인 생각 등을 활용하면서 출처를 표시하지 않은 경우
- 타인의 저작물을 번역하여 활용하면서 출처를 표시하지 않은 경우

❹ 부당한 저자 표시: 다음과 같이 연구 내용 또는 결과에 대하여 공헌 또는 기여를 한 사람에게 정당한 이유 없이 저자 자격을 부여하지 않거나, 공헌 또는 기여를 하지 않은 사람에게 감사의 표시 또는 예우 등을 이유로 저자 자격을 부여하는 행위

- 연구 내용 또는 결과에 대한 공헌 또는 기여가 없음에도 저자 자격을 부여하는 경우
- 연구 내용 또는 결과에 대한 공헌 또는 기여가 있음에도 저자 자격을 부여하지 않는 경우
- 지도학생의 학위논문을 지도교수의 단독 명의로 학술지 등에 게재·발표하는 경우

⑤ 부당한 중복 게재: 연구자가 자신의 이전 연구 결과와 동일 또는 실질적으로 유사한 저작물을 출처 표시 없이 게재한 후, 연구비를 수령하거나 별도의 연구 업적으로 인정받는 등 부당한 이익을 얻는 행위

⑥ 연구부정행위에 대한 조사 방해 행위: 본인 또는 타인의 부정행위에 대한 조사를 고의로 방해하거나 제보자에게 위해를 가하는 행위

⑦ 그 밖에 각 학문 분야에서 통상적으로 용인되는 범위를 심각하게 벗어나는 행위

Tip 연구부정행위에 해당하는 경우

연구부정행위(research misconduct)는 고의적이거나 부주의에 의한 것이거나 관계없이 다음의 경우를 포함한다.

- 연구 행위에 대해 적절한 승인을 받지 못한 경우
- 연구 제안과 관련해서 기만하는 경우
- 연구 대상 및 연구 행위에서 비윤리적 행위가 이루어진 경우
- 비밀유지 목적으로 수집된 정보를 무단으로 사용하는 경우
- 좋은 연구 수행으로부터 일탈. 이 결과로 인해 인간, 다른 동물 또는 환경에 예기치 못한 위해 위험이 발생한 경우
- 위조, 변조 또는 연구 데이터의 조작이 이루어진 경우
- 데이터의 삭제 또는 왜곡을 통해 연구 결과를 왜곡하는 행위
- 결과에 대해 부정직한 오역을 한 경우
- 거짓 또는 잘못된 것으로 알려진 데이터를 출판한 경우
- 표절 또는 아직 알려지지 않은 자료를 부정직하게 사용한 경우
- 부적절한 저자 표시를 한 경우
- 연구 기금 또는 연구 설비의 사기 또는 악용 행위가 이루어진 경우
- 연구부정행위를 시도, 계획 또는 공모하는 행위
- 다른 사람들을 자극해서 연구부정행위에 관련되게 하는 행위
- 타인을 통한 연구부정행위 공모 또는 은폐가 이루어진 경우

연구자의 역할과 책임

연구자는 연구의 자유와 자율성에 따라 연구를 수행해야 하고, 정직성과 책임의 원칙에 따라 연구 윤리 지침을 준수해야 한다. 연구자의 역할과 책임은 크게 다음의 5가지 영역으로 구분할 수 있다.

1. 인간 대상 피험자의 인격을 존중하고 공정하게 대우해야 하며, 개인 정보 및 사생활을 보호하여야 한다.
2. 연구진실성을 확보하는 것으로서 연구자는 사실에 근거해서 정직하고 투명하게 연구를 진행하여야 하며, 새로운 학술적 결과를 공표하여 학문 발전에 기여하고, 자신 및 타인의 저작물을 활용할 때에는 그 출처를 정확히 밝혀 선행 연구자의 업적을 인정하고 존중해야 한다. 출처를 정확하게 밝히지 않고 활용하면 이는 전형적인 연구부정행위에 속한다.
3. 연구자는 사회적 책임을 고려해야 하는데, 전문 지식을 쌓고, 그것을 사회에 환원할 경우 전문가로서의 학문적 양심을 견지하고, 자신의 연구 결과가 사회에 미칠 영향을 고려하여야 한다.
4. 연구자는 연구비의 수주, 연구 계약의 체결, 연구비 집행 등을 정직하게 이행해야 하고, 연구비 지원 기관 및 연구 성과와 관련된 모든 이해관계를 명시해야 한다.
5. 지속적인 연구 윤리 교육의 참여를 통해 연구 윤리의 중요성을 인식하고, 연구 윤리 관련 규정을 이해하여 건전한 연구가 이루어지도록 노력하여야 한다.

Tip 과학 윤리

미국의 윤리학자인 레스닉(David B. Resnik)은 과학 활동에서 요구되는 윤리로, 다음과 같은 12가지 항목을 제시하였다(Resnik, 1998: pp. 53~73 김환석, 2001: pp. 27~34).

1. **정직(honesty)**: 실험 및 관측 데이터, 실험 결과를 조작하거나 왜곡하지 말아야 한다. 즉, 연구 과정의 모든 부분에서 객관성을 지녀야 하고, 정직해야 한다.
2. **주의(carefulness)**: 과학 연구를 수행하거나 결과를 제시할 때 오류를 범하지 않도록 주의해야 한다. 즉, 과학자는 실험적·방법론적·인간적 오류를 최소화하고, 자기기만·편향·이해갈등을 피해야 한다.
3. **개방성(openness)**: 데이터, 결과, 방법, 아이디어, 기법, 도구 등을 공유해야 한다. 즉, 다른 과학자들이 자신의 작업을 심사하고, 때로는 비판과 새로운 의견을 제시하는 것을 받아들일 수 있도록 열린 마음을 가져야 한다.
4. **자유(freedom)**: 어떤 문제나 가설에 대한 연구든지 자유롭게 수행해야 한다. 즉, 낡은 아이디어를 비판하고 새로운 아이디어를 추구할 자유가 주어져야 한다.
5. **공로(credit)**: 실제적으로 기여한 사람에게만 공로가 주어져야 하며, 공로를 인정받은 과학자는 그에 대한 책임을 져야 한다. 이것은 곧 어떤 연구에 대해 책임을 질 수 있을 경우에만 그 공로가 주어져야 함을 의미한다.
6. **교육(education)**: 과학자는 예비 과학자들을 훈련시키고 더 좋은 연구를 수행할 수 있는 방법을 배우도록 도움을 주어야 한다. 나아가 대중에게 과학을 교육하고 알려줄 의무가 있다.
7. **사회적 책임(social responsibility)**: 사회에 해를 끼치는 것을 피하고 사회적 이익을 창출하도록 노력해야 한다. 즉, 사회적으로 가치 있는 연구를 수행하고, 공공 토론에 참여하며, 전문가 증언을 제공하고, 과학정책의 결정을 도우며, 엉터리과학의 정체를 폭로할 의무를 지닌다.
8. **합법성(legality)**: 자신의 활동에 적용되는 각종 법규를 준수해야 한다. 즉, 위해한 물질의 사용, 인간과 동물을 대상으로 한 실험, 폐기물 처리, 저작권과 특허 등에 관한 법규를 준수해야 한다.
9. **기회(opportunity)**: 인종, 성별, 국적, 연령 등과 같이 과학적 능력에 직접 관련되지 않은 것을 이유로 동료나 연구자들을 차별해서는 안 된다.
10. **상호존중(mutual respect)**: 연구자는 서로를 존중함으로써 협력하고 신뢰할 수 있어야 한다. 즉, 신체적, 심리적으로 위험을 가하지 않아야 하며, 개인의 프라이버시를 존중하고, 각자의 실험 또는 연구 결과에 간섭하지 않아야 한다.
11. **효율성(efficiency)**: 자원을 효율적으로 사용해야 한다. 과학자가 한 논문으로 보고될 수 있는 연구를 여러 편의 논문으로 쪼개어 출간하는 행위도 과학공동체의 자원을 낭비하는 일이다.
12. **실험대상에 대한 존중(respect for subjects)**: 인간을 실험대상으로 사용할 때 인권 또는 존엄성을 침해해서는 안 된다. 실험대상으로 사용할 때도 적절한 존엄성과 조심성을 가져야 한다.

출처: 송성수. 2014. 연구윤리란 무엇인가. pp. 13–15.

2 올바른 인용[※]

인용의 의미와 목적

과학탐구 및 연구를 진행하다 보면 많은 자료를 참고하게 되는데, 이때 선행 연구 자료를 인용하기도 한다. 인용은 타인의 저작물을 합법적인 절차를 통해 자신의 저작물에 이용하는 것으로, 원자료가 어디에서 유래되었는지 제시하여 관련 자료를 더 많이 찾기를 원할 때 도움을 주는 역할을 한다. 또한, 독자는 인용을 통해 새로운 정보와 아이디어를 추가로 제공받을 수 있다.

일반적으로 인용은 다음과 같은 목적에서 사용한다(정희모, 2008:229).

- 다른 사람의 글을 비판적으로 논의하고 해석하기 위해
- 공통되거나 상반되는 견해를 인용함으로써 논의를 더욱 풍부하게 하기 위해
- 자신의 주장을 뒷받침하고 강화하기 위해
- 권위 있는 의견의 도움을 받기 위해

인용의 원칙

인용에는 원저작자의 공로를 인정하고 존경하는 의미가 담겨 있으므로, 인용을 할 때에는 다음과 같은 원칙을 지켜 공정하게 이용해야 한다.

- 인용한 부분의 출처를 파악할 수 있도록 인용된 저작물의 책 정보를 정확하게 표기한다.

※ 이인재(2015), pp. 288-311을 활용함
교육부, 한국연구재단. 2015. 연구윤리 확보를 위한 지침 해설서. 한국연구재단.

- 공식적으로 검증되었거나 그 권위가 인정된 자료를 인용하는 것이 좋으며, 꼭 필요한 경우에만 인용하도록 한다. 이때 연구자가 주장하는 맥락과 인용한 자료가 어떤 관련이 있는지를 분명히 해야 한다.
- 자신의 것과 타인의 것이 명확히 구별될 수 있도록 합리적인 방식으로 인용하고, 자신의 저작물의 부수적인 수준에서 적정한 범위 내로 인용하도록 한다.
- 해당 자료의 지적 재산권에 피해를 주어서는 안 되며, 가능하면 저작물의 해석, 분석 등을 통해 독창적인 방식으로 변환시켜 사용하도록 한다.
- 말바꿔쓰기나 요약 등의 방법으로 간접 인용을 할 때에도 반드시 출처를 표기해야 한다.
- 가급적 원문을 인용해야 하며, 2차 자료를 인용할 경우에도 가능한 원문을 찾아 재인용 표시를 해야 한다.

인용 방법

인용 방법에는 직접 인용과 간접 인용이 있는데, 직접 인용은 저작물의 내용을 그대로 쓰는 행위로 큰따옴표를 사용하여 표기한다. 간접 인용은 원문의 내용을 훼손하지 않고 자신의 언어로 바꿔 쓴 것으로, 작은따옴표를 사용하여 표기한다. 간접 인용의 경우는 원저작자의 의도나 표현을 왜곡하지 않도록 주의해야 한다.

3 참고문헌 표기 방법

과학탐구보고서를 쓸 때, 주로 단행본, 논문, 신문, 인터넷 자료 등을 참고하게 되는데, 탐구 과정에서 참고한 모든 자료를 본문 작성 마지막에 참고문헌 목록으로 작성하여야 한다. 참고문헌은 참고한 자료의 책 정보를 일정한 양식에 맞춰 정리하는 것으로, 다양한 형식으로 표기하고 있으며, 저자명, 저서(논문)명, 출판사, 출판연도 등이 공통사항이다.

1 APA 스타일 주석 표시와 참고문헌 인용 방법

여기에서는 APA 스타일[APA Style 웹사이트(www.apastyle.org)의 "Quick Answers-References" 문서를 참고] 주석 표시와 참고문헌 인용 방법에 따라 정리하였다.

1. 일반적인 인용 표시

- 문장 내에 표시: (저자명, 발행연도)
- 저자 이름이 알려져 있지 않은 경우: (책 제목, 발행연도)
  책 제목이 길면 약칭을 사용하며, 책 제목은 이탤릭체로, 논문 제목은 큰따옴표로 표시
- 발행연도가 없는 경우: (저자명, n.d.), ('n.d.'는 'no date'의 약자)

2. 인터넷 자료 인용

- 문장 내에 표시: 본문 내에 저자 이름이 언급되어 있으면 괄호 안에 URL 주소만 표기

⇒ 재인용할 때는 (저자명, 연도)만 표기

> 참고문헌에 표기할 때
>
> 저자명. (발행연도). 글의 제목(글의 형식). URL 주소.

3. 전자책의 인용 표시

디지털콘텐츠에 부여되는 고유 식별번호로, 디지털콘텐츠 소유자와 제공자를 비롯하여 데이터에 관한 각종 정보가 입력되어 있다.

- URL 주소나 DOI 주소를 표기, 가능하면 쪽수도 표기

> 참고문헌에 표기할 때
>
> - 저자명. (발행연도). 글의 제목(글의 형식). URL 주소.
> - 편집된 전자책(또는 논문집)의 일부분(소논문, 장, 절)을 표시할 경우에는 저자명. (발행연도). 책이나 논문 제목(장, 절). 책 제목(쪽수, pp. xx－xx). DOI 주소.

4. 인터뷰 인용 표시

- 인터뷰 대상자의 이름, 인터뷰임을 밝히는 언급, 인터뷰 날짜(연월일).

5. 페이스북, 트위터 등 SNS 인용 표시

APA에서 명확히 정한 규칙은 없으나, 다음과 같이 제안되고 있다.

- 문장 중 개인 SNS 표시: 페이스북이나 트위터 URL.

  예 2018년부터 적용되는 통합과학, 상상 스토리 통합과학으로 공부하세요 (https://www.facebook.com/sangsangaca).

> 참고문헌에 표기할 때
>
> 1. 개인 SNS
>   글 작성자, 날짜, 글의 형식(그룹 페이지 또는 팬 페이지), URL 주소.
> 2. 조직 또는 집단 SNS
>   글 작성자(조직 이름 또는 페이지 제목), 작성연도, SNS 형식, 글 확인 날짜, URL 주소.
>   ⇒ 글의 작성연도를 알 수 없을 경우에는 (n.d.)로 표시하며, 비교적 확실하게 추측할 수 있을 경우에는 [ca. 2009]와 같은 형식으로 쓴다.

6. 유튜브 동영상 인용

- 동영상을 올린 사람의 이름을 알 수 있는 경우
  성. 이름. [Screen name]. (연월일). 동영상 제목(동영상 파일). URL.
- 동영상을 올린 사람의 이름을 알 수 없을 경우
  Screen name. (연월일). 동영상 제목(동영상 파일). URL.

7. 전자출판된 논문 인용

- 저자. 발행연도. 논문 제목. 학술지명, 권호, 쪽수. DOI 주소.

② 시카고 스타일 주석 표시와 참고문헌 인용 방법

여기에서는 시카고 스타일[Chicago Manual of Style 웹사이트(www.chicagomanualofstyle.org)의 "Chicago-Style Citation Quick Guide" 문서를 참고] 주석 표시와 참고문헌 인용 방법에 따라 정리하였다.

1. 각주와 참고문헌 표시 방식

- 외국인 저자 이름은 각주에서는 '이름 + 성'으로 표시하고, 참고문헌에서는 '성 + 이름'으로 표시한다. (참고문헌 목록을 성 순서로 정렬하기 위해서이다.)
- 책 제목은 이탤릭체로 표시하고, 논문 제목은 큰따옴표(" ")로 표시한다.
- 저자 이름, 책 제목, (도시명: 출판사, 출판연도), 쪽수.

2. 책(또는 논문집)의 일부분(소논문, 장 또는 절)을 인용

- 소논문 저자의 이름과 제목을 먼저 밝히고, 책 제목과 총괄 편집자는 나중에 밝힌다.

- 논문 저자. 발행연도. "논문 제목". 책 제목. 총괄 편집자. 논문의 전체 쪽수. 발행기관.

3. 여러 권으로 구성된 전집(全集)의 일부를 인용할 때

- 저자, 제목, 전집 제목, 전집 편집자, (출판사, 출판연도), 페이지 등의 순으로 밝힌다.

4. 여러 권으로 구성된 전집의 일부분을 인용하는 경우

- 부분 저자. 발행연도. 부분 제목. 책(낱권) 제목. 책(낱권) 편집자.
- 전집 제목. 전집 편집자. 인용된 부분의 전체 쪽수. 발행기관. 기타사항...

5. 책의 원저자와 다른 사람이 써준 서문, 해설, 추천사 등의 인용

- 서문 저자. 발행연도. 책 제목. 책 저자. 쪽수. 출판사.

6. 전자출판된 책의 인용

- 저자. 발행연도. 제목. 발행기관. 전자출판의 형태. URL 주소.

7. 학술지 논문 인용

- 논문 저자. 발행연도. "논문 제목". 학술지명. 발행호수: 전체 쪽수.

8. 인터넷 또는 전자출판된 학술지 논문 인용

- 전자출판된 학술지 논문은 DOI 번호를 부여받는다.
- 논문 저자(제1저자, 제2저자 순). 발행연도. "논문 제목". 학술지명. 발행호수: 전체 쪽수. 접속 날짜. DOI 번호.

9. 신문 또는 잡지의 기사 인용

- 글쓴이. 발행연도. "기사 제목". 신문 제목, 발행날짜.

10. 전자출판된 신문 또는 잡지의 기사 인용

- 글쓴이. 발행연도. "기사 제목". 신문 제목. 발행날짜. 인터넷 접속 날짜. URL 주소.

11. 서평 인용

- 서평자. 발행연도. "서평 제목". 대상이 된 책의 제목. 대상이 된 책의 저자.
- 서평이 실린 신문 제목. 발행날짜. 쪽수 또는 섹션. URL 주소.

12. 학위논문 인용

- 논문 저자. 발행연도. "논문 제목". 발행기관.

13. 인터넷 자료 인용

- 인터넷에 올라오는 글은 저자나 글을 쓴 날짜를 알 수 없는 경우가 많다. 따라서 글이 올라온 사이트(사이트의 공식 운영주체)가 글의 저자를 대신하며, 글이 쓰인 날짜를 알 수 있다면 적고, 알 수 없다면 글이 마지막으로 수정된 날짜 또는 인터넷에 접속하여 내용을 확인한 날짜를 적는다.

14. 블로그 코멘트 또는 댓글의 인용

- 댓글 작성자. 댓글 작성연도. 댓글이 달린 블로그의 글 제목. 댓글이 달린 블로그 전체 제목. 댓글 작성일자. URL 주소.

15. 상업용 데이터베이스 인용

- 저자. 발행연도. "글 제목". 발행기관. 데이터베이스 이름(일련번호).

③ 일반적 참고문헌 표기 방법

참고문헌 배열 순서

- 동양서, 서양서의 순서
- 동양서는 자모 순, 서양서는 알파벳 순
- 동일 저자의 2개 이상의 저작일 경우 연대 순, 자료명 순
- 동일명으로 시작되는 저자명은 단일 저자, 공저서 순
- 서명의 관사(A, An, The)는 제외하고 다음 단어의 문자 순

1. 단행본

- 저자. (발행년). 책 제목. (판 사항). 발행지: 발행사.

  예 송성수. 2016. 과학의 본성과 과학철학. 자유아카데미.

2. 학술지

- 저자. (발행년). 논문 제목. 자료(저널)명, 권(호), 수록 쪽수.

  예 전영석, 전민지. 2009. 과학 자유탐구를 지도할 때 발생하는 어려움. 서울교육대학교 한국초등교육, 제20권 제1호, 105-115.

3. 학위논문

- 저자. (수여년). 논문 제목(학위명). 수여기관명, 소재지.

  예 홍길동. 2013. 경기도 고등학생의 자율탐구연구. 경기도 과학교육원, 경기, 대한민국.

4. 신문(일간지)

- 사실 중심의 보도기사는 저자를 기재하지 않고, 논평과 칼럼 등 의견과 주장이 담겨있는 기사는 저자를 명시함.

- 신문명. (발행년). "기사 제목". 발행일.

예 조선일보. 2012. "특허법원, 세계 특허허브에 도전하다". 12월 3일.

5. 웹페이지

- 저자명. 게시물 작성일 또는 가장 최근에 수정된 날짜. 해당 웹페이지 제목, 기관명. 참고문헌으로 이용한 날짜. 〈URL〉

예 저자가 있는 경우: 강현진. 2013. "삼성전자의 2014년 의료기기 융복합 사업 진출전략", 삼성전자 홈페이지. (2013. 7. 19. 방문). http://www.samsung.com/corp/medicalstrategy.html.

예 저자가 없는 경우: 삼성전자. 2013. "삼성전자의 2014년 의료기기 융복합 사업 진출전략", 삼성전자 홈페이지. (2013. 7. 19. 방문). http://www.samsung.com/corp/medicalstrategy.html.

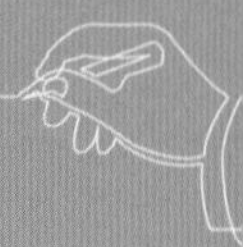

참고문헌

교육부, 한국연구재단. 2015. 연구윤리 확보를 위한 지침 해설서. 한국연구재단.

문 이과 고등학생을 위한 소논문 작성법. 2016. 서대진, 장형유, 이상호. 북스타.

고등학생 소논문 쓰기 워크북. 2016. 백제헌, 유은혜, 이승민. 나무생각.

소논문을 부탁해. 2016. 김혜영, 정훈. 꿈결.

진짜 공신들만 보는 미리 소논몬. 2017. 김범수. 더디퍼런스.

고등학생 소논문쓰기 장미쌤의 실전사례. 2015. 김은주. 씨앤톡.

소논문 작성법. 2016. 서대진. 북스타.

김미향. 참고문헌 작성법. 서울대학교 중앙도서관 학과전담 연구지원실, library.snu.ac.kr(2017년 9월 5일).

김정현. 논문작성법. 원광대학교(미완성)

송성수. 2016. 과학의 본성과 과학철학, 자유아카데미.

임경순, 정원. 2015. 과학사의 이해, 다산출판사.

장운태. 2011. 귀납적 탐구와 연역적 탐구의 선택, 과학동아, 2011년 6월.

전영석, 전민지. 2009. 과학 자유탐구를 지도할 때 발생하는 어려움, 서울교육대학교 한국초등교육 제20권 제1호, 105−115.

정용욱. 2014. 법칙, 이론, 그리고 원리: 규범적 의미와 실제사용에서의 혼란, Journal of the korean Association for Science Education, 34(5), 459−468.

과학영재를 위한 창의적 탐구활동 프로그램. 강성주, 김현주, 이길재 공저. 북스힐 출판.

한국특허전략개발원(KISTA), https://www.e-note.or.kr/main/home.do, 연구노트포털.

기초 R&E연구론. 2012. 경기과학영재학교 과학영재부.

실험실 생활 길잡이. 2007. 조은희. 라이프사이언스 출판.

과학 글쓰기를 잘하려면 기승전결을 버려라. 2007. 강호정. 이음 출판.

학생논문

정유진, 윤혜민. 2016. 미세먼지에 관한 고찰. 운암고등학교

김재욱, 송정아, 조영선. 2016. 가장 효율적인 모래 포집기 찾기. 태안고등학교

김정주, 이다윤. 2010. 물의 BOD 값이 식물 생장에 미치는 영향에 대한 연구. 수리고등학교

이광재, 안세은, 이미량. 2011. 지진 및 지진해일에 대한 국내 대비 현황 및 효율적인 해결책 탐구. 성문고등학교

백인경, 정우진, 문승수. 2013. 용암동굴에서 석회동굴로의 변화 양상. 대전과학고등학교

박여진, 정지원, 황지원. 2014. 염색과 탈색이 모발에 미치는 영향. 반월중학교

이도훈, 최현준. 2012. 트리플렛 코드(Triplet code)를 활용한 암호체계 구축. 성문고등학교

이호연, 이정진. 2012. 흰개미집 내부의 쾌적온도 유지원리에 관한 연구. 성문고등학교

남재현. 2017. 물티슈에 대한 항균 · 방미 실험을 통한 사용안전에 대한 연구. 세마고등학교

박상현, 손범수, 심다희. 2016. 압전 발전을 활용한 환경 문제 해결 방안 모색. 반월중학교

과학탐구보고서·소논문 쓰기

1판 1쇄 펴냄 | 2018년 4월 10일
1판 8쇄 펴냄 | 2024년 3월 29일

지은이 | 이철구 · 곽명철 · 장은경 · 이원근
발행인 | 김병준
삽　화 | 이병훈
디자인 | 이순연
발행처 | 상상아카데미

등록 | 2010. 3. 11. 제313-2010-77호
주소 | 서울시 마포구 독막로6길 11(합정동), 우대빌딩 2, 3층
전화 | 02-6953-8343(편집), 02-6925-4188(영업)
팩스 | 02-6925-4182
전자우편 | main@sangsangaca.com
홈페이지 | http://sangsangaca.com

ISBN 979-11-85402-07-9 43370

이 도서의 국립중앙도서관 출판시도서목록(CIP)은 서지정보 유통지원시스템 홈페이지(http://seoji.nl.go.kr)와 국가자료공동목록시스템(http://www.nl.go.kr/kolisnet)에서 이용하실 수 있습니다.(CIP제어번호: CIP 2018009365)